プライバシーなんていらない!?

情報社会における自由と安全

NOTHING TO HIDE

（著）ダニエル・J ソロブ

（訳）大島義則　松尾剛行　成原慧　赤坂亮太

keiso shobo

NOTHING TO HIDE

by Daniel J. Solove

This edition published by arrangement
Susan Schulman, A Literary Agency, New York
through The English Agency (Japan) Ltd.

はしがき

本書の着想は、私が数年前に書いた「『やましいことなど何もない』その他のプライバシーに関する誤解（"I've Got Nothing to Hide" and Other Misunderstandings of Privacy）」という題の小論が基になっている。この小論をネットに投稿した後、インターネットとメディアで集めた注目に驚かされた。私は、プライバシーと国家の安全との間の論争に多くの関心が寄せられていること、そして、論争において同種の議論が繰り返し現れていることに気づいた。また、法について多くの誤った印象をもたれていることも気づいた。

しだいに私は、当時非常に顕著になっていた安全の強化を支持する議論を耳にすると、不満を感じるようになった。この種の議論は、プライバシーと安全とのバランスをあまりにも安全の側に偏らせてきたと思われる。本書における私の目標の一つは、この種の議論のいくつかに応答することにある。

私は、本書を一般読者に向けに執筆し、法学の専門用語や生真面目な政策分析を用いることは避けた。私は法学雑誌の論文において、より詳細な政策提言を示してきたが、本書では、専門的な細かな事柄よりも、一般的な議論及び原理に焦点を当てている。もちろん、細かな事柄は重要ではあるが、より重要なのは基本的な概念と論争の主題である。私は、論争がより実りある方向へと進むことができるように、本書が一部の誤った議論に終止符を打つことを願っている。

私は主にアメリカ法に焦点を当てて研究してきたが，プライバシーと国家の安全との間の論争における議論とアイディアは普遍的なものである。いくつかの相違点にもかかわらず，多くの国の法は，アメリカ法と同様に機能しており，政府の情報収集を規制するために，しばしば同一の手法を用いている。本書で私が示した議論と政策提言は，米国のみならず，立法者がこのような重要な諸問題に取り組んでいる他の国々にとっても，有意義なものとなることを目指している。

本書の素材の一部は，私が法学雑誌に執筆してきたいくつかの論文から採録されている。本書の元になった法学雑誌の論文は，本書に採録されている部分よりも，はるかに長大で，形式と議論の両方において本書としばしば大いに異なっている。私は，元になった法学雑誌の論文を本書に完全に盛り込んではいないので，元の論文は依然として独立した著作としての価値を有している。本書で取り上げられた諸問題のいくつかについて，より専門的な分析を求めている読者には，以下の論文を確かめることを推奨する。Fourth Amendment Pragmatism, 51 Boston College Law Review (forthcoming); Data Mining and the Security-Liberty Debate, 74 University of Chicago Law Review 343 (2008); "I've Got Nothing to Hide" and Other Misunderstandings of Privacy, 44 San Diego Law Review 745 (2007); The First Amendment as Criminal Procedure, 84 New York University Law Review 112 (2007); Fourth Amendment Codification and Professor Kerr's Misguided Call for Judicial Deference, 74 Fordham Law Review 747 (2005); Melville's Billy Budd and Security in Times of Crisis, 26 Cardozo Law Review 2443 (2005); Reconstructing Electronic Surveillance Law, 72 George Washington Law Review 1264 (2004). これらの論文の多くの出版以降，私の思考は進化してきたので，本書は，一連の問題に関する私の最新の見解を反映している。更に，本書を執筆する中で，私はプライバシーと安全との対立という主題について，より広く考えることを迫られたので，本書では，これまで取り組んでこなかった多くの問題にも取り組んでいる。

本書の出版にあたっては、多くの方々に大いにお力添え頂いた。妻のパメラは、私を常に助け励ますとともに、本書の草稿に素晴らしい助言を与えてくれた。ダニエル・シトロン、トミー・クロッカー、デヴン・デサイ、クリス・ホフナグル、オーリン・カー、レイモンド・クー、ポール・オーム、ニール・リチャーズ、マイケル・サリヴァンの各氏からも本書に対して非常に有益なコメントを頂いた。リサーチ・アシスタントのマシュー・アブラネーセ氏の助力にも感謝したい。編集者のマイケル・オマレナ氏と一緒に仕事をできるのは私の喜びであった。また、校閲者のダン・ヒートン氏は、丁寧に本書の草稿を点検して頂いた。仲介人のスーザン・シュルマン氏には、出版のプロセスを通じて優れた助言と励ましを頂いた。

プライバシーなんていらない!?——情報社会における自由と安全

目次

目　次

PART4 新技術 法はいかに変化していく技術に対応すべきか

第1章　はじめに

「もっと安全になるなら、ある程度のプライバシーを進んで放棄すべきだ。」

「もしやましいことが何もないなら、政府の監視を気にするべきではない。」

「安全保障当局の考えを後知恵で批判すべきではない。」

「国家の緊急事態においては、権利は削られるべきだ。ただし、その権利は事後的に回復されるだろう。」


いつも我々はこうした議論を聞く。毎日のように、家族、友達や同僚との会話の中で聞く。メディアの中でもその議論を聞く。完全情報認知プログラム、航空機乗客スクリーニングプログラム、秘密主義の国家安全保障局による電話の監視等の政府による情報収集がメディアで取り上げられている。政治家や安全保障当局者がこのような議論をするのを聞く。そして、我々は、裁判官が人々の憲法上の権利と安全保障対策との間でどのように衡量をすべきかの判断を行う際に、このような議論をするのを聞く。

これらの議論は、すべてプライバシーと安全の間の論争の一部である。この論争の帰結は甚大である。というのは、プライバシーと安全は双方共に必要不可欠の利益であり、両者の衡量方法は我々の自由と民主主義の基盤そのものに影響するからである。現在――特に二〇〇一年九月一一日のテロ攻撃（九・一一事件）以降――衡量の天秤は、安全側へと傾いた。

政府は、人々の情報をより多く収集し、更なる監視に従事するようになってきた。技術革新によって、政府は、ビデオ監視、位置追跡、データ・マイニング、傍受、盗聴、赤外線画像装置、スパイ衛星、X線機器等々の、人々を監視して関連する情報を蓄積するための前代未聞の道具を手に入れた。今日では、何を見て、何を読み、何を買い、何をしたかについて幾千もの記録を残すことなく生活することはほとんど不可能であり、政府はこれらの記録に対して容易にアクセスすることができる。

プライバシー・安全論争は、このような政府の行動がいかに規制されるかについて根本的な影響を与える。もっとも、この論争には、重要な問題がある。プライバシーが、頻繁に、負けるべきでないところで安全に負けているのである。安全の利益は生命と身体が問題となっていることから容易に理解されうる一方で、プライバシー権はより抽象的で漠然としたままである。多くの人々は、安全性の向上のためにプライバシーを差し出さなければならないと信じている。そしてこの論争において安全側に立つ人々は、このトレードオフを受け入れるよう推奨する強力な議論を行っている。

しかしながら、それらの議論は、プライバシーの保護とは何であるかやプライバシーの保護による費用と便益は何かに関する誤った考え方に基づいている。プライバシーと安全の間の論争はその枠組み作りそのものが誤ってなされている。つまり、これらの価値の間のトレードオフが二者択一の命題であるということが論争の前提とされている。しかし、プライバシーを保護しても安全保障対策にとって必ずしも致命的にはならない。プライバシー保護は単に監督と規制を要求するに過ぎない。この論争それ自体に欠陥があることから、我々はプライバシーと安全の間の現在の論争に乗ることはできない。

そして法もまた、関連する問題を抱えている。法は、プライバシーと安全の間の衡量に努めるが、衡量の方法そのものが構造的問題を抱えている。安全保障対策を評価するにあたって、裁判官はしばしば安全保障当局者に対して過剰に敬譲を示す。そして、法は、政府による情報収集が監督と規制の対象となるべきかについての扱いにくい判断基準に縛られている。その結果、（プライバシーの）保護は不ぞろいで、一貫性がなくなっている。法はささいなプライバシー侵害に対して強力な保護を与えることもあるが、重大な侵害が発生しているにもかかわらず全くプライバシーを保護しないこともある。

例えば、修正四条は、警官があなたのダッフルバッグの外側を勝手に握りしめないよう保護しているのに、同条は、政府がグーグルの検索履歴やクレジットカードの利用履歴のすべてを入手することを止められない。

プライバシー・安全論争と法の間には相互関係がある。この論争における議論の多くは、法がどのようにプライバシーを保護しているのかに関する誤った理解に基づく。この論争が立法や裁判所の見解に影響を与えたので、この論争における多くの欠陥のある議論に基づき法が形成されてしまった。

私は、どうすればプライバシーの利益がよりよく理解されるのか、そして、どうすれば安全の利益がより有意義に評価されるかを示すつもりである。私は、何度も繰り返されてきたプライバシーと安全の論争を安全側に歪める議論への反論を意図している。私は、どのように法が頻繁に誤った問いに注意を向けているかを示すことを試みる。例えば、本来は、法がどのようにプライバシーを保護すべきかという問いに注意が向けられるべきであるにもかかわらず、プライバシーは果たして保護されるべきかというような誤った問いに注意が向けられてきたのである。多くの場合、プライバシーは、安全に不当な負担を与えずに保護され得る。適切な歩み寄りができない場合においては、双方にとって公正な方法でプライバシーと安全の間のトレードオフを行うことができる。プライバシーと安全をより良く衡量することは可能である。そして、そのようにしなければならない。なぜなら、それに失敗した場合に失うものが大き過ぎるからである。

1-1　プライバシーと安全小史

プライバシーと安全を扱う法と政策は、非常に広範である。それはアメリカ合衆国憲法、連邦法、州憲法及び州の制定法を含む。連邦捜査局（FBI）、中央情報局（CIA）、国家安全保障局（NSA）、国土安全保障省（DHS）、運輸保安局（TSA）等の多くの連邦機関が関係している。数えきれないほどの州や地方の警察機構も関係している。プライバシーと安全との衡量の方法を理解するため、まず簡単に、現在に至るまでの経緯を説明したい。

プライバシー権

古代より、人々はプライバシーを気にかけていた。ハムラビ法典は、住居を侵入から保護していた。ローマ法も同様である。[1] 古代ヘブライ人は、監視から保護する法をもっていた。そしてイングランドの、家はそのもち主の「城」であるとの頻繁に宣明される法理は一五世紀末にまで遡る。[2] 英国コモンローは長期にわたって盗み聞きからの保護を与えており、一七六九年には法学者ウィリアム・ブラックストンはこれを「壁若しくは窓の下又は軒下で、会話に耳をそばだてて聞き、「その上で、中傷的で悪意のある話を組み立てること」と定義した。[3]

世界中の国々において、プライバシー権は多くの異なる局面で発生した。政府による捜索・差押からの保護のみならず、詮索好きな隣人やゴシップ好きな新聞によるプライバシー侵害からの保護も生じた。例えば、イングランドでは、政府による特定の種類の侵入的捜索から市民が保護されるべきであるという考えは、一五〇〇年代初期に形成された。[4]

アメリカでは、独立戦争の際の中心的なプライバシー問題の一つは、政府による侵入からの自由であった。建国の父は、人々の家を広範に探索し、文書や書類を押収する一般令状の使用をひどく嫌った(5)。パトリック・ヘンリーは次のように宣言している。「一般政府は権利章典やその他の類似の制限により制約されていない限り、地下室や部屋に入り、あなたの食べるもの、飲む物、そして着るものすべてを捜索し、引っ掻き回し、精査することができる。だからこそ、政府は適切な範囲内に制約されなければならない。」(6)。

このような想いが権利章典の中に込められている。アメリカ合衆国憲法修正四条は、政府が「不合理な捜索及び押収」を行うことを禁止する。当局は、捜索を行う前に、相当な理由により裏づけられた令状の発付を受け裁判所の許可を得なければならない。修正五条は、個人に対し、自己に不利な証人になることを強制されない特権を与える。

警察制度と連邦捜査局の勃興

安全もまた普遍的な価値であり、その起源は古代に遡る。人々は長きにわたって政府に対し、盗賊、略奪者、そして外国の侵入者の脅威から保護するよう求めてきた。彼らはまた、強盗、強姦、殺人等の犯罪から保護することにより社会秩序を維持することを求めた。しかし、長きにわたって、多くの国は警察力を欠いていた。例えば、中世イングランドでは、民兵が犯罪者を追いかけ、即座に処刑した。その後、自警団がコミュニティーを守ったが、彼らはほとんど犯罪を捜査しなかった(7)。

二〇世紀までには、警察力が組織化された専門家の集団へと変化した(8)。合衆国では、警察は全国規模ではなく、市や州のレベルで発展した。マフィアと組織犯罪の隆盛に伴い、捜査当局が、これらの集団がどのような犯罪を計画しているのかを知る方法を見つける必要性が生じた。政府は、ギャンブル、禁酒法時代のアルコールの使用、そして薬物の密輸のような一定の被害者なき犯罪の訴追を増やし始めた。頻繁に

表１　連邦捜査局の発展

年	捜査官の数	補助スタッフの数
1933	353	422
1945	4,380	7,422
2008	12,705	17,871

警察に通報される強盗や暴行と異なり、これらの犯罪は地下市場の取引によって生じる。潜入捜査官と監視がこれらの犯罪の発見のための重要なツールとなった。

連邦捜査局は二〇世紀初頭に出現した。司法長官チャールズ・ボナパルトの発明品である。彼は二度、アメリカ合衆国議会に対して司法省（ＤＯＪ）内における捜査部隊の設置を要求し、二度とも拒絶された[9]。アメリカ合衆国議会は、秘密警察が市民のプライバシーを詮索することを懸念していた。ある議員はこう述べた。「歴史を読むに、シークレットサービスが存在しなかったことを理由に政府が滅亡したことは思い出せないが、諜報制度の結果として滅亡したことは数多くある。」[10]。

しかし、それでもボナパルトは思いとどまらなかった。彼は司法省内に、捜査局と呼ばれる新たな下部機関を設け、他の機関の人員を配転させた。一九〇八年に、テオドア・ルーズベルト大統領は、この下部機関を承認する大統領令を出した。

エドガー・フーバーはすぐにその機関の権力を掌握した。そして一九三五年に、同局は連邦捜査局と改名された[11]。

その後、二〇世紀を通じ、連邦捜査局は劇的に発展した（表1参照）。フランクリン・ルーズベルト大統領の任期中、連邦捜査局の規模は一〇〇〇％以上拡大した[12]。その発展は継続し、過去六〇年で三倍の規模となった[13]。その巨大さ、広範で拡大を続ける責務、そして深遠な技術的能力にもかかわらず、連邦捜査局は、他の多くの連邦機関と異なり、アメリカ合衆国議会による授権法を欠く。

電子的監視の発展

連邦捜査局は、通信の監視をめぐる論争が新時代に入ったときに生まれた。電話傍受技術は、一八七六年に電話が発明された直後に出現し、公衆は電話通信のプライバシー問題を懸念した。州の議会は傍受を犯罪化する法律を成立させることで対応した。

一九二八年にはオルムステッド対アメリカ合衆国事件（オルムステッド事件）において、連邦最高裁は、修正四条は傍受には適用されないとした。連邦最高裁は、「本件では捜索は行われていない。……押収も行われていない。本件の証拠は、聴覚を用いて獲得されたに過ぎない。被告人らの住居又は事務所への侵入も存在しない。」と理由づけた。(14) ルイス・ブランダイス判事は、強力な反対意見を書き、新技術により、修正四条に関する古めかしい観念の再考が求められていると論じた。「より巧妙でより広範囲に及ぶプライバシーへの侵入手段が政府によって利用可能となっている。新たな発見と発明のおかげで政府は、拷問にかけるよりもはるかに実効的な手段によって、私室で囁かれたことを法廷で暴露することが可能となった。」。彼は以下の点にも触れた。アメリカ合衆国憲法起草者達が「政府に対抗するものとして、独りにしておいてもらう権利、最も包括的な権利の一つであり、文明人によって最も価値があるものとされてきた権利を付与した。この権利を保護するため、個人のプライバシーに対する政府のいかなる不法な侵害も、それがどのような手段を用いたものであれ、修正四条に違反することとなる。(15)」。

一九三四年、オルムステッド事件判決の六年後、アメリカ合衆国議会は、傍受を禁止する法律を制定した。(16) しかし、その法律の効果はほとんどなかった。それは、傍受による証拠を裁判所にもち込むことを排除するだけのものと解釈されたからである。(17) 成果物を裁判における証拠として用いることを求めない限り、政府は自由に傍受をすることができた。

第二次世界大戦と引き続く冷戦期において、大統領は連邦捜査局に対して傍受についての新たな承認を与えた[18]。依然として連邦捜査局を牛耳っていたエドガー・フーバーは、反体制派、連邦最高裁判事、教授、有名人、作家等を含む何百人もの人々の傍受を命じた。フーバーのファイルの中には、ジョン・スタインベック、アーネスト・ヘミングウェイ、チャーリー・チャップリン、マーロン・ブランド、モハメド・アリ、アルバート・アインシュタイン、そして多数の大統領とアメリカ合衆国議会議員の事件記録があった[19]。連邦最高裁のウィリアム・ダグラス判事が、連邦最高裁が盗聴及び傍受をされていると何年にもわたり不満をこぼした時、彼は偏執狂のように見えた。しかし、実は彼は正しかった[20]。

国家安全保障の保護：新たな機関と更なる監視

一九四〇年代から一九五〇年代を通じて、国家安全保障に対する莫大な脅威が浮上した。共産主義の拡散への懸念とソビエト連邦との冷戦のため、政府による諜報行為と海外諜報活動への従事の必要性が高まった。一九四二年、ルーズベルト大統領は、これらの活動に従事するために戦略諜報局（ＯＳＳ）を設置したものの、第二次世界大戦終了後に廃止された。しかし、そのわずか数年後、トルーマン大統領は一九四七年国家安全保障法によって現代的な中央情報局を設立することで、戦略諜報局の活動を復活させた。

一九五二年、トルーマンは国家安全保障局（ＮＳＡ）を創設した。その所掌は暗号学、すなわち、収集された外国の通信を分析できるよう、暗号化コードを解読することである。長期にわたって、国家安全保障局は目立たないように運営され、事情を知っている少数の人は、その頭文字であるＮＳＡは「そのような機関は存在しない」という意味だと軽口を叩いた。

国内においては、共産主義が単に外国からの脅威であるだけではなく、内なる脅威でもあるとの恐怖が高まった。一九五〇年代、連邦捜査局は、国家安全保障への脅威とみなされた政治的集団に関する情報を収集するカウンター・インテリジェンス・プログラム（COINTELPRO）を開始した。連邦捜査局のとった戦術には、秘密裏に雇い主に対して対象となった個人を解雇するよう説得を試みたり、匿名で配偶者に浮気の情報を提供し離婚をさせようとしたり、内国歳入庁による調査の脅威を利用して個人が会議やイベントに参加することを妨げようとしたりすること等が含まれていた[21]。初期のターゲットはアメリカ共産党であったが、一九五〇年代後半及び一九六〇年代初頭には、カウンター・インテリジェンス・プログラムはその関心の対象を公民権運動参加者及びベトナム戦争反対派にまで拡げた[22]。対象者の中にはマーティン・ルーサー・キング・Jr.が含まれており、フーバーは彼を広範な監視下に置いた。連邦捜査局の録音から、キングが不倫をしていることが明らかになり、連邦捜査局はキングとその妻に録音のコピーを送って、キングが特定の日までに自殺しなければその録音を公開すると脅した[23]。

刑事手続革命

一九六〇年代に、アール・ウォーレン主席判事が率いる連邦最高裁は刑事手続を急進的に変革した。全国の警察制度は既に相当程度の発展を遂げ、連邦捜査局その他の連邦法執行当局はより活動的になっていた。どのように政府が人々に関する情報を収集できるかを規制する法はほとんどなかった。

この隙間を埋めるため、連邦最高裁は修正四条及び五条を広く解釈することで、法執行官が、被疑者に何を質問できるかだけではなく、何を捜索し、差押えることができるかを規制した。一九六一年のマップ対オハイオ州事件（マップ事件）において、連邦最高裁は、修正四条に違反して収集された証拠は、刑事裁判から排除されなければならないとした[24]。連邦最高裁は一九六七年のアメリカ合衆国対カッツ事件において、オルムステッド事件判決を変更し、傍受が修正四条の対象であると宣言した[25]。連邦最高裁は、修正四条の保護範囲に関する広範な基準を確立した。すなわち、修正四条は政府が人の「プライバシーの合理的な期待」を侵害した場合に適用されるというものである。カッツ事件判決の翌年である一九六八年には、アメリカ合衆国議会は、電子監視をより適切に規制する法律を制定した(26)。その法律は政府による傍受及び盗聴を厳しい統制下に置いた。

このように、連邦最高裁とアメリカ合衆国議会の努力により、政府による情報収集に関する法的規制は一九六〇年代に目に見えて拡張した。

国家安全保障監視に対する規制

しかし、国家安全保障に関する事項については未解決の問題が存在した。国家安全保障について一般犯罪捜査とは異なった取扱いを受けるべきか否かという問題である。一九七二年に連邦最高裁は、この問題を取り上げたが、明確な回答をしなかった。連邦最高裁は、修正四条は国家安全保障のための政府の監視にも適用されるが、それを規制するルールは一般犯罪に関するものと異なる可能性があると判断した(27)。

エドガー・フーバーは連邦捜査局長官在任中の一九七二年に死亡した。彼は五〇年近くの間、連邦捜査局長官であり続けた。多くの大統領とアメリカ合衆国議会議員は、フーバーを恐れ、彼と戦うことを拒絶したが、彼の死の数年後、アメリカ合衆国議会はついに連邦捜査局についてより詳細に検証することを決定した。ウォーターゲート事件とニクソン大統領による監視の濫用によってこの調査が誘発された。ウォーターゲート事件は、電子監視と関係する。民主党委員長の電話の盗聴のために、ウォーターゲート・オフィス・ビルは侵入を受けた。予定されていたニクソンに対する弾劾の告発内容の中には、不適切な意図に基づく電子監視を行うための連邦捜査局、シークレットサービス等の機関の当局者の悪用が含まれた。

一九七四年八月九日にニクソンが辞職した後、アメリカ合衆国議会は、様々な政府機関の行う監視手法をより徹底的に検証する必要があることに気づいた。アメリカ合衆国議会は十一人の委員からなる特別委員会を一九七五年に設立し、過去四〇年間の監視の濫用を調査した(28)。フランク・チャーチ上院議員が委員長を務めるその委員会は、一四巻にわたる報告書と関連資料を刊行した。チャーチ委員会は、政府が無数の監視の濫用を行っており、頻繁にその政治的信条のみに基づき監視対象としていたと判断した。特に、チャーチ委員会は宣言した。「あまりにも多くの人があまりにも多くの政府機関により諜報され、（あまりにも）多くの情報が収集された。政府はその者の政治的信条が敵対的外国勢力のために行われる暴力や違法行為の脅威を何ら示していないにもかかわらず、頻繁に政治的信条に基づいて市民を秘密裏に監視した。」(29)。委員会が言及したとおり、フランクリン・ルーズベルトからリチャード・ニクソンに至るすべての大統領が、批判者や政敵についての情報を得るため政府の監視を不適切に用いていた。(30)

部分的にはチャーチ委員会報告書の衝撃的な調査結果に対する対応として、アメリカ合衆国議会は、外国諜報監視法（ＦＩＳＡ）を一九七八年に成立させた。(31)外国諜報監視法の目的は、「我が国のプライバシーと人権への保障の文脈内において、執行府が正当に外国諜報活動の目的で電子監視を行うことができる安全な枠組み」を構築するところにあった。(32)

加えて、司法長官は一九七六年に連邦捜査局の捜査に関する一連のガイドラインを制定した。(33)更に、フーバー長官時代に行われたような濫用を防ぐため、連邦捜査局において重要な改革が実施された。連邦捜査局長官の任期は一〇年を超えてはならないとされた。

修正四条の保護の後退と情報時代の台頭

一九七〇年代及び一九八〇年代に、連邦最高裁は修正四条の保護範囲を狭めるいくつかの判決を下した。例えば、連邦最高裁は、警察が、ある人がダイヤルした電話番号のリストを取得すること、ある人の銀行記録を収集すること、ヘリコプターからある人の土地を見下ろすこと、（ゴミ収集所に）置かれて回収される前のゴミをあさることについて、プライバシーの合理的な期待はないと判断した。(34)

一九九〇年代において、コンピュータの台頭、インターネットと電子メールの萌芽的利用、そしてデジタル記録の利用の広がりによって、連邦の傍受に関する制定法はより深刻な課題に直面し始めた。それは、同法がそのような新たな技術を念頭に置いて制定されていなかったからである。増加するコンピュータの利用を予期して、アメリカ合衆国議会は一九八六年に電子監視法を改正するため、電子通信プライバシー保護法（ＥＣＰＡ）を制定した(35)。この法律は電子メール、記憶装置に記録されたコンピュータファイル、そして通信記録に保護を与えることを目的としていた。残念ながら、この法律は成立後、抜本的な改正を経ていない。部分的な修正は加えられたが、電子通信プライバシー保護法は概ね元のままである。成立後二五年が経過し、電子通信プライバシー保護法は既に完全に時代遅れとなってしまった。

テロとの戦い

そして二〇〇一年九月一一日にテロ攻撃が発生した。我々は、国境線の内側に危険なテロリストの末端組織が存在することに気がついた。

九・一一事件の後、非常に短期間の内にアメリカ合衆国議会は二〇〇一年アメリカ合衆国愛国者法（愛国者法）を成立させた。これは、電子通信プライバシー保護法と外国諜報監視法に対する一連の改正を行い、基本的に政府のもつ監視権限を拡大するものである(36)。様々な連邦機関間の情報共有をより容易にするため、多くの機関が国土安全保障省と合併された。

この時期を通じて政府は多くの秘密の情報収集プログラムに従事した。国家安全保障局はアメリカ市民と外国在住者との間の電話の通信傍受を始めた。多くの連邦機関は航空会社その他事業者の記録を収集し、データ・マイニングに利用した。

1－2　プライバシー、安全及び法

二〇世紀を通じて、我々が情報時代へ移行するに伴い、政府は利用可能な安全保障技術の範囲を拡張した。従来の法執行は、そのほとんどが、家、人々そして文書の捜索に関係するものであった。現在、政府は技術を用いて記録やデータを集め、視聴覚監視に従事し、移動を追跡することができる。多くのプライバシーと関係する法執行活動は「情報収集」と関連する。私はこの表現を、人々が何を行い、何を考え、何を計画しているかを政府が知るための様々な方法を包含する形で広義で用いることとする。情報の収集に加え、政府はこれを保存、利用、分析、結合し、場合によっては公開する。これらの活動はすべてプライバシーを脅かす。

先に描写した歴史が示すとおり、法はプライバシーと安全の間の衝突の中で様々な方法で反応してきた。現在、政府は法を執行し安全を増進するための巨大な権力と技術的能力をもっている。法は政府がその権力の濫用を防止するために、プライバシー保護制度を確立した。アメリカ合衆国憲法修正四条は政府による情報収集に対する規制の主たる形式である。我々の法システムにおいては、アメリカ合衆国憲法は最低レベルのプライバシー保護を定める。州は、それ以下の保護水準とすることを禁止される。連邦法も同じである。修正四条以外の修正五条及び（後述のとおり）修正一条のような修正条項もプライバシーのいくつかの側面を保護している。

アメリカ合衆国憲法に加え、いくつかの連邦法が一定の形式の政府による情報収集を規制する。電子通信プライバシー保護法はとりわけ傍受、盗聴及びコンピュータの捜索を規制する。外国諜報監視法はアメリカ国内の外国のエージェントに関する外国諜報活動を規制する。他の制定法は、ケーブルや健康に関する記録等の我々の記録に対する政府のアクセスの規制を定める。

更に、州憲法によるプライバシーの保護や州の制定法もある。これらは追加的なプライバシー保護を提供することができる。ただし、これらは特定の州内の警察機構のみを制約するに過ぎない。これらは、仮にその州内で行動しているとしても、連邦捜査局捜査官やその他の連邦の法執行官を制限することができない。連邦捜査官はアメリカ合衆国憲法と連邦法によってのみ制限される。本書において、私はほぼアメリカ合衆国憲法と連邦法にのみに焦点を合わせる。

法はプライバシーと安全の間で適切な衡量を規定しているのだろうか。私はこの質問に対する回答は「否」であると考える。過去の監視の濫用によって学んだはずの教訓が忘れ去られている。これらの濫用に対応して法に盛り込まれた保護が取り去られてしまった。私はいかにプライバシーと安全を規制する法が働くのかと、その失敗を指摘し、どのように改善できるかを示唆する。

1-3 見取り図

この本で、私は四つの一般的な問題を検討する。そして本書の構成はそれに対応している。各パートはそれぞれ以下を内容とする。(1) 価値——いかに我々はプライバシーと安全の価値を評価し、衡量すべきか。(2) 有事——法はどのように国家安全保障に関する事項を取り扱うべきか。(3) 憲法上の権利——いかにアメリカ合衆国憲法はプライバシーを保護すべきか。そして、(4) 新技術——いかに法は変化する技術に対応すべきか。

各パートの中に様々な下位項目を検討する章が設けられている。各章はそれぞれ独立して読むことができる。

価値

PART1はプライバシーと安全の価値に関するものである。我々は、どのようにこれらの価値を評価し理解すべきか。二つの価値を調和させることはできるのか。それらが矛盾する場合にどのように衡量するべきか。このPARTにおける各章は、我々がプライバシー保護に必然的に伴うものをどのように理解すべきか、どうすれば我々がより思慮深く安全保障対策の費用と便益を評価できるか、そしてどうすれば我々が安全側にあまりにも大きく歪められることなくプライバシーと安全を衡量することができるかに関係する。プライバシーは安全と衡量される際に頻繁に誤解され、過少評価されている。効果的な安全保障対策を講じながら同時にプライバシーを保護することは可能である。それは、プライバシー保護は必ずしも安全保障対策の破壊を伴うとは限らないのであって、単に安全対策が監督と規制の下に置かれることを求めるに過ぎないからである。

第2章において、「やましいことは何もない論」を検証する。このよく見かける議論を行う者は、政府から隠しておきたいやましいことなど何もないと主張する。私は、なぜその議論が誤っているかを示す。

第3章はもう一つの議論について検討する。すなわち、安全を向上させるためにはプライバシーを犠牲にしなければならないというものである。私はこれを「全か無かの誤謬」と呼ぶ。それは、この議論が、プライバシーと安全の関係を、相互排他的だと誤って理解しているからである。

第4章において、「敬譲論」について探求する。これは、安全保障当局者が裁判官や立法者よりも国家安全保障の対応に関する専門性が高いことから、我々は安全保障当局者の判断を事後的に批判すべきではないというものである。裁判所は頻繁に安全保障当局者への敬譲を示すが、私はこの敬譲がプライバシーと安全の間の衡量を不当に歪めていると論じる。

第5章において、プライバシーは単なる個人的権利ではないと論じる。多くの場合に安全とプライバシーを適切に均衡させることができていない理由は安全の利益がすべての社会にとって有益であるとみなされている一方、プライバシーの利益が特定個人の懸念と解されているからである。プライバシーは社会的価値として理解されるべきであると主張する。

有事

PART2において、私は有事における法について検証する。我々が国家安全保障への脅威に直面する時、政府は頻繁に権利を縮小し、法を迂回し、裁量の増大、更なる秘匿、そして監督の縮小を要求する。このパートにおける各章において、これらの特別な権限と法の支配への期待がしばしば不必要であり、誤っていることを示す。

第6章において、有事にはある程度の自由を犠牲にすべきであり、有事が終わればそれが復活するという「振り子論」を取り上げる。私は、真実はこの議論とは正反対であると主張する。有事の際こそ、我々は自由の保護のために最もしっかりする必要がある。

第7章において、「国家安全保障論」を批判する。それは、国家安全保障の名の下でのアメリカ市民に関する政府による情報収集は、一般犯罪の捜査に対するものよりも緩い規制と監督の下に置かれるべきだというものである。国家安全保障に関する事項と一般犯罪の区別は曖昧で一貫性がないと論じる。

第8章において、犯罪捜査を規制するルールと諜報活動を規制するルールを区分する「犯罪・諜報の区分」について論じる。九・一一事件の後、その区分はほとんど消滅した。その区分をそのまま維持すべきであると論じる。

第9章において、有事においていかに頻繁に、プライバシー等の市民的自由を保護する法への違反が生じているのかを検証する。分かりやすい例は国家安全保障局の監視プログラムであり、その下で国家安全保障局は電話に対する令状なしの傍受という違法行為を行った。もし政府による法の遵守を確保できなければ、法の支配は無意味となる。

憲法上の権利

ＰＡＲＴ３は憲法上の権利に焦点を置く。我々の憲法上の権利に必然的に伴うものは何だろうか。それらはどのように我々を保護するのだろうか。しばしば、人々は憲法上の権利が実際よりも広い保護を与えていると考える。このパートにおいて説明するように、多くの政府による情報収集活動は全く規制されていない。もし憲法が情報時代における政府によるデータ収集について意味のある規制と監督を規定しているのであれば、連邦最高裁のアメリカ合衆国憲法解釈は徹底的な見直しが必要である。

第10章において、政府の情報収集のために用いる最新の道具について論じる。その多くが修正四条の制約下にはない。修正四条の規制の範囲は、政府がプライバシーを侵害したかにより決定されるのであるが、連邦最高裁がプライバシーを完全な秘匿という形式で理解することにより大きく制約されている。私はこのプライバシーに関する考え方を「秘匿パラダイム」と呼び、私はこれが時代遅れで欠陥があることを示す。

第11章において、「第三者提供の法理」を分析する。これは、個人若しくは事業者が情報を他の主体に渡した場合には、もはやプライバシーの合理的な期待は残らないことから、修正四条の保護が適用されないというものである。しかしながら、情報時代においては、これまでにない量の個人データが第三者の手の下にあり、その中で「第三者提供の法理」を維持することは修正四条の保護を大きく狭める。

第12章において、修正四条に関する判例法の劇的な変革が必要であると論じる。多くの場合、政府の活動は規制されない。それは、連邦最高裁がその政府の活動と「プライバシー」が関係しているとは考えないからである。私は逆説的にも、修正四条に関する判例法はプライバシーに焦点を置くことをやめることによって、より良くプライバシーを保護する役割を果たすことができると提案する。

第13章において、「嫌疑なき捜索論」について説明する。これは、捜索を行う前に、捜査当局が嫌疑を立証することを要求することはテロ防止のための努力と矛盾するという議論である。私は、令状と相当な理由に体現される嫌疑の要求を放棄することによって法執行官に対して与えられる権限と裁量が巨大過ぎる一方で、監督が少な過ぎることを示す。

第14章において、とりわけ邪悪な犯罪又はテロ活動が関係する場合において、修正四条違反の収集証拠を裁判で利用できなくするという違法収集証拠排除法則が適切な救済手段であるかについて検証する。修正四条が違法収集証拠排除法則なくしていかに執行され得るかを論じる。

第15章において、政府が人々の言論、結社、信条又は読書習慣に関する情報を探し求める場合には、修正一条の保護が及ぶべきであることを論じる。

新技術

PART4は、新技術が法に投げかける課題に関するものである。技術が急速に変化する世界において、法はいかに対応すべきだろうか。このパートでは、制定法が政府による情報収集をどのように規制するか、そして制定法を常に最新のものとすることの困難性を検証する。プライバシー保護のための最善の方法は、原則を絶対に見失わないことである。技術が発展した際に時代遅れになることを避けるため、法は特定の技術に基づくのではなく、原則によって構築されるべきである。

第16章において、多くの人が廃止すべきと論じる愛国者法に焦点を当てる。では、もし明日愛国者法がなくなったらどうなるだろうか。常識に反し、ほとんど何も変わらない。

第17章において、新技術に関するルール作りにおいて議会が裁判所よりも優れているという「議会に任せろ論」を批評する。私は、法が新技術に追いつくことができることを保障するため、裁判所が積極的役割を果たし続けるべきであると論じる。

第18章において、法が公共空間におけるビデオ監視を適切に規制することができていないことを論じる。英国においては、何百万もの監視カメラが、人々のすべての行動を見張っている。このような制度はアメリカにおいても実施の準備ができていて、現在多くの市で実施されている。私は法がどのようにより良い規制を提供できるかについて説明する。

第19章において、政府によるデータ・マイニング、すなわち、個人情報に関するデータベースを利用した、怪しい行動をしている者の特定のためのパターン分析を検証する。現在、修正四条は、データ・マイニングに対する保護についてほとんど何の役割も果たしていない。私は政府がデータ・マイニングを行うことが許されるべき場合と許されるべきではない場合を区別する。

第20章において、新しい安全技術（例えば生体認証）への反対が新技術への嫌悪から生じるという「ラッダイト論」を批評する。これらの技術に関する懸念は多くの場合正当であると論じる。技術の多くが素晴らしい利点を提供する一方で、失敗すれば壊滅的帰結をもたらしかねないのである。

〔訳者注：本頁、第二段落及び第三段落につき、原著においては、第19章の内容が第18章として、第18章の内容が第19章として記載されていたが、訳文を本文に対応するように修正した〕

PART 1

価値

我々はいかにプライバシーと
安全の価値を評価し
衡量すべきか

第2章　やましいことは何もない論

政府が個人情報を収集・分析するとき、多くの人は「心配しない」と言う。「やましいことは何もない」と彼らは言い放つ。「政府による個人情報の収集・分析を心配すべきなのは誤ったことをしている場合に限られるし、その場合にはそれを秘密にしておく価値はない。」。

「やましいことは何もない論（nothing-to-hide argument）」は、プライバシーに関する議論に深く浸透している。データセキュリティの専門家であるブルース・シュナイアーは、この議論を「プライバシー擁護派に対する最もありふれた反論」と位置づける。(1) 法学者のジェフリー・ストーンは、この議論を「平々凡々とした常套句」だと言う。(2) やましいことは何もない論の最も説得的な形態は、プライバシーの利益は一般的に極めて小さく、その結果としてプライバシーと安全とを衡量すると安全側の勝利が運命づけられる、という議論である。この章において、私は、やましいことは何もない論がプライバシー及びその価値に関する一定の誤った前提にどのように依拠しているかを論証する。

2-1　私にやましいことは何もない

やましいことは何もない論は、いたるところに存在する。例えば、イギリスでは、政府が都市や町に公共空間の監視カメラを数百万台設置し、当局は都市や町を遠隔監視システムを使って監視した。この計画の広報スローガンで、政府はこう言った。「やましいことがないならば、恐れることは何もない。」(3)。アメリカでは、ある匿名の個人が「もし（当局が）私のメールを読む必要があるなら……好きにするがいい。私にやましいことは何もない。君にはあるのかな。」(4)とコメントした。やましいことは何もない論の変種は、ブログ、編集者への手紙、テレビのニュースのインタビューその他の場所で頻繁に出現する。あるブロガーは、国家安全保障の目的で人々をプロファイリングすることについて、こう言った。「さあどうぞ、私をプロファイリングして。私にやましいことは何もない」(5)。別のブロガーは、こう宣言した。「私のことを解明したい人々について私は気にしない。私にやましいことは何もない！　そういうわけで、私は、私たちの通話をモニタリングしてテロリストを発見する（政府の）試みを支持する！」(6)。その他の例は、以下のとおりである。

・私には政府への隠し事はない。そもそも政府への隠し事がそんなにあるとは思わない。私が意地悪な近所の人について話していても、政府は気にしないと思う(7)。
・ＦＢＩが私の通話をモニターしていたら、私は気になるか。私にやましいことは何もない。全人口の九九・九九％がそうだろう。もし通信傍受によって九・一一事件のうち一つでも防止できるのなら、数千の命が救われる(8)。
・今言ったように、私にやましいことは何もない。アメリカ人の大多数には、やましいことは何もない。やましいことが何かある者は暴き出されるべきであり、当然の報いを受けるべきである(9)。

やましいことは何もない論は、近年の議論ではない。ヘンリー・ジェイムズの一八八八年の小説『反響を呼ぶ社交新聞』に出てくるある登場人物は、こう思案している。「もしこれらの人々が悪いことをしたのであれば、彼らは自身を恥じるべきであり、同情に値しない。そして、もし彼らが悪いことをしていなかったのであれば、他の人々がそれを知ることについて大騒ぎするような必要はなかった。」[10]

この論点に関して私が調査対象としたニュースのインタビュー、議論その他の媒体の中で、私はやましいことは何もない論に頻繁に遭遇した。私は、自分のブログ「同意意見」の読者に対して、やましいことは何もない論に対するうまい返し方があるかどうかを訊いてみた。[11] 私は、コメントの嵐を受け取った。

・私の返答はこうだ。「では、あなたはカーテンをもっていますか。」又は「私はあなたの過去一年間のクレジットカードの請求書を見ることができますか。」。
・そういうわけで「もしあなたにやましいことが何もないなら……」という議論に対する私の返答は単純だ。「私は自分の立場を正当化する必要はない。あなたが自身の立場を正当化する必要があるのです。令状をもってきてから来い。」。
・私にやましいことは何もない。しかし、私はあなたに見せたいものもない。
・もしあなたにやましいことが何もないなら、あなたは人生を謳歌していない。
・あなたの秘密を私に見せなさい。そしたら私の秘密をあなたに見せるでしょう。
・やましいことがあるかではない。誰にも干渉されずに生きられるか否かの問題である。
・要は、やましいことは何もない論はジョー・スターリンが愛したような議論でしょう。なぜそれ以上に何かを言うべきか。[12]

一見すると、やましいことは何もない論を退けることは容易いように思われる。おそらく、あらゆる人が誰かから隠したいものをもっている。作家のアレクサンドル・ソルジェニーツィンは、「すべての者は何かの罪を犯しているか、隠したいものがある。なすべきことは目を開いてそれが何かをしっかりと見ることだけだ。」と述べた[13]。同様の見解を示すものとして、フリードリヒ・デュレンマットの小説『罠』がある。これは無実と思われる男が、引退した法律家のグループにより模擬裁判にかけられる話である。男は、彼の罪が何であるべきかを質問すると、検察官はこう答える。「全く些細なことだ。犯罪は、いつでも見つけられる。」[14]。

最もオープンな人間ですら、隠したいであろう事柄を、いつだって考えることができる。私のブログに投稿したコメント投稿者は、「もしあなたにやましいことが何もないならば、それは文字どおり、あなたは私にあなたの裸の写真を撮らせても構わないということか。そして私がその写真の完全な権利を取得し、あなたの近所の人に見せることができるのか。」と記した[15]。カナダのプライバシー専門家であるデイビッド・フラハーティは、議論の際に同種の考え方を表明した。「西洋世界には、自身の個人的なプライバシーをほとんど、又は、全く気に留めないような感性の人はいない。やましいことは何もない論のような主張を試みる人は、彼らの私的な生活面についての二、三分程度の質問にさえ耐えられない。彼らは、その種の主題の押しつけがましさに降参するだろう。」[16]。

こうした応答は、やましいことは何もない論のうち最も極端で、それほど説得的でない形態のもののみに対する攻撃となっている。より穏健な形態のやましいことは何もない論は、すべての個人情報ではなく、政府が収集する可能性の高いタイプのデータだけに言及する。人々の裸体や最奥部の秘密を曝すやましいことは何もない論に対する反駁は、政府がこの種の情報を収集する可能性がある場合に限り妥当性を有するのである。多くの場合、誰かがその種の情報を見ることは難しく、それらは公衆に対して開示されているものでもない。こうして、ある者は、こう主張するであろう。プライバシーの利益は最小である一方で、テロを防止する安全の利益はより重大である、と。この種の、より穏健な形態のやましいことは何もない論は、手強いものである。

2-2　プライバシーの理解

やましいことは何もない論を評価するために、我々は、その支持者がどのようにプライバシーを理解しているかを見ることから始めるべきであろう。プライバシーに関するほとんどすべての法・政策は、プライバシーが何であるかについての特定の理解に依存する。問題をいかに理解するかは、それらの問題の解決に用いられる法的・政策的解決に凄まじいインパクトを与える。哲学者ジョン・デューイが看破したように、「問題をよく定めることができれば、問題の半分は解決している。」(17)

「プライバシー」とは何なのか。プライバシーを理解するために最も試みられてきたのは、プライバシーの本質──我々が「プライバシー」の標題の下に分類する多様な事柄を繋ぎあわせるプライバシーの中核的な特徴や共通因子──を見定める方法である。しかし、プライバシーは、単一の本質に還元するには、あまりにも複雑過ぎる概念である。それは多くの異なる事柄であって、共通の一つの要素を共有しないが、それにもかかわらず、相互に類似性を有している。(18)例えば、プライバシーは、あなたの最奥部の秘密を開示することで侵害されうる。また、もしあなたが覗き魔に覗き見されたなら、たとえ秘密が誰にも露わにされなかったとしても、プライバシーは侵害されうる。秘密の開示における害悪は、あなたの隠された情報が他者に広まることである。覗き魔の害悪は、あなたが見られることである。おそらく、覗き魔にセンシティブなものを見られるか、他者に何らかの情報を開示されるかを問わず、あなたはそれが気色の悪いことだと思うだろう。

プライバシー侵害には、脅迫やパーソナルデータの不適切な使用など、その他の多くの形態がある。政府があなたに関して多方面にわたる事件記録を編纂しても、あなたのプライバシーは侵害されうる。このようにプライバシーはとても多くの異なる事柄を含んでいるので、そのすべてを単一の観念に還元することは不可能である。我々はそうする必要もない。

裁判所、立法者その他の者がプライバシーが何を意味するのかを理解することに失敗しているがゆえに、多くの場合、プライバシー問題を対抗利益と適切に衡量することができないでいる。ある種のプライバシー問題は、プライバシーに関する一定の包括的な概念に当てはまらないがゆえに、人々はその種の問題を認識しない。我々が「プライバシー」問題と呼ぶか否かにかかわらず、問題は維持されたままであり、そして問題は無視されるべきではない。我々は、プライバシーを保護したいと望む我々の願いへの導火線となる、すべての異なる問題に対して注意を払うべきである。

パーソナルデータの収集・使用により発生する問題を記述するために、多くの論者は、ジョージ・オーウェルの『一九八四年』に依拠したメタファーを用いる。[19] オーウェルは、ビッグ・ブラザーと呼ばれる政府により統治された凄惨な全体主義的社会を描く。ビッグ・ブラザーは、執拗に市民を監視し厳しい規律を要求する。このオーウェルのメタファーは、(禁止や社会的コントロールのような) 監視の害悪に焦点を当て、市民に対する政府の監視を記述する傾向にある。しかし、コンピュータのデータベースで収集されるデータの大半は、人種・誕生日・性別・住所・結婚歴のようにセンシティブなものではない。多くの人は、宿泊したホテル、所有する車や飲んだ飲み物の種類を隠すことについて気にかけたりしない。もし他人がこの情報を知ったとしても、人々は抑圧されたり、困惑したりしないと常にはいいきれなくとも、多くの場合にはそうであろう。

違うメタファーのほうが、よりよくその問題を捉えている。フランツ・カフカの『審判』である。カフカの小説は、逮捕された男に焦点を当てるが、なぜ捕まったかの情報は与えられない。彼は必死になって何が彼の逮捕をもたらしたのか、彼にふりかかろうとしているのが何であるかを解明しようと試みる。秘密裁判所の組織が彼に関する事件記録を保有しており、彼を捜査していることは分かるが、彼はそれ以上知ることはできない。『審判』は不可解な目的をもつ官僚制を描いている。その官僚制は、人々に関する重大な判断を行うためにその者の情報を用いるが、その情報の用いられ方に人々が関与する能力を否定する。(20) カフカの作品に描かれたメタファーにより描写される問題は、監視により引き起こされる問題とは異なる種類のものである。それらは、しばしば禁止をもたらさない。それは情報収集ではなく、データの貯蔵、使用、分析といった情報処理の問題である。それは、人々と近代国家の組織との間の力関係に影響する。その問題は、孤立感や無力感を生み出して人々を苛立たせるだけではなく、人々がその生活に関する重大な判断を行う組織との間で有する関係性の種類を変更することにより社会的構造にも影響を与える。

法的・政策的解決は、オーウェルの作品のメタファー（監視）の下にある問題にあまりにもフォーカスし過ぎており、カフカの作品の問題（情報処理）に適切に対処できていない。(21) 実際にはデータベースと監視は異なる問題であるのに、論者たちが、データベースにより引き起こされる問題を監視の問題として把握しようとすることに、難点がある。

2-3　やましいことは何もない論の問題

　しばしば論者たちは、人々が隠したい事柄を指摘して、やましいことは何もない論を論破しようと試みる。しかし、やましいことは何もない論の問題は、プライバシーが悪いことを隠すようなものであるという潜在的な前提である。この前提を受け入れることにより、我々はあまりにも譲歩することとなり、人々が隠したいと思われる情報をめぐる非生産的な議論を招いている。ブルース・シュナイアーが適切に記すとおり、やましいことは何もない論は、誤った「プライバシーは悪いことを隠すようなものであるという前提」に基づいている。[22] 例えば、監視は、民主政に不可欠である自由な言論、自由な結社、その他の修正一条の権利に基づく合法な活動を抑制しうる。

　やましいことは何もない論のより深刻な問題は、近視眼的に、秘匿の一形態としてプライバシーを見ることにある。これとは対照的に、多様な関連性を有する問題としてプライバシーを理解すると、悪事の開示が政府の安全対策により引き起こされる多くの問題の一つに過ぎないことが明らかにされる。文学的なメタファーの議論に戻ると、プライバシー問題には、オーウェル的なものだけではなく、カフカ的なものも含まれるのである。政府の情報収集の問題は、人々が隠したい情報が暴かれなかったとしても、問題性を秘めている。『審判』において、問題は行動の抑制ではなく、裁判所の組織がパーソナルデータを使用したり、主人公に対してその手続を認識し、参加することを否定したりすることにより生み出される、息の詰まるような無力さや脆弱性である。その害悪は官僚主義的なもの——無頓着、誤謬、濫用、失望、透明性及び説明責任の欠如である。

　例えば、そのような害悪の一つとして、一見して差し障りのないデータの小さな断片を合成することから生じる、私が集約と呼ぶ害悪がある。情報が組み合わさると、情報はより物を言うようになる。我々が骨を折って守ろうとしない情報の欠片をつなぎあわせることで、政府は我々が実際に隠したいと願う情報を少しずつ収集する。例えば、あなたがガンについての本を購入したと想定しよう。この買い物自体はそんなに暴露的ではないが、しかしそれは病気に関心をもっていることを示す。あなたがかつらを買ったと想定しよう。かつらの購入それ自体には、多数の理由がありうる。しかし、これら二つの情報の欠片が組み合わさると、あなたがガンで化学療法を受けているという推論がまさに可能である。

そのほかに起こりうる問題として、政府がパーソナルデータを採取することに伴う、私が排除と呼ぶ問題がある。排除は、自身の情報の用いられ方について知ることを妨げられるときやデータにアクセスしてその誤謬を正すことを禁止されるときに発生する。多くの政府による国家の安全保障上の措置は、個人がアクセスできない巨大なデータベースの維持を伴う。実際、それらは国家の安全保障に関わるので、政府の計画の存在はしばしば秘密のままにされる。この種の情報処理は本人の認識や関与を妨げるものであり、適正手続の問題に似ている部分がある。それは、人々が政府機関によってどのように取り扱われるのかということに関わり、個人と政府との間の権力の不均衡を生み出す構造的な問題である。当局は、市民に対するそのような大きな権力をどの程度、もつべきなのであろうか。問題は、人々がいかなる情報を隠したいと思うかではなく、政府の権力と機構のあり方に関わるものである。

関連する問題として、二次的利用がある。二次的利用とは、特定の目的のために得られたデータを、本人の同意なくして無関係な目的のために活用することをいう。パーソナルデータはどれぐらいの期間、蓄積されるであろうか。どのように使われるのだろうか。将来、何のために使うことができるのか。個人情報の断片が将来、用いられる可能性は莫大であり、いかに個人情報が利用されるのかについての制約又は説明責任がなければ、人々が、データが政府のコントロール下にあることの危険性を評価することは困難である。

政府によるパーソナルデータの収集、使用に伴う、もう一つの問題は、歪曲である。個人情報は人々の個性や活動のかなり大部分を明らかにしうるが、そっくりそのままの人間を映し出すことに失敗することが多い。特に記録は還元的で——しばしば詳細部分を省いた画一的な型で情報を捉えるので、個人情報は、歪曲された人間像を描きうる。

例えば、ある人がメタンフェタミンの製造方法に関する数冊の本を購入したことを、当局が知ったとしよう。その情報により、当局は彼がメタンフェタミン製造所を作っているのではないかと疑うことになる。その記録から欠けているのは、完全なストーリーである。その者はメタンフェタミンを作る人物についての小説を書いている。彼は、その本を購入する際、当局に怪しいと疑われるとも思っておらず、彼の記録には購入理由が記載されていなかった。彼は自分の買い物や行動のすべてについて、政府に精査されることを気にかければ良かったのか。不審者リストに掲載されるであろうことを考慮すべきであったのか。たとえ何か悪いことをしていなかったとしても、彼は自分の記録から誤った推論をしうる当局に対して、その記録を触れさせたくないと思うかもしれない。神経質に犯罪行為を監視する当局が彼のあらゆる行動をどのように理解するのかということをいちいち心配しなければならないなんて、まっぴらだと彼は思うかもしれない。異常な行動パターンがあったとして、コンピュータによって疑わしいとフラグを立てられることを、彼は望まないかもしれない。

やましいことは何もない論の問題は、プライバシー問題のうち一つか二つの特定の種類の問題——個人情報の開示又は監視——にしか焦点を当てない一方で、その他の問題を無視する点にある。それはプライバシーが何であるかについての特定の見解を想定しており、他の見方を必然的に排除してしまう。

ここで、個人情報にアクセスすることを要求する国家の安全保障上のプログラムを正当化するための二つの方法を区別することが重要である。第一の方法は、問題を認識しない、というものである。やましいことは何もない論は、問題の存在すら否定する働きをする。そのようなプログラムを正当化する第二の手段は、問題を認識するが、そのプログラムの利益がプライバシーの犠牲を上回ることを主張するものである。第一の正当化は第二の正当化に影響を与える。というのは、プライバシーに対して低い価値を与えることは、プライバシー問題に関する狭い見方に依拠しているからである。やましいことは何もない論が、プライバシーを、特定の方法で、すなわち、物事を隠す権利や秘匿の一形式として捉えていることが、誤解の元になっている。しかし、ある者の秘密が政府に対して暴露されること以外にも、その他の多くの害悪が存在する。

2-4　血、死、プライバシー

やましいことは何もない論の難点の一つは、単一かつ直感的な種類の権利侵害を探し求めることにある。皮肉にも、この根底にある権利侵害の捉え方は、より広いプライバシー保護を主張する論者にもみられることがある。例えば、法学教授のアン・バートウは、真に共感を呼ぶためには、プライバシー問題は「単純な不快感を超えて、生きている人間すなわち生きている者の生命に対して否定的なインパクトを与え」なければならない、と主張する。彼女が言うには、プライバシーはもっと多くの「死体」を必要とし、血や死、少なくとも骨折や大量のお金を欠いたようなプライバシーは、プライバシーの害悪をその他（のタイプの害悪）と違ったものにしてしまう[23]。

バートウの議論は、実際、やましいことは何もない論と整合する。やましいことは何もない論を推進する者は、ぞっとするような特定の種類のプライバシーの害悪を念頭に置いており、徹底的に恥辱や信用失墜が暴かれるときに限りプライバシーは侵害される、と考えている。バートウと同様に、やましいことは何もない論の支持者は、死体に類する害悪を要求する。

人々が抽象的な利害関係よりも、血や死に対してより強く反応するという点については、バートウはもちろん正しい。しかし、もしこれが問題を認識するための基準であるというのであれば、ほとんどのプライバシー問題は認識されないであろう。プライバシーはホラー映画ではない。多くのプライバシー問題は死体と結びつかず、触って分かるような害悪を探し求めることは多くのケースで難しい。

多くの場合、単一のとてつもない行為ではなく、ゆったりした時間の中における連続する比較的小さな行為の蓄積により、プライバシーは脅かされる。この点で、プライバシー問題は、異なる行為者による一連の小さな行為を通じて長い期間をかけて生じるある種の環境に対する害悪に類似する。社会は大規模な流出油事故には反応しがちだが、大勢の異なる行為者による緩やかな汚染は、しばしばいっそう悪い問題を引き起こす。

プライバシーが一気に失われることは、めったにない。プライバシーはしばしば時間をかけて浸食され、ほとんど感知できないうちにちょっとずつ溶けていき、どれくらいそれが失われたかは最後になってようやく分かる。人々が通話している電話番号を政府が監視し始めるとき、多くの人は肩をすくめてこう言う。「ああ、番号だけ。それだけね。」その次に政府は通話を監視し始めるかもしれない。「少々の通話だけ、それだけのことだ。」と人々は明言するかもしれない。政府は公共の場にもっとビデオカメラを設置するかもしれない。幾人かはこう返答するであろう。「だから何？　ちょっと多くのカメラがちょっと多くの場所を監視する。大したことじゃない。」カメラの増加はより精密なビデオ監視網にまで最終的に発展していくかもしれない。衛星監視も付け加わるかもしれない。政府は人々の銀行記録を分析し始めるかもしれない。人々の動作の追跡も、「それは私の預金や私が支払う請求書の一部に過ぎない。問題ない。」政府はそれからクレジットカードの記録、更にはインターネット・サービス・プロバイダー（ＩＳＰ）の記録、健康診断書、採用実績などまで結合し始めるかもしれない。各段階の増加量は取るに足らないように思えるが、しばらくすると政府は我々のすべてを監視し知っている状態になっている。

「私の生活には何の秘密もない。私にやましいことは何もない。」と人々は言うかもしれない。しかし今や政府は、あらゆる人の活動、関心、読書傾向、財力、健康に関する大量の事件記録を保有する。政府が公衆に対して情報を漏えいしたらどうなるのだろうか。あなたが飛行機に乗る権利を否定したらどうなるのだろうか。あなたは何も悪いことをしていないのに、政府があなたの金融取引が変に見えると考え、あなたの口座を凍結したらどうなるのだろうか。政府があなたの情報を適切なセキィリティの下で保護しておらず、個人情報窃盗犯があなたを騙すためにそれを取得、使用したらどうなるのだろうか。あなたにやましいことは何もなくても、政府はあなたに多くの害悪を引き起こしうる。

「しかし、政府は、私を傷つけたいと思っていない。」と主張する者もいるだろう。多くの場合、これは真実であるが、誤りや不注意により、政府はうっかり人々に害をなしうる。

2-5　やましいことは何もない論の沈黙

やましいことは何もない論が詳細に分析され、根底にある前提が検証され疑われるとき、我々は、やましいことは何もない論が論争を自らの言葉遣いへと引き寄せ、その不公平に有利な立場からどのように権力を引き出しているかを見ることができる。やましいことは何もない論は、いくつかの問題に言及するが、他の問題には言及しない。それは単一かつ狭い方法のプライバシーの捉え方を象徴しており、政府の安全保障上の措置に伴いしばしば生じるその他の問題についての考慮を排除することにより勝利を得ている。

真正面からやりあうと、やましいことは何もない論は論敵を罠にはめることができる。というのも、それは論争を、狭いプライバシー理解に焦点を当てるよう余儀なくさせるからである。しかし、監視や開示以外の政府のデータ収集や使用が含意しているプライバシー問題の多様性に直面したとき、やましいことは何もない論は、結局、何も言うことができない。

第3章　全か無かの誤謬

「テロリストの攻撃から私を守ってくれるなら、私は喜んでプライバシーを諦める。」。私は何度も何度もこの常套句を耳にする。この論争は、プライバシーをとるのか、それとも特定の安全保障上の措置をとるのかという、全か無かの選択としてしばしば投げかけられる。監督なしで秘密裏に実施された通話傍受を含む国家安全保障局の監視プログラムを、政府が擁護した方法について考えてみよう。議会公聴会で、司法長官のアルベルト・ゴンザレスはこう陳述した。「我々の敵がこれを聞いて、そもそものような国家機密のプログラムの存在を漏らして危機に晒すという発想に驚き、首を横に振っていないか心配せざるを得ない。そして、今にもプログラムについて更に公開し、テロとの戦いの鍵となるツールを一方的に武装解除するだろうとの見通しに、彼らは笑っているだろう。」[1]。

ゴンザレス長官の言い回しに注目してみよう。彼は、もし我々がプライバシーを守りたいなら、本当の価値ある安全保障上の措置を自ら「武装解除」しなければならない、と暗に言っている。テロリストは、そのようなトレードオフをする我々を狂っているとみなすであろうとすら言っているのだ。

当局が安全保障上の措置を正当化したり、それらが規制されるべきではないと主張するとき、私は、こうした議論を絶えず聞く。彼らは、監視の価値や監視がない状態の危険性を指摘する。彼らはこう言う。「我々はテロリストの攻撃についてのかなりたくさんのお喋りを聞いている。あなたは我々にそれを聞くことをやめてもらいたいのか。それなら、テロリストは飛行機をどうやって爆破する計画なのかを自由に話すことができるだろう。我々がそれを知ることはないであろう。ちょっとのプライバシーが、そのコストに本当に匹敵するのか。」。

二つの利益の衡量において国家の安全側を擁護する者は、安全と自由とをゼロサムのトレードオフとしばしばみなす。法学者のエリック・ポズナーとエイドリアン・ヴァミュールは「安全の増大は、自由の減少を必要とする。」と主張する。(2) この議論は、安全とプライバシーのような市民的自由は、決して調和し得ない、というものである。プライバシーを得るためには、常に安全を喪失しなければならない。安全を得るためには、常にプライバシーを喪失しなければならない。

しかし、この議論には欠点がある。プライバシーと安全は相互に排他的であるという議論は、「全か無かの誤謬（all-or-nothing fallacy）」と私が呼ぶものに根差している。プライバシーを生贄に捧げたからといって、自動的に我々の安全が高まるわけではない。安全保障上の措置は必ずしもプライバシー侵害を伴わない。更に、安全保障上の措置の実効性とこれに伴う自由の減少との間には、何らの相関関係も立証されてこなかった。言い換えれば、最も効果的な安全保障上の措置は、自由に対して最も有害である必要はないのである。

政府がプライバシー侵害を行えば行うほど、多くの人はより安全に感じるというのが、全か無かの誤謬に共通していることである。この誤謬は、海の真ん中で沈みゆく船にいる人々の反応であると考えられる。船上にとどまろうと必死になって、乗客はあらゆる物を船外に放り投げはじめる。もし物を船外へ放り投げれば、沈むのが止まる、と彼らは思う。しかし、恐怖の中で、彼らは食糧や水の入った箱を放り投げる。その間、船は容易に塞げる穴のために沈んでいたのである。

安全とプライバシーは、相互に排他的である必要はない。例えば、九・一一事件に対する一つの安全対策は、飛行機のコックピットのドアをロックすることであった。これによりテロリストが飛行機のコントロールを奪取することを防止できる。それはプライバシーの侵害であろうか。全く違う。海外で使途不明の核兵器を追いかけ回すことは、しばしばプライバシー侵害ではないもう一つの安全保障上の手段である。

全か無かの誤謬が蔓延している一つの理由として、安全には不快さや侵入性がつきものだと人々が考えているようにみえることが挙げられると思う。それゆえ、もし政府が人々を安全に感じさせたいのであれば、彼らをより不快にし、より曝け出す必要が常にある。しかし、プライバシーの放棄は、必ずしも我々をより安全にはしない。

この全か無かの誤謬は、プライバシーと安全との衡量において、とてつもない歪みの原因となる。実際、プライバシー権と安全保障上の措置とを比較衡量する多くの裁判所や論者は、この誤謬に基づく誤った衡量を行う。彼らは、特定の政府の安全保障上の措置は禁止されるべきかどうかという見地からこの衡量を行う。天秤の一方に、彼らは安全保障上の措置の便益を置く。他の一方に、彼らはプライバシー権を置く。

一見すると、プライバシーと安全保障上の措置とを利益衡量することは合理的なアプローチのように思える。しかし、それは完全に誤っている。天秤の上に安全保障上の措置を置く者は、安全保障上の措置全部が全か無かという形で天秤にかけられているとの想定をとる。それは違う。プライバシー保護が安全保障上の措置を全面的に否定することは、めったにない。司法の監督を受けたり、修正四条の適用により政府の監視活動が禁止されることは珍しい。その代わり、その活動は、監督を受けることを条件として許容され、一定の制限を受けることはある。

ほとんどの憲法的、立法的な保護は、このような方式で働く。例えば、修正四条は、あらゆる侵入的な捜索を許容する。修正四条の下で、政府はあなたの自宅を捜索することができる。あなたのコンピュータを捜索することができる。体中の体腔を捜索することができる。ほとんどの捜索をすることができ、あらゆる種類の監視のほとんどに従事することができる。どうやれば、そうできるのか。修正四条は政府が捜索をすることを阻止する方法でプライバシーを保護していないのだ。修正四条は司法の監督や政府が当該措置を正当化することを義務づけるという方法で作用する。それゆえ、修正四条の下において、政府は、事前に裁判官に対して捜索の必要性を正当化すれば、高度に侵入的な捜索に従事することができる。

修正四条と同様に、電子監視法は通信傍受を許容しているが、司法の監督を義務づけ、通信傍受の範囲を最小化し、濫用防止のため法執行官が裁判所に対して事後的に報告するよう要求することにより、その行動に制限を加えている。プライバシー保護は監督・規制を課すことを要求するが、安全保障上の措置全体を廃棄することを必要としない。

安全がプライバシーと衡量されるとき、安全保障上の措置全体とそれにより生じるプライバシーの害悪とを衡量すべきではない。プライバシー保護は手始めに監督・規制を課すことを含むので、天秤の安全側は、そのような監督・規制が安全保障上の措置の実効性を削減する限度で評価されるべきである。もしプライバシー保護を意図する司法の監督や規制が遅延をもたらし、安全保障上の措置を実施するための文書業務や制限が一〇パーセントの実効性を削ぐというなら、プライバシーに対して安全保障上の措置全体を衡量する意味はない。代わりに、プライバシーと当該措置の実効性が一〇パーセント減少することとの間で、その衡量は行われるべきである。

しかしながら、あまりに頻繁に、安全と自由をめぐる議論はこうしたバランスをとることに失敗する。たびたび世論調査は全か無かのトレードオフの形で質問をもち出す。二〇〇二年のピュー研究所の世論調査は、アメリカ市民に次の質問を提示した。

テロと戦うために、政府に対して電子メールを読み、通話を聞くことを許容すべきですか。(3)

ラスムッセンレポートによる二〇〇五年の世論調査は、次の質問を提示した。

他国のテロ容疑者とアメリカ合衆国在住の者との間の電話での会話を国家安全保障局が通信傍受することは、許されるべきですか。(4)

しかしながら、これら双方の質問は、令状や裁判所の命令の説明を怠っている。捜索令状又は裁判所命令がある場合でも、広範囲の政府による捜索を実施すべきではないと主張する人はほとんどいないであろう。それゆえ、提示されるべき質問はこうである。

テロと戦うために、政府に対して法により要求される捜索令状又は適切な裁判所命令なしに電子メールを読み、通話を傍受することを許容すべきですか。

他国のテロ容疑者とアメリカ合衆国在住の者との間の電話での会話を、裁判所命令又は司法の監督なしに国家安全保障局が通信傍受することは、許されるべきですか。

問われるべきは、安全保障上の措置を実施するか否かではなく、監督・規制のある安全保障上の措置か行政官による単独の自由裁量による安全保障上の措置かである。多くの場合、監督と規制は実質的に安全保障措置を縮小せず、それゆえ、プライバシー保護のコストはかなり低い。不幸にも、この衡量は、ほとんど適切に判断されていない。全か無かの誤謬の下でこの衡量が行われるとき、天秤は安全側に劇的に沈み込む。プライバシー保護のコストは誤って吊り上げられ、安全保障上の措置はあまりに重く評価されているのである。

第4章　敬譲の危険

二〇〇五年のロンドン地下鉄爆破事件の後、ニューヨーク市当局はニューヨークでの同様の攻撃の可能性を懸念し始めた。ニューヨーク市警察は、乗客の手荷物を無作為捜索する計画を始めた。その捜索は、令状、相当な理由、合理的な疑いすらなく、実施された。

捜索計画は、修正四条に違反するとして訴訟提起された。修正四条は、「合理的」であれば無作為捜索を許容している。「合理的」か否かは、安全に関する政府利益とプライバシーに関する人々の利益を衡量して決定される。安全の利益の重さは、当該計画が効果的に地下鉄の安全を改善する程度によって決まる。地下鉄の安全の重要性については誰も疑いをはさまないため、決定的な論点は、プライバシーや市民の自由とトレードオフするほどの価値がある安全を達成するために、当該捜索計画が十分に効果的な方法であるかどうかである。

マックウェイド対ケリー事件において、第2巡回区連邦控訴裁判所はこの衡量を行い、当該計画は修正四条の下で合理的であったと結論づけた。しかしながら、裁判所が用いた分析方法には、問題があった。地下鉄の捜索計画の実効性に関する論点で、裁判所は法執行官に対して敬譲し、この論点は「有限の警察官を含む限りある公的資源について唯一理解し責任をもつ者に委ねられるのが最善である。」と述べた。その計画が「地下鉄網に対するテロ攻撃を抑止し発見する政府利益に対処するための合理的で効果的な手段」であったかどうかを判断する際に、裁判所はその計画の実効性を評価するためのデータを精査することを拒否した。裁判所は次のように述べた。

我々は、市が日常的に警察権力を行使する際にどの程度の数の検問所を配置すべきかを推測しようと試みて、四か月分のデータを精読、分析、推測したりはしないだろう。対テロ作戦の専門家や政治的責任を負う当局は、日々与えられる所与の条件を考慮して、利用可能な資源の一番良い配置方法を判断するという繊細難解な業務を担当している。我々は、彼らが考え抜いた判断の些細な部分を後知恵で批判しないであろうし、批判できない(1)。

ニューヨークの地下鉄捜索計画は効果的であったか。私はそれを疑っている。ニューヨークの地下鉄は一週間につき約四五〇〇万人の乗客がおり、市内には四五〇以上の地下鉄の駅がある(2)。わずかばかりの無作為捜索は、効果的というよりは象徴的なものであると思われる。なぜなら、警察官がテロリストを発見する確率はとても低いからである。

この計画の下で、人は捜索を受けずに歩き去ることができる。捜索は、毎日、二、三の駅に限られているため、馬鹿でないテロリストなら、駅を立ち去って、捜索が行われていない可能性が高い別の駅まで約一〇ブロックを歩くであろう。

その計画はテロリストが地下鉄に乗って爆弾を運ぶことを抑止するであろう、と政府は主張した。しかし、ほぼあらゆる種類の安全保障上の措置はある程度の抑止を間違いなく生み出すことができる。裁判所が分析できなかった鍵となる論点は、その計画が市民的自由を削減することに優越するほどの重大な抑止をもたらすかどうか、である。

敬譲は、安全とプライバシーを衡量する際の主要な問題である。裁判所は知ったかぶりの態度をとるべきではないが、安全保障上の措置の実効性のような決定的な疑問について敬譲すべきではない。多くの安全保障上の措置に伴う問題は、資源の賢い使用に関するものではない。加えて、人々のプライバシーや市民の権利の観点から、安全保障上の措置にはコストがかかる。それらを白日の下に晒して検証することは、真にコストに見合う実効性を有するかを確認する一つの方法である。しかしながら、多くの裁判所は、安全保障の専門家の判断を後知恵で批判することを嫌がる。この章で、私は、裁判所が政府の安全保障の専門家に敬譲すべきではないことを主張する。

4-1　執行府は安全についてより高い能力を有しているか

リチャード・ポズナー裁判官は、裁判官は「国家の安全についてそれほど知っているとは思われない」ので安全保障上の措置を評価する際には執行府に敬譲すべきである、と主張する。(3) 同様に彼の息子のエリック・ポズナーは、法学教授のエイドリアン・ヴァミュールと共同で、「議会又は司法部門ではなく、執行府が安全と自由のトレードオフをすべきである。」と述べている。(4)

敬譲論の問題は、歴史的に、執行府が常に国家安全保障に関する最も賢い判断をしてきたというわけではないことにある。しかし、ポズナーとヴァミュールは、そうしたミスがあるにもかかわらず、司法又は立法部門ではなく執行府が判断するほうが良い、と反論する。彼らはこう述べる。「裁判官はジェネラリストである。裁判官を現在の政治から保護するための政治的隔離は、裁判官から情報――特に新しい種類の安全への脅威やその脅威に対する必要な対処に関する情報を奪いもする。」。ポズナーとヴァミュールは、緊急事態の間は「脅威及びそれへの不可欠の対応の新規性は、司法のルーチンや発達した法的基準を不適

格で妨害的なものとさえ感じさせるようにする。」と主張する。(5)

しかしながら、「司法のルーチン」や「法的基準」は、適正手続や法の支配の土台を作り上げる――それらは、自由かつ民主的な社会の中心的かつ基礎的な要素である。ポズナー、ヴァミュールその他の安全保障の強力な擁護者は、たびたび、安全のために何が一番良いかに、ほとんど排他的に焦点を当てているように思われる。しかし、目的は、安全と自由の間の最適な衡量を打ち立てることにあるべきである。そのような衡量は、最も効率の高い安全を促進しないかもしれないが、それは独裁的な政治体制と対照的な民主主義国で生きる者のコストの一つである。執行府は安全保障上の措置を発展させるために適切な部門かもしれないが、安全と自由との衡量を行う最も適切な部門ではない。

立憲民主主義の下では、各部門は政策を立案する際に果たすべき役割がある。裁判所は、行政又は立法の政策立案に対する絶対的な制約としてではなく、政府利益に対して衡量されるべき重要な利益として、憲法上の権利を保護する。多様な形態の「司法審査」を適用することにより裁判官は衡量を行う。この「司法審査」は政府利益の重さ、当該利益を保護する特定の措置の実効性、政府利益が憲法上の権利を不当に侵害することなく実現される範囲を評価することを含む。有意義な衡量を行うためには、裁判所は安全及び自由の利益の双方を吟味しなければならない。

もし裁判所が安全保障上の措置の有効性に疑義を呈することに失敗すれば、そのときは安全の利益がほぼいつでも優越するであろう。テロを防止することは極めて重要であり、いずれの安全保障上の措置も、その目標に向かって、ごくわずかながらも前進をもたらすであろう。ここで衡量における市民の自由側を見ても無駄である。政府側は既に勝っている。

敬譲論の支持者は、もし裁判官が敬譲しなかったならば、安全保障上の問題を理解するより高度な専門性を有する行政官の判断に代えて裁判官が自己の判断を用いることになってしまうだろう、と主張する。

しかしながら、多くの場合、国家の安全保障に関する特別の専門知識は、安全と自由の衡量のために必要ではない。裁判官と立法者は、専門家に対して彼らが主張する安全保障上の措置を説得的に正当化することを要求すべきである。もちろん、ロケット科学のような先端分野では、非専門家はその概念を理解するのに苦心するかもしれない。しかし、安全保障はロケット科学とは全く違う。

裁判官は、専門家がいつも最善の知識をもっていると当然に仮定すべきではない。専門家により行われる判断は、吟味されていない慣習や仮説をベースとしている可能性がある。専門家が自らの判断を正当化するプロセスは重要なものである。というのは、もし専門家が裁判官をして専門家の判断が思慮深いと確信させることができないのであれば、そのときは彼らが思慮深くない可能性が高い。健全な政策は、健全な正当化理由を有しているべきである。

更に、敬譲論は特定の安全保障上の措置の評価と創造を結合させる。裁判官が安全保障上の措置を審査するときに彼らは自分自身の理想的な提案を創造しないが、当局に対して政策を説明し正当化するように強いる。司法審査のポイントは、盲目的に当局の権威を受け入れることなく、当局の判断を批判的吟味に服させることである。

裁判所が政府の安全保障上の措置の実効性について政府に対して敬譲するときはいつでも、実際にはその措置が合憲性審査を通過するかどうかの究極的な問いについて政府に敬譲している。これはアメリカ合衆国憲法を解釈するという司法部門の伝統的役割の放棄である。

4-2　安全への脅威の評価

安全と自由を衡量するために、我々は安全の利益を評価しなければならない。これは二つの構成要素

――安全への脅威の重さ及びそれに対処するための安全保障上の措置の実効性――を評価することを含む。テロに由来する安全への脅威は、我々が現代社会で直面する最も深刻な危険の一つであることは、疑問の余地なく、しばしば仮定される。しかし、この想定は、誤りかもしれない。

テロにより危害を受けるリスクを評価することは、テロが不規則に発生し、絶えず進化するがゆえに、困難である。しかし、以前に起きたテロ攻撃のデータを調査すると、テロの脅威は著しく誇張されてきた。例えば、多くの人はテロ攻撃で殺されることを恐れるが、アメリカ合衆国のテロの統計に基づくと、テロにより死亡するリスクは非常に小さい。政治学者ジョン・ミューラーによれば、「九・一一事件をカウント数に含んでも……（国務省が計上し始めた）一九六〇年代終わりから国内テロにより死亡したアメリカ人の数は、落雷、鹿との衝突事故又はピーナッツの重度のアレルギー反応により同時期に死亡した数とだいたい同じである(6)」。

アメリカ合衆国の歴史における八度の命に関わるようなテロ攻撃を数え上げても、死者四〇〇〇名未満である(7)。対して、インフルエンザや肺炎による死亡は、毎年約六〇〇〇〇名と推定される。ほかにも自動車事故その他不慮の事故による傷害では、毎年四〇〇〇〇名が死亡している(8)。今までのところ我々のテロの経験に基づくと、テロによる死亡のリスクは、致死リスクの点で低い。

劇的な出来事とメディアの注目は、リスクの合理的評価を曇らせうる。二〇〇一年は九・一一事件だけが目を引くわけではない。サメ咬傷の夏でもあり、サメ咬傷に関する過熱報道によりサメの襲撃が劇的に増加したとの認識がもたらされた。しかし、二〇〇〇年よりも二〇〇一年のほうがサメの襲撃は少なく、同様にそれによる死者も少なかった。二〇〇一年の死者は四名である一方で、二〇〇〇年は一三名であった(9)。どちらの年がより多くの死者が出たかはともかくとして、その数はとても小さく、サメの襲撃は珍しい出来事である。

確かに、テロに関する我々の過去の経験は、未来の良い指標ではないかもしれない。核兵器や生物兵器を用いた、より危険なテロの可能性がある。これはテロにより危害を受けるリスクを評価することを困難にする。更に、テロを含む意図的な人間の行為は、普通の死では引きおこされない憤慨や恐怖感を生み出す。自動車死亡事故のようなよりリスクの高いその他の事象と比較して、そのような恐怖が不合理に大きなものであっても、その恐怖を緩和する必要がある。しかし、見識ある政策はその瞬間の不合理な恐怖に完全に屈しなければならないわけではない。恐怖を鎮めることを試みるべきであり、思慮深くそうしなければならない。

それにもかかわらず、多くの政策立案者は、テロの恐怖を思慮分別をもって評価することは困難であると理解している。広範囲にわたる公衆のパニックに直面し、当局がそのパニックを緩和するように行動するだけにとどめるのは難しい。何か劇的なことがされなければならず、政府首脳は動き出す。安全への脅威を合理的に評価する困難性を考えると、裁判所が安全保障上の措置の実効性を意味のある形で分析することは必須である。たとえパニックと恐怖が脅威の重量を誇張する事態をもたらしたとしても、少なくとも安全を促進する措置がそのコストを正当化するために十分に実効性を有するようにしておくべきである。

不幸にも、市民的自由を犠牲にする議論は、安全の便益が他の方法で実現できない理由やそのような安全保障上の措置がとるべき最善かつ最も論理的なものである理由を、滅多に説明しない。安全保障上の措置に対する審査はほとんどない。たとえまずい構想であり又は効果的ではないものであったとしても、しばしば単に所与のものとして受け入れられる。

4-3　セキュリティ・シアター

ニューヨークの地下鉄捜索計画のように効果的ではない安全保障上の措置は、概して象徴的なものである。地下鉄での捜索は、日々の数百万人の乗客のうち極小部分に対してしか実施できないので、テロリストを捕まえ、阻止することはほとんどできない。テロリストは、他にターゲットを変えたり、別の日や捜査が行われていない別の駅で爆破を試みたりすることがたやすくできる。象徴的な安全プログラムの問題点は、自由の不必要な犠牲をもたらし、より効果的な他の安全保障上の措置のための資源を奪うことにある。

それにもかかわらず、これらの計画は美徳を有する――非常に目立つので恐怖を緩和しうる。皮肉にも、地下鉄捜索計画の主要な便益は、たとえ（その計画は安全にほとんど寄与することがないため）見かけ倒しの手段であったとしても、（おそらくかなり大きな）人々の恐怖を緩和することであった。安全保障の専門家のブルース・シュナイアーは、そのような対策を「セキュリティ・シアター」と呼ぶ。というのは、それらは安全な見かけを創りだすためのお芝居をするよくできた儀式であったからである。シュナイアーは、こう書いている。

セキュリティ・シアターは、実際には安全性を改善しないが、安全だと感じさせる安全保障措置のことを指す。例えば、オフィスビルに突然現れた写真付き身分証のチェックである。写真付き身分証をもつ者を確かめることがなぜ現実の安全につながるのかについて、今まで誰も説明したことがない。しかし、身分証カードを見る制服を着用した雇われの警備員がいると、安全そうに見える。(10)

セキュリティ・シアターは正当か。大衆の恐怖を鎮めることは確かに良いことであるが、問題はセキュリティ・シアターが虚偽であることである。多くの人はごまかしの中で快適に感じたいというよりも、真実を知りたいであろう。安全保障上の措置が本当に実効的であるときに限り権利は犠牲となる、ということを権利の有意義な保護は要請する。虚偽の背後にある意図がどんなに立派であったとしても、権利は虚偽のために犠牲にされるべきではない。

４−４　敬譲しないほうが安全である理由

敬譲しない方針は、プライバシー権にとってより良いだけではなく、安全にとってもより良い。もし安全保障当局が自らの政策を正当化しなければならないであろうと知っていたら、彼らはいかなる政策を用いることを決めるのかについてより注意深くなるかもしれない。司法審査は、確実に、安全保障当局の仕事を改善し説明責任あるものにする。

もし安全のためにいくらかのプライバシーを諦めるなら、我々は少なくとも元をとるべきであり、気休めや中身のない象徴的な対策であってはならない。司法審査は、裁判官が安全保障当局に対して次のように問うことを要請する。あなたの安全保障措置は、代替手段よりも良いものですか。プライバシーをより侵害しない他の対策はありますか。

誰かに言われたことをただ受け入れ、質問しないというのは、おかしい。権利のあるべき姿ではない。裁判所が専門家を厳しく尋問するよう要求するほどの重要な自由が権利である。結局は、専門家が正しいかもしれない。しかし、権利を犠牲にする必要があるなら、我々は専門家があらゆることを考慮したかを確かめるべきである。

第5章　プライバシーが単なる個人的権利ではない理由

あなたは武器を密輸入しているかもしれない、と政府が信じているとしよう。政府はあなたの行動を追跡したい。あなたはアップルのｉＰｈｏｎｅをもっており、政府は、（電話機の電源が入っているとすればほとんどいつでもＡＴ＆Ｔにあなたのいる場所を正確に捕捉させることができる。携帯電話は、グローバル・ポジショニング・システム（ＧＰＳ）装置のように作動させることができる。携帯電話の中継塔はあなたの携帯電話の位置を突き止めることができなければならず、「三角測量」と呼ばれる方法によりそれを行っている。三つの携帯電話の中継塔は、あなたの位置情報を正確に判断するために、いつでもあなたの電話と結びついた状態にある。

天秤の安全側における、武器の密輸入を防止する政府利益は、非常に重要である。危険な無許可の武器は社会のすべてを脅かしうるし、武器の密輸入の防止は我々全員を安全にする。天秤のプライバシー側において秤にかけられるものは、あなたがどこにいるかについてのプライバシーに関する個人的利益である。それゆえ、その衡量は社会の安全対一人の個人のプライバシーの間で行われ——その結果として、ほとんど安全側が勝つことになる。

この章では、この衡量においてあなたのプライバシーだけに焦点を当てるべきではないと主張する——すなわち、社会全員にとっての位置情報のプライバシーを秤にかけるべきである。プライバシーは、個人的価値だけではなく、社会的価値として理解されるべきである。

５-１　社会的価値としてのプライバシー

「プライバシーは、本質的に個人的である。プライバシー権は、個人の主権として理解されている」[1]。これは、ある裁判所の判決文の中の言葉であるが、法廷の内外における多くの見解を反映している。例えば、法学者のトーマス・エマーソンは、プライバシーは「社会が個人の価値と尊厳を促進するために存在するという個人主義の前提に立脚しており、……プライバシー権……は、本質的に集団生活に参加しない権利——共同体を遮断する権利である」と述べている[2]。

伝統的に、権利は個人の自律性の尊重に立脚し、社会の侵入に対抗して個人を保護するものとして理解されることが多かった。プライバシーの価値に関する多くの理論は、この方法でプライバシーを解釈する。例えば、チャールズ・フリードは、プライバシーは「個人の基本的権利であり、個人たる地位に基づき、その権利は全員に平等に付与される。……この意味で、この見解は、カント的である。それは個人を目的として承認することを要求し、全体の幸福又は福祉を最大化する目的のために個人の最も基本的な利益を無視することを禁止する」[3]。

法は、しばしば個人的権利としてプライバシー権を捉える。連邦最高裁は、修正四条の権利は政府が捜索対象としている者のみに帰属する、と判示してきた。例えば、あなたが友人のバッグの中に何かを入れていることを想定してみよう。警察が、違法にそれを捜索し、あなたの入れたものを発見する。警察は、あなたを起訴するためにこれらのものを使いたい。修正四条はあなたを保護するか。いや保護しない。連邦最高裁によれば、あなたのバッグではないがゆえに、（それが不適当であっても）

あなたはこの捜索の違憲性を主張できない。その理由は、あなたの権利が侵害されなかった、というものである。(4) その捜索はあなたの友人に係るものであり、あなたの友人に帰属する権利に影響を及ぼした。連邦最高裁は権利を個人のものとして見ており、あなたの友人の権利はあなたには帰属しないので、あなたはツキに見放された。

共同体主義者の学者は、個人的権利についての伝統的理解に対して手強い批判を浴びせる。例えば、社会理論家のアミタイ・エツィオーニは、プライバシーは「共同体、公衆及び政府による詮索から、（思想や感情を含む）一定カテゴリーの活動を免除する社会的特権である。」と主張する。エツィオーニにとって、プライバシーに関する多くの理論は、共通善と衝突するときですらプライパシーを神聖なものと取扱ってしまっている。エツィオーニによれば、「プライバシーは絶対的な価値ではなく、他のあらゆる権利や共通善のための利益を覆せない。」。次に、彼はプライバシーはより大きな社会的利益をどう損なうかの論証に移り、プライバシーは常にではないが相当の頻度で、衡量において敗北すると主張する。(5)

エツィオーニが、プライバシーが社会的利益を覆す個人的権利であると主張する者を批判するのは当然である。しかしながら、問題は、個人的権利と共通善との間の功利主義的な衡量をすると、共通善側を促進する利益が瑣末なものでない限り、滅多に個人的権利の側が支持されない点にある。社会的利益を個人的利益と衡量すると、一般的に社会側が勝つであろう。

しかしながら、エツィオーニは、社会と緊張関係にある存在として個人的権利を捉える。個人的権利に関するリベラルな理論に浸透している個人と社会の間の二分論は、エツィオーニの共同体主義にも同様に浸透している。エツィオーニは、「個人的権利と社会的責務あるいは個人性と共同体との衡量」を、共同体主義の仕事と捉えている。(6) そのような見解は、個人と社会の利益が衝突していると仮定している。

一方で、哲学者のジョン・デューイは個人と社会の関係性に関する代替理論を提案した。デューイにとって、個人の善と社会の善は、しばしば敵対関係ではなく相関関係にある。「我々は自身を何らかの社会的存在以外のものとして考えることはできない。それゆえ我々は、自身の思想・善を他者の思想・善から分離することはできない。」(7)。デューイは、個人的権利を保護する価値は社会に寄与することから生じる、と主張した。言い換えれば、個人的権利は切り札ではなく、社会の侵入性に対して社会により与えられる保護なのである。社会は個人のための空間を、その空間が与える社会的効用のゆえに設定する。それゆえデューイは、「共同体の福祉に対してなされる寄与」に基づき権利は尊重されるべきである、と主張する。さもなくば、あらゆる種類の功利主義的計算において、個人的権利は多くの社会的利益に優越するのに十分な価値を有しないであろうし、個人的権利を正当化することは不可能であろう。デューイは、市民的自由を擁護するために「社会的基盤及び社会的正当化」を我々は主張しなければならない、と論じる(8)。

デューイと同じく、私は、個人を保護することの価値は社会的なものであると主張する。社会は非常に多くの軋轢を内包しており、我々は絶えず相互にぶつかり合っている。社会が生活しやすい場所となっているかどうかは、人々が他者の介入からどの程度自由かに左右される。プライバシー保護なき社会は、圧政的な社会であろう。個人の権利を保護する際、個人が栄えるための自由地帯を作りだす便益を享受するために、我々は社会として、個人の自由地帯に立ち入るのを差し控えることを決めているのである。

法理論家ロバート・ポストが主張するとおり、プライバシーは単に社会のルールや規範に一定の制約を加えるだけではない。そうではなく、プライバシーは、礼節を促進する社会の企てを構成している(9)。社会は、共同体の秩序を守らせる手段として、プライバシーを保護する。プライバシーは社会的利益に対抗する個人の切り札ではなく、社会自身の規範と価値に基づく個人の保護である。プライバシーは単純に社会的コントロールから個人を解放する方法ではない。それ自体が社会の規範に由来する社会的コントロールの一形式である。それは社会に対する外的な制約ではなく、社会の内的次元に存在する。それゆえ、プライバシーは、社会的価値を有する。法が個人を保護するとき、個人的理由だけではなく社会的理由でそうする。したがって、プライバシーは、より大きな社会の善に対抗する個人の権利として評価されるべきではない。プライバシー問題は天秤の両側にある社会的利益の衡量を含んでいる[10]。

5-2　行動の監視

この章の冒頭で提示した論点——政府があなたの位置情報を追跡しようと欲している——に戻ろう。監視に対して裁判所に訴訟提起した者はあなたであるけれども、裁判所は衡量においてあなたを保護することだけに焦点を当てるべきではない。このケースで問題になっているのは、あなたの権利だけではなく、あらゆる人の行動に関するプライバシーの権利である。

もし裁判所が単にあなたの権利だけに焦点を当てるならば、衡量は歪められる。あなたが本当に武器の密輸入の罪を負っていると想定してみよう。天秤の一方は、あなたが犯罪を実行するためにプライバシー権を行使する能力である。他方は、安全と秩序を維持する社会の利益である。もしこのような方法で衡量が理解されるならば、社会が勝つことは明白である。

あなたが無実であっても、衡量であなたが勝つことは困難である。密輸入を阻止すれば、数えきれない命が救われるかもしれない。あなたのプライバシーが侵害されたと言ったから何だというのだ。もしあなたが無実のときに政府がミスを犯し、あなたの行動を追跡したら、その誤りはすぐに現実化するだろう。政府はあなたに謝罪文を送り、こう言うことができる。

あなたのプライバシーを侵害して申し訳ありません。しかし、我々には武器の密輸入を調査する真に重要な必要性がありました。この犯罪を阻止することは、たくさんの命を救います。あなたの無実が判明次第、我々はあなたの監視を取りやめました。監視によりあなたが害されただろうことは理解しております。しかし、あなたの犠牲は社会のためにどれほど良い貢献をしたのだろうかと考えております。たまには、自らを犠牲にしてチームに貢献しなければならないのです。ありがとう。

愛情を込めて、

一七八九年よりあなたの安心安全を守る政府

この議論の問題は、あなただけがこの行為により害された者ではない、ということである。適切な監督なしにこの種の監視に従事する政府の権力は、全員に影響を与える。それは我々の住む社会の様式を形作る。更に、政府は、劇的に自身の権力を増大させ、人々の自由に広範な影響を与える組織的な監視に従事しうる。

最も重要な連邦最高裁の判例の大部分は、不快な犯罪者によりもたらされた。彼らはいくらか恐ろしいことをしたかもしれないし、ヒーローではないかもしれないが、法のチャンピオンである。彼らの多くはおそらく自己利益のためだけに戦った。「私は私の権利のために戦っている！」。しかし、それらのケースは我々全員に影響を与え、そして我々の憲法の意味を形作った。彼らは彼らの権利のために戦っただけではない。彼らは我々全員の権利のために戦ったのだ。

PART 2

有事

法はいかに国家安全保障の問題を扱うべきか

第6章　振り子論

有事においては、安全を得るために市民的自由を犠牲にすべきだ、という議論をよく見る。リチャード・ポズナー判事は「九・一一事件は、米国が晒されている国際的テロの危険が、それまでほとんどの人に信じられてきたよりも大きかったことを明らかにした。……この新事実が、我々の市民的自由の縮小につながるのは当然である。」と主張する。(1) ポズナーは、連邦最高裁判事のロバート・ジャクソンの言葉を借りて、アメリカ合衆国憲法は「自殺協定」ではないと述べる。(2) ポズナーは次のように主張する。憲法上の権利は有事には制限されるべきである。この過程は不可避であり、頻繁に権利は平時に復活するのだからこれを過度に心配することなく受け入れるべきである。我々は「プライバシー、表現の自由、刑事被疑者の権利の保護その他すべての我々の現存する市民的自由を神聖視すべきではなく、国際テロとの戦いの際において、それらとの調和」を要求するべきではない。(3)

同様に、故ウィリアム・レンキスト連邦最高裁首席判事は、「市民的自由が戦時においても平時と同様に特別の優遇的な地位を占めることは望ましくもないし、ほとんどあり得ない。」と述べた。(4) 社会学者のアミタイ・エツィオーニは有事における権利の縮小は立憲民主主義を脅かさないと主張する。そうではなく、それは公衆の恐怖に対する民主主義の感応性を示しているのである。彼は、「安全が復活すれば、安全保障対策は徐々に元に戻すことができる。」と述べる。(5)

私は、この議論を「振り子論」と呼ぶ。有事において、振り子は安全に向かって振れ、権利が縮小する。そして、平時には振り子は自由に向かって揺り戻され、権利が回復する。しかし振り子論は真実とは真逆である。それは、有事こそ我々がプライバシーと自由を守るために最もしっかりする必要があるからである。

6-1　不必要な犠牲

振り子論は、有事には権利と市民的自由の犠牲が必要であるとの前提から始まる。そして、多くの人がこの考えを共有している。九・一一事件の直後に行われたある世論調査では、「政府がテロを取り締まるために我が国において我々がもっている自由をある程度放棄するつもりはありますか。」との質問がされた。約六八％の回答者がこれに対して「ある」と答えた。(6) 二〇〇二年初頭に行われたもう一つの世論調査においては、約七八％の回答者は「安心と安全を向上させるためにはある程度の自由を放棄するつもりだ」と答えた。(7)

テロとの戦いのための安全保障対策の強化に応じて、数えきれない程の人々が「もしも安全でいられるなら、プライバシーを喜んで差し出したい。」と述べた。この議論は、プライバシーを犠牲にすることは、差し迫った状況への一時的な反応に過ぎないと理解する。例えば、著名な憲法弁護士であるフロイド・アブラムスですら、こう論じた。「我々は、現在、身を守るためには悩ましい事柄を段階的に受け入れて行くことが必要な、非常に脆弱な状況下で生きているという事実を受け入れなければならない。その結果、我々はある程度のプライバシーを放棄し、我々の行為に対する監視の強化や、アメリカ合衆国憲法修正四条との衝突の危険を一定程度冒すことすら受け入れる用意をしなければならないだろう。(8)」。

しかしながら、多くの状況においては、安全のために権利と市民的自由を犠牲にしなければならないという前提自体が成り立たない。有事には、公衆の多数の支持を得た政府は、多くの場合、あまりにも積極的に不要な犠牲を生じさせたがる。これらの犠牲は頻繁に、少数派や反体制派の権利や自由が含まれ、その結果、その費用は社会全体において平等には負担されない。人々が、安全の名の下に自分の権利や自由を放棄するつもりであると述べるとき、多くの場合、彼らは他人の権利や自由を放棄しているのであって、自分自身の権利や自由を放棄しているのではないのである。

なぜ我々はたやすくビリー・バッドを犠牲にするのか

ヘルマン・メルビルの古典的中編小説『ビリー・バッド』は一九世紀末に執筆されたものであるが、我々の時代との不気味な類似性をもつ。『ビリー・バッド』は、安全の名の下の甚大な犠牲を感動的に描写している。(9) ビリー・バッドは心優しく素朴な船乗りであるが、士官はビリーに対する個人的悪意から、反乱罪を企んだと虚偽の告発をする。ビリーはどもりながら話し、緊張すると何も話せない。失意の中、彼の腕はほとんど反射的に繰り出され、強く士官を殴打してしまったために士官は死亡した。

艦長のエドワード・ヴィアは、秘密の軍法会議を招集する。(10) ビリーの件を担当する裁判官は皆、ビリーが意図的に殺したわけではないことから、彼の命は助けられるべきだと信じている。しかし、適用される軍法は非常に厳しく、妥協を許さないように思われる。ビリーは上官の死を引き起こしており、その結果、極刑に処されなければならない。裁判において、ヴィアは裁判官に対して雄弁な弁論を行い、より慈悲深くなりたいとの誘惑がいかに大きくても法は厳しく決定的であり、法の支配に従わなければならないと説いた。このことは規律と秩序の維持が不可欠な戦時には特にあてはまるとヴィアは論じる。ビリーは有罪を宣告され、翌日絞首刑が執行された。

論者は、しばしば、ヴィアは、法の支配を遵守するか、それともビリー・バッドの犠牲を不要とするより衡平にかなう手法を採用するかの選択を迫られる難しい板挟みの状況に置かれていたと見てきた。ヴィアは、法による決然とした非難に従うことを選択した。……若しくは、彼はそのように我々を信じさせた。実際には、その小説の中には、ヴィアがビリー・バッドを絞首刑にするため積極的に法をねじ曲げたことを示唆する証拠が数多く存在する。(11) とりわけ、ヴィアは、船が艦隊に戻るまで待つという適切な手続を履行しなかった。艦隊に戻ればより柔軟なやり方でビリーを裁くことができた。全艦隊によって実施される裁判では、より寛大な制裁が利用可能となる。そうではなく、ヴィアは海上で単独行動中に船上で臨時の裁判を行うことを急いだのである。

厳しい法の支配が適用されたことを装っているが、本当のところは、ヴィアはビリー・バッドを犠牲にするための道具として法を利用した。彼がそのようにした理由は、反乱が怖かったからである。ヴィアは、ビリーを有罪にし損ねると船の司令官達が臆病に見える可能性があるので、ビリーの運命を決める士官に対し説得的な議論を行い、有罪を宣告するよう駆り立てた。ビリー・バッドが犠牲にならなければならないのは、彼が脅威を引き起こしているからではなく、彼の命を助けることが、船員から弱さの印と見られるかもしれないからである。この中編小説を通じて、メルビルは、ヴィアが健全な判断を行ったのではなく、自らの不安感から行動したことを示唆する分かりにくい手がかりをちりばめている。

歴史の教訓

ヴィア艦長のように、政府は頻繁に有事において甚大な犠牲を生じさせる。合衆国の歴史を通じて国家安全保障や戦時の必要性の名の下で、権利の重大な縮小が実施された。南北戦争中、リンカーン大統領は人身保護令状を停止した。第一次世界大戦中、反戦を叫んだ人々は訴追された。第二次世界大戦中、政府は西海岸に住んでいる約一二万人の日系人を駆り集め、収容所に収容した[12]。冷戦中、何百人もの人々が共産主義的信条を理由に取調べを受け、ブラックリストに掲載された。

法はたびたび政府当局者がこのような痛々しい犠牲を生じさせるのを止められなかった。例えば、第一次世界大戦中、連邦最高裁は反戦を叫んだ人に対する有罪判決を是認した。連邦最高裁は「戦時において、平時に述べられるべき多くのことは、勝利のための努力をあまりにもひどく妨害するので、戦いが続く限りにおいてそのような発言は容認されないのであって、裁判所もそれを憲法上の権利により守られていると見ることができない。」と述べた[13]。連邦最高裁は日系人の収容もまた是認し、次のように結論づけた。「軍当局者は収容の必要性が高いと考え、その期間も短かった。我々は、――平静になってからの後知恵によって――、現在、当時の行動が正当化されなかったと述べることはできない[14]」。連邦最高裁が次のように説明したとおりである。

迅速な行動が要求される差し迫った危険がある場合、多くの人に明らかに不要な困難を押しつけるのか、それとも、脅威が存在するにもかかわらず消極的に座って抵抗しないのかの選択を迫られる。我々は、戦時において立憲政府はそこまで無力ではなく、その脅威が現実に存在すると信じるだけの合理的根拠がある限りにおいて、国家防衛に関する責任を負う者に対し難しい選択を迫るものではないと考える[15]。

これらの権利の縮小が事後的に再検証されると、それらは不必要な過剰反応であったと判明した。かつて、日系人の収容はひどい失敗だったと公認され、合衆国政府は公式に謝罪した[16]。連邦最高裁の今日における反戦表現に対する保護の程度は、第一次世界大戦中よりも上である。マッカーシー時代の共産主義への恐怖は大いなる過剰反応だったと広く認められている。[17] 最近公表された証拠によれば、マッカーシーが米国における共産主義者の脅威について意図的に公衆を誤導したかもしれないと示唆されている。[18] 要するに、有事に我々の指導者は安全の名の下で大きな犠牲を生じさせてきた。しかしながら、そのような犠牲の必要がなかったことが後に判明するのである。

それでも歴史は繰り返す。九・一一事件の後、政府は一連のプライバシーと市民的自由の著しい縮小を生じさせた。

例えば政府は、何千人もの米国に住む「敵性戦闘員」を秘密裏に駆り集めて身柄を拘束しておきながら、その身元を明らかにすることを拒んだ。[19] 政府は、彼らを収容所に無期限で拘束し、聴聞、弁護士による代理、そして外界との接触さえも拒絶した。[20]

裁判所は、従来の行動と非常に類似する反応を行った。ハムディ対ラムズフェルド事件において、連邦最高裁は、アフガニスタンにおける作戦にあたって「敵性戦闘員」として拘束された米国市民であるヤッサー・ハムディの身柄拘束が大統領の権限の範囲内であるとした。連邦最高裁は、執行府の権限はデュー・プロセス条項により制約されており、その結果、敵性戦闘員に対し一定の個別的手続の権利が与えられるべきと判断した。しかし、連邦最高裁は、敵性戦闘員に対して保障されている手続の程度は、一般に保障されているものとは類似しないと述べた。敵性戦闘員として拘束されている人々はいくつかの「核心的権利」によって保護されているものの、「他の状況において拘束について訴訟を提起する際に与えられる完全な保護は敵性戦闘員の状況においてはうまく働かず、不適切であることが明らかになるかもしれない。」と連邦最高裁は指摘した。[21]

自由の縮小は必要だっただろうか。論争は続く。しかし、政府の行動の一部が有用であったとしても、行き過ぎであったことは既に公認されている。二〇〇三年に、司法省の監察官は、政府は九・一一事件の後に過剰反応を行い、数多くの人を不適切に駆り集めたと報告した[22]。二〇〇四年連邦政府は約三年間何ら刑事的訴追もしないまま独房で拘束した後、もはや脅威ではないと述べて突然ハムディを解放した[23]。

6-2　犠牲の拒絶

ヴィアによる、安全のためビリー・バッドを犠牲にするという欺瞞的議論に屈服することは極めて簡単である。我々はそのような議論に対して懐疑心をもつべきである。我々は安全の名の下で指導者が生じさせる犠牲については最も厳密な審査を行うべきである。

ポズナー裁判官は、有事の自由の縮小によって生じる政府の過剰反応の程度は心配に及ばない、それは、「南北戦争、第一次世界大戦（そして続く「赤の恐怖」）、第二次世界大戦、そして冷戦における市民的自由の縮小が緊急事態よりも長続きしなかった」からであると主張する[24]。しかし、自由の縮小は幾千もの無辜の市民に被害を与えてきたのであり、被害が甚大な場合もあった。日系人の収容は数えきれない程多くの人の自由を奪った。マッカーシー時代の一九五〇年代における共産主義者狩りによって、多くの人が職場から解雇され、何年もの間ブラックリストに載せられて就職ができなくなった[25]。

我々はこれらの失敗を単純に不可避の結果として受け入れるべきではない。我々はどうすればこれらの発生を防げたのかを追及すべきである。振り子がまた戻るとの期待は、自由が剥奪された者に対してはほとんど何の慰めにもならない。政府が最終的に過剰反応したことを自覚し、謝罪を行ってもそれですべてが丸く収まるわけではない。同じ失敗を繰り返すならば謝罪の意味はない。

もちろん、あらゆる犠牲が是認されないわけではない。ときには権利と市民的自由の犠牲を生じさせることも必要であるが、それは、政府が適切にそれがなぜ必要かを正当化した場合のみに限られる。我々は提案される犠牲に対し、細心の注意を払って審査するべきである。それは、有事には恐怖から判断が容易に歪められるからである。誤導された脅威への反応により頻繁に大きな傷を負った歴史に鑑み、我々は不必要な犠牲に対して高度な警戒心をもってあたるべきである。

振り子論は、単に権利と市民的自由の犠牲が必要であるという誤った前提に立っているという理由で誤っているにとどまらず、なぜ権利や市民的自由が重要かという点を看過している点においても誤っている。自由の保護はそれが最も危殆化される時である有事において最も重要である。平時においては、不必要な犠牲が生じる可能性が低いからこそ、それを保護する必要性もそこまで差し迫っていない。自由の保護の必要性が最も高まるのは、最もそれを保護したくない時、つまり、我々の恐怖が我々の判断を曇らせる時である。大変なときにこそ、我々を足止めし、指導者にビリー・バッドの絞首刑を執行させる前に再考するよう迫るため、我々は権利を必要とするのである。

第7章　国家安全保障論

多くの人が、政府が国家安全保障に関する事項を追求するときは、一般犯罪を捜査するときよりも規制を緩めるべきだと論じる。彼らは、国家安全保障の脅威は犯罪の危険と大きく異なると主張する。例えば、民主主義防衛財団のシニア・フェローで元連邦検察官であるアンドリュー・マッカーシーが、アメリカ合衆国議会において次のように証言した。

我々は憲法上の権利に、抑圧的な執行府の行為からアメリカ人を守ってもらいたい。しかしながら、憲法上の権利が合衆国の敵によって、我々に対する戦争における武器へと転用されることを望んでいない。我々は裁判所に対し、通常の違法行為に関するアメリカ人に対する捜査と訴追における政府の威圧的な策略を精査するよう望んでいる。しかし、我々は裁判所がアメリカ人を殺し、その自由を抑圧しようとする合衆国の敵に対する執行府の行為の有効性を弱めることを望んでおらず、少なくとも望むべきではない(1)。

国家安全保障の脅威による例外論を主張する者は、修正四条の要求を弱め、若しくはすべて取り去ることを提案する。彼らは、国家安全保障に関係する事項は秘密裏に行われるべきであり、厳重な審査に服すべきではないと主張する。国家安全保障に関する事項については特別扱いがなされるべきだろうか。本章において、私は国家安全保障に関する事項と一般犯罪の区別はあまりにも曖昧で一貫性がないことから、その区別は役に立たないと論じる。

7-1　国家安全保障法

一九六九年、「ホワイトパンサーズ」という名の団体を設立した三名が、ミシガン州の中央情報局の事務所を爆破した。この集団は白人至上主義ではなく、実際は、黒豹党の目標を支持していた。彼らは急進的な無政府主義的目標をも支持しており、すべては無料とされるべきで、通貨は廃止されるべきであると主張していた。この団体のマニフェストは次のように書かれていた。「すべての人の完全な自由を求める！　そしてそれを得るまで止まらない。……ロック音楽は我々の攻撃の急先鋒である。それは、ロックが効果的でとても楽しいからだ。」(2)

この犯罪の捜査の期間、政府は爆破犯の一人が行った電話を傍受した。傍受は修正四条で求められる相当な理由に裏づけられた令状なしに行われた。

この事案は上訴され、一九七二年に連邦最高裁において審理されることとなった。ニクソン政権は、爆破が国家安全保障の脅威に関わることから、政府は修正四条による制約を受けないと主張した。政権は、アメリカ合衆国憲法は大統領に「アメリカ合衆国憲法を保持し、保護し、防衛する」特別な国家安全保障に関する権限を与えており、これらの権限が一般的な修正四条の保護に勝ると主張した。(3)

連邦最高裁はニクソン大統領の行った、国家安全保障の名の下に修正四条の権利を無視できるという主張を退けた。

我々は、修正四条の基準から乖離すべきだという主張は成り立たないと考える。政府が説明した事情は、国内の安全監視に関する事前の司法審査について完全な例外を与えることを正当化しない。公的監視は、その目的が犯罪捜査であれ、実行中の諜報活動であれ、憲法で保護された表現に関するプライバシー侵害のリスクがある。安全監視は、国内安全概念の曖昧さ、広範で継続的な諜報活動の性質、及び、そのような監視を政敵の監視に使いたいという誘惑があることから、とりわけ配慮を要する。我々は、過去にもそうであったように、大統領の国内安全における憲法上の役割を承認しているが、しかしながらそれは、修正四条と適合する方法で行使されなければならないと考える。その結果、この事案においては、適切な事前の令状手続が要請されると判断する。[4]

連邦最高裁は、修正四条が実務的考慮に応じて、国家安全保障に関する事項に関して若干異なる手続を求めている可能性に言及した。[5] そこで、修正四条の規制は、当該状況の特定の必要性に対して柔軟である。国家安全保障は憲法上の権利の保護からの根本的な乖離を必然的に伴うという議論を連邦最高裁が拒絶したにもかかわらず、国家安全保障論は依然として主張される。法学者のステファン・バルデックは国家安全保障の概念が法を歪める効果をもっていると言及する。「現代の民事・刑事訴訟の全領域において国家安全保障の考慮が通常の司法的判断に影響を与えていることが分かる。」[6] 国家安全保障の主張は権利又は市民的自由を直接根絶やしにはしないが、これを決定的に弱める。国家安全保障の主張は頻繁に敬譲（既に第四章で論じたとおり正当化されないものであるが）の要求及び機密保持の要請を伴う。

7-2　厳密にいえば何が「国家安全保障」か

一九九九年にエリック・ハリスとディラン・クレボルドという二人の高校生がデンバー近辺のコロンバイン高校で銃を乱射した。彼らは一三人を殺し、二一人を負傷させ、その後、自殺した。この事件は、拳銃、恐怖、大量殺人、爆弾、そして自殺願望をもつ犯人という要素を含んでいたにもかかわらず、国家安全保障に関する事項とは分類されなかった。

対照的に、政府はホセ・パディラに対し「汚い爆弾」（放射性物質でできた爆弾）を主要都市で爆発させることを計画したとの嫌疑をかけた。彼は「敵性戦闘員」と認定され、犯罪で告発されたり、聴聞の権利を与えられたりすることなく、何年もの間拘束され、拷問された。最終的には、汚い爆弾の嫌疑は取り下げられ、テロに物質的支援を提供するとの共謀を行ったとして有罪とされ、一七年の懲役刑を科せられた(7)。パディラはアメリカ市民であった。なぜ、コロンバイン高校銃乱射事件が国家安全保障に関する事項とはみなされない一方、パディラの犯罪は国家安全保障に関する事項とみなされたのか。

国家安全保障と一般犯罪の区別は、非常に曖昧である。では、メリーランド州、バージニア州、そしてコロンビア特別区の人々を恐れさせた二〇〇二年のベルトウェイ狙撃犯はどうか。オクラホマ市のアルフレッド・P・マラー連邦ビルを爆破し、一六八人を死亡させたティモシー・マックベイはどうか。これらは一般犯罪だろうか。それとも国家安全保障に関する事項だろうか。（この両者の間に）意味のある相違はあるのだろうか。

国家安全保障への脅威とそれ以外の犯罪とをどのように区別すべきだろうか。一つの方法は、国家安全保障に関する事項は一般犯罪よりも犠牲者の数が多いとして、潜在的犠牲者の人数に焦点を当てることである。しかしながら、この手法においては、連続殺人犯が国家安全保障に対する脅威とみなされるかもしれない反面、大統領を狙う暗殺者はそうとはみなされない。被害者が何人いれば、一般犯罪が国家安全保障に関する事項へと変わるのだろうか。残念なことに、この問題に対する単純な回答はない。

この二つの種類の犯罪を区別するもう一つの方法は、攻撃手段に焦点を当てることである。もしかすると、爆弾が関係すれば、それは国家安全保障に関する事項かもしれない。しかし、爆破予告事件はいつでも、全国津々浦々の建物について発生している。多くは後に不満をもった従業員によるでっち上げと判明する。これらは国家安全保障に関わる事項なのだろうか。最近、ある男が、所得税に対する反感から、内国歳入庁のビルに飛行機で飛び込んだ(8)。政府ビルへの飛行機での衝突が関わることから、国家安全保障に関する事項なのだろうか。攻撃手段を使って国家安全保障に関する事項を一般犯罪と区別することの問題は、すべての攻撃手段は、一般犯罪者だけではなく、テロにも用いられ得るということである。

特にアメリカ市民が関係する場合においては、国家安全保障に関する事項を一般犯罪と区別することは困難である。国家安全保障への脅威は犯罪の一形式である。これらは重大犯罪であるが、一般犯罪の捜査に関するルールは、当該犯罪がいかに重大であっても政府による情報収集を規制するよう設計されている。これらのルールは融通が効かないわけではなく、緊急事態や異常事態に対する手当もある。

7-3　不適切な「国家安全保障」の発動

「国家安全保障」は、単に監視のみならず、政府記録の秘匿及び市民的自由の侵害のためにも頻繁に濫用されてきている。他の多くの濫用もそうであるが、第二次世界大戦中の日系人の収容は、国家安全保障の名の下に承認された。アメリカ合衆国対エルリッッヒマン事件において次のように裁判所が言及したとおり、ウォーターゲート不法侵入事件は国家安全保障権限の濫用の例である。「適否と相当な理由の微妙な判断を『国家安全保障』情報の現実の調査担当者に委ねることの危険は大きく、実際にその危険はこの事案で行われた不法侵入盗事件により実証されている。(9)」。

政府はたびたび、例えばベトナムにおけるアメリカ軍とその政治的関与に関する研究を内容とするペンタゴン・ペーパーのようなやっかいでスキャンダラスな文書を公衆から隠すため国家安全保障の懸念をもち出す。そしてこれらの文書は、たびたび、後に無害であることが判明するのである(10)。ペンタゴン・ペーパーに関連する調査に従事したアナリストのダニエル・エルスバーグはペンタゴン・ペーパーをニューヨーク・タイムズに渡した。政府はペンタゴン・ペーパーの公表は「アメリカ合衆国の安全に重大かつ即時の危険」を生じさせると主張することで、公表を防ごうと試みた(11)。しかし、その主張は誤りであった。連邦最高裁はペンタゴン・ペーパーの公開を止めようとする政府の試みを拒絶した。そして、公表後も国家安全保障は害されなかった。政府の準備書面を執筆した訟務長官のエドウィン・グリスワードは、その後に自説を改め、ペンタゴン・ペーパーの中には「国家安全保障に対する脅威の痕跡さえ」見られなかったと述べた(12)。政府の行った国家安全保障に関するひどい主張は偽物であって、単に、ペンタゴン・ペーパーが公表され、政府がベトナム戦争に関し欺瞞的な主張をしたことが明らかになることを避けるための手段に過ぎなかった。

九・一一事件の後、政府は、機密扱いの秘密が公開される場合に証拠排除を求める「国家機密特権」と呼ばれる戦術を取り始めた(13)。政府がその事案の当事者ではなくても、政府は突然裁判に割り込んでその特権を発動する。多くの場合、証拠なしには原告は立証ができないことから、その請求は棄却された。ジョージ・ワシントン大学国家安全保障アーカイブの理事であるトム・ブラントンは、国家機密特権は訴訟事件に関して「中性子爆弾」のように働き、効果的にこれを消滅させるという(14)。

例えば、ドイツ人のカールド・エル＝マスリが中央情報局を訴えた事案がある。彼はヨーロッパで中央情報局のエージェントに誘拐され、アフガニスタンの秘密監獄に連れられ、拷問を受けたと主張した。これは「（拷問可能な国への）引渡し」と呼ばれる手続である。カールドは、「殴られ、引きずられ、拘束され、運送中は目隠しをされた。狭く不衛生な独房に拘束された。何度も尋問を受けた。そして家族を含む拘束施設外の人々との連絡を取ることを一切拒絶され続けた。」と述べた。ニュース報道によれば、彼は「あまりに腐敗が進んでいて嘔吐したような水を飲む事を強制され、たった一枚の毛布だけで寝て、寒い時期には寒さに震え、食事として鶏の骨と皮を与えられた。」。五か月後、最終的に中央情報局が誤った人を拘束したと分かり、カールドは解放された。あるニュース記事において、匿名の中央情報局当局者による、中央情報局が「情報をもたない誤った人を選んだ。多くの事案において、（テロとの）曖昧な関係しかなかった。」との言葉が引用されている[15]。

カールドの説明するとおり、彼が中央情報局を訴えたのは中央情報局に「不正義が行われたことを認めてほしい、説明がほしい、謝罪がほしい」からである。政府は国家機密特権を主張し、当該事案は即時に棄却されるべきだと主張した。第五巡回区連邦控訴裁判所は同意した。裁判所は、政府がカールドの主張から防御する上で、政府が彼に対してどのような尋問をしたかの詳細を公開する必要が生じる可能性があり、それにより国家機密が明らかになってしまう可能性があると理由づけた[16]。

この事件においてセンシティブ情報を守りながら審理を進める方法がないとは到底信じがたい。カールドは、この事案の経緯の多くは既に広くメディアによって報道されていたと主張した。しかし、裁判所は、この事件の審理を進めることを認めれば、「中央情報局がどのように組織され、どのように人員が配置され、どのようにその最も敏感な諜報作戦を監督するか」も明らかになる可能性があると判断した。カールドは、彼の代理人が安全上問題ないことの確認を得た上で、証拠は代理人と裁判官のみの間で共有される

という方法もあると主張した。しかし裁判所は、裁判官限りでもそのような証拠を見てはならないと判断したのであった。(17)

なぜカールドの主張を精査してはならないのだろうか。もし中央情報局が違法な拷問や取調べ戦術に従事していたのであれば、その行為は何らかの種類の審査に服すべきである。国家機密特権は、中央情報局が違法な活動に従事したとしても、これに対する訴訟提起から中央情報局を効果的に免責する。

皮肉なことに、国家機密特権を生み出した事案には、秘密の不適切な利用が関わっていた。アメリカ合衆国対レイノルズ事件においては、アメリカ空軍の飛行機が飛行中に爆発し、九人が死亡した。四人のみが安全にパラシュートで脱出することができた。この事故で死亡した三人の民間人の未亡人が、政府を過失不法行為で提訴した。民事事件において、原告は通常、事故に関係する書類を閲覧する権利があり、この事案の原告は、アメリカ空軍の事故報告書等のこの事件に関係する証拠の閲覧を希望した。しかし、政府は国家安全保障上の懸念を理由に、これらの文書の開示を拒絶した。政府は、開示が国家安全保障を害するという政府の主張を検証するために、公判裁判官がその文書を読むことすら認めなかった。

連邦最高裁は、政府の行為を国家機密特権の下で支持し、「軍事機密が含まれるとの合理的可能性を示す状況下において、アメリカ空軍長官から正式に特権の主張がなされた場合、これ以上当該文書を要求することを禁止する特権に関する十分な立証がされたといえる。」と述べた。(18)連邦最高裁は政府の主張に敬譲を示した。実際、事故報告書を検証することさえ拒絶した。四七年後、報告書が最終的に機密保護から外れた後、実際にはその報告書は何の国家機密をも明らかにはしなかった。そうではなく、政府に過失があることを示したのだった。この事件を題材とした書籍の中でアメリカ合衆国議会図書館の上席研究員であるルイス・フィッシャーは、政府は文書について「誤った描写」をし、裁判所を「誤導」したと判断した。(19)

確かに、政府が情報を秘密にしておくべきやむにやまれぬ理由がある場合がある。しかし、現在はあまりにも簡単に政府が「国家安全保障」を主張し不都合な情報を隠すことができてしまうのである。国家安全保障の名の下に行われる秘密の主張は、厳しい審査に服させる必要がある。

７－４　「国家安全保障」の主張を統制下に置き続ける

大統領は国家防衛のための広汎な権限をもっているものの、大統領が憲法上の権利やその他の法的保護を巧みに回避できないよう、これらの権限は注意深く制限されなければならない。国家安全保障は不明瞭な概念で、あまりにも頻繁に規制、監督及び説明責任を減らすことを正当化するために使われている。

最低でも、国家安全保障の主張は、大いなる懐疑心をもって検証されるべきである。一〇年毎に、もしかすると国勢調査の年毎に、アメリカ合衆国議会は国家安全保障の名の下に行われた政府の行動及び政府の秘匿の要請について徹底的に調査すべきである。そのような企画は一九七五年にアメリカ合衆国議会によって実施され、チャーチ委員会が政府の監視行動と濫用を報告した。この試みは、多くの改革と法的保護を生んだ――これが一つのきっかけとなって外国諜報監視法（ＦＩＳＡ）が制定された。チャーチ委員会により行われたような審査は、定期的にそしてより頻繁に行われるべきである。このような審査は国家安全保障の名の下で行われる政府行動に関して必要とされる透明性と説明責任をもたらす[20]。

第8章　犯罪・諜報の区分を消滅させることの問題

長期にわたり、一般犯罪の捜査と諜報、すなわち外国諜報活動の間では、それを規制するルールは区分されていた。犯罪捜査を規制するルールは、多くの場合、諜報を規制するルールよりもより厳しい。私はこの区分のことを「犯罪・諜報の区分」と呼ぶが、これは、諜報は犯罪の捜査や予防とは異なることから合理的である。諜報に適用されるルールはより緩く、政府に対し広い監視権限と秘密保持を認める。犯罪捜査を規制するルールはより厳格かつ透明性があり、政府が人々の権利と市民的自由を侵害しないことを保障している。

しかしながら、九・一一事件以降、多数の安全の向上に対する賛同者は、テロの捜査は諜報のルールによって規制されるべきであり、犯罪捜査のルールによって規制されるべきではないと主張した。テロ事案においては、政府は外国諜報活動だけではなく、犯罪行為の捜査のためにも情報を取得する。テロの捜査を純粋な犯罪に関するものと、純粋な諜報に関するものとに分類することは困難である。多くの政府当局者、政治家、論者は、犯罪・諜報の区分をテロ事件に適用することが、政府機関の間における有効な情報共有を妨げたと主張した。これらの主張が勝利を収め、犯罪・諜報の区分を著しく損なう法改正をもたらした。

本章において、私は、犯罪・諜報の区分は存続すべきだと論じる。犯罪・諜報の区分は、犯罪捜査と諜報という二つの全く異なる政府機能の間の注意深い均衡を確立する。諜報活動に適用されるルールは秘密の諜報の世界を規制するよう設計されていることから、権利や市民的自由を保護するのには不適切である。この区分を消滅させることは、諜報に適用される緩いルールが、かつて多くの領域に適用されていたより厳しいルールに取って代わることを意味する。

8－1　二つの規制システム

修正四条

修正四条は、政府が人々に関する情報を収集するにあたり、強度の司法的な監督と規制を要求する。修正四条は、典型的には政府に対し、捜索又は監視により犯罪の証拠が発見されるであろうとの確信を正当化することを求める。連邦最高裁は諜報が特別な種類の監視であるため、修正四条による規制から外れる可能性を示唆したことがあるが、この問題は未だに解決されていない(1)。

諜報は犯罪捜査とは確かに大きく異なっており、この二つを異なる規制に服させることは道理にかなっている。情報収集活動が犯罪の証拠を示すことを政府に対して正当化するよう要求することは外国諜報活動の本質と相反する。政府の目的は犯罪行為が関係しているかを問わず、外国のエージェントの行動を知るところにあるからである。例えば冷戦中において、ワシントンＤＣのソビエト大使館は長らく諜報員対諜報員の戦いの源泉となっていた。合衆国諜報機関は数えきれない程多く大使館の活動を盗み聞きしようと試み、近くの家から諜報を行い、大使館の下に秘密のトンネルを掘りさえした。これらの監視のほとんどは、いかなる犯罪捜査とも関係がなかった。――関係したのは、諜報活動と対諜報活動であった。

連邦制定法

連邦制定法は長期にわたって犯罪・諜報の区分を認めてきた。犯罪捜査のための電子監視は電子通信プライバシー保護法（ECPA）という連邦法により規制されており、その法律はプライバシーに対する強い保護を規定している。電子通信プライバシー保護法は当局者に対し、監視をすることで犯罪活動の証拠が明らかになるとの確信を正当化することを求めている。電子通信プライバシー保護法は、当局者に対し、裁判所に対しなぜそれ以外の捜査方法が効果的ではないのかを説明することを求めている。裁判所は、電子監視を承認する命令を下す場合、法執行官に対し、無実の人が関連している場合には聴き取りを最小化するよう求めている。

これとは別の制定法が、諜報を規制する。一九七八年に成立した外国諜報監視法（FISA）は、政府当局者が合衆国内において外国情報を収集する手続を創設した(2)。外国諜報監視法は緩く、電子通信プライバシー保護法に基づく刑事捜査よりも大幅に広範な監視権限を政府に与える。外国諜報監視法は、裁判所の命令に基づき電子監視と秘密捜索を行うことを許しており、外国諜報監視裁判所（FISC）という一一人の連邦判事により構成される特別裁判所が審査する。その特別裁判所は、政府による命令の申立てを受けて、秘密裏に裁判を実施する。不利な判断がなされた場合、政府は三人の裁判官により構成される合議廷に上訴することができる。

外国諜報監視法の規制は、一般犯罪に関する規制よりもずっと緩い。一般犯罪に関しては、監視をすることで犯罪活動の証拠が明らかになるという相当な理由が示された場合にのみ、監視が承認される。外国諜報監視法の下では、監視対象者が「外国勢力」若しくは「外国勢力のエージェント」であるとの確信の相当な理由があれば命令が下される(3)。そこで、外国諜報監視法に基づく監視は犯罪の嫌疑とは関連づけられていない。外国諜報監視法に基づく命令は、電子通信プライバシー保護法に基づく命令よりもより広範であり、監視の増大と司法的監督の縮減を可能とする。例えば、外国諜報監視法に基づく命令は、電子通信プライバシー保護法に基づく命令よりも三〜四倍長い期間の電子監視を承認することができる。電子通信プライバシー保護法に基づく監視対象者は、ある時点で必ずそのことを知らされる。外国諜報監視法では、監視が秘密とされ得る期間に限定はなく、永久という可能性もある。そして裁判において、電子通信プライバシー保護法は被告人に対して監視を正当化する文書の検証を認めるが、外国諜報監視法はこれすらも認めない(4)。

外国諜報監視法の「ウォール（壁）」

長期間にわたり、電子通信プライバシー保護法と外国諜報監視法という二つの制度は、外国諜報監視法の適用範囲を厳しく制限することで区別され続けてきた。例えば、ある政府当局者が犯罪を捜査していて、その被疑者の情報を集めるため外国諜報監視法のより緩い条項を用いることを希望したとしよう。外国諜報監視法の下では、調査の主目的が外国諜報活動であることが必要であった。その当局者は、本当は犯罪捜査に関心をもっているので、外国諜報監視法を用いることは許されず、その代わりに電子通信プライバシー保護法のルールに従う必要があったであろう。

この二つの領域は完全には分離されていなかった。もし諜報員が外国諜報監視法に基づく情報収集の途中で犯罪を認知した場合、彼らはその情報を犯罪捜査官と共有することが許されている。例えば、連邦捜査局がミズーリ州に住むザイン・ハッサン・イサとその妻のマリア・マティアスを諜報した事案がある(5)。イサは帰化した米国市民であったが、連邦捜査局はパレスティナ解放機構（ＰＬＯ）のエージェントだと疑った。連邦捜査局は外国諜報監視法に基づきイサの自宅を盗聴する命令を得た。外国諜報監視法に基づく命令には電子通信プライバシー保護法に基づく命令と同じような保護がないことを思い出してほしい。

連邦捜査局がもしもイサの犯罪を疑って捜査を行っていたのであれば、電子通信プライバシー保護法と修正四条のより厳しい手続を経なければならなかったであろう。しかし、連邦捜査局は犯罪を探し求めていたのではなく、外国諜報活動を行っていた。

ある晩、連邦捜査局の盗聴機がザイン、マリアそして彼らの一六歳の娘であるティナの間の大声での喧嘩の音を記録した。親は、ティナが反抗的で、誰かとデートしたことに激怒した。突然ザインは言った。「娘よ、聞きなさい、今日が最後の日だと知っているか。今晩お前は死ぬんだ！」。「何？」ティナは答えた。マリアはティナを床に押さえつけ、ザインはナイフをもって彼女に近づいた。ザインは何度も彼女の胸を刺し、「黙れ小娘！　娘よ、死ね、死んでしまえ！」と叫んだ。連邦捜査局は録音を州警察に渡し、これらのテープがイサ夫妻を殺人で有罪とするのに用いられた。彼らは死刑を宣告された。(6)

イサ夫妻は、外国諜報監視法のより緩い規制下で得られた録音テープを、裁判所が裁判において用いることを認めるべきではなかったと主張した。しかし、裁判所はこの主張に同意しなかった。犯罪捜査は連邦捜査局の調査の目的ではないので、外国諜報監視法を濫用したことにはならない。連邦捜査局は犯罪の証拠をたまたま見つけたのであり、そうであれば、それを使わない合理的な理由はない。(7)

しかしながら、政府が外国諜報活動と犯罪捜査を同時に行うことがある。このような状況は、テロ捜査の際に頻繁に生じる。このような場合、政府はどうすべきだろうか。外国諜報監視法の適用範囲が広がる前であれば、政府はいわゆるウォール〔訳者注：情報遮断措置のこと〕を用いただろう。犯罪を捜査する者は監視を行う者から情報を遮断される。この手続は、犯罪捜査官が諜報員に対し彼らの言うとおりに盗聴するよう命じるという、犯罪・諜報の区分及び修正四条の保護に対する明らかな回避戦術を妨げるだろう。イサ事件で行われたように、監視者が何らかの犯罪の証拠を発見すれば、いつでもこれを渡すことができる。鍵となるのは犯罪捜査官が監視に関与しなかったということである。

8-2　犯罪・諜報の区分の消滅

九・一一事件以降、安全の向上に対する多数の賛同者が、九・一一に先立ち保有していた情報を政府機関間で共有ができなかったことを理由に、外国諜報監視法の規定するウォールを責め立てた。例えば、ヘリテージ財団のフェローであるポール・ローゼンツヴァイクは、外国諜報監視法のウォールという「人工的制限」は「過ぎ去った時代の遺物」であり、テロの脅威への対応とは適合しないと主張した(8)。ブッシュ政権の対テロ政策の立案者の一人であるジョン・ユーは、ウォールが情報共有を阻害し、「九・一一事件を阻止し損ねたことに関して一定の役割を果たした。」と記した(9)。ウォールを批判する者は、九・一一事件の前の夏に連邦捜査局と中央情報局がテロリストの一部を観察していた事実を指摘する。いくつかの事案で、連邦捜査局捜査官は、他の機関の当局者と情報を共有することを拒絶した。外国諜報監視法のウォールがこれを許さないと信じていたからである(10)。

ブッシュ政権はアメリカ合衆国議会を説得して外国諜報監視法を拡張し、ウォールを取り去ることに成功した。外国諜報監視法の範囲の拡張前は、諜報を規制するルールは捜査の「当該目的」が外国情報の収集である場合にのみあてはまった。愛国者法は外国諜報監視法の範囲を外国諜報活動が捜査の「重要な目的の一つ」である場合にまで拡張した(11)。

この一見わずかな改正が劇的な波及効果を生じさせる。「当該目的」から「重要な目的の一つ」へと文言が変化したことにより、外国諜報活動はもはや監視の主要な目的である必要がなくなった。政府は現在、外国諜報活動が多くの目的のうちの一つに過ぎない場合でも、緩い外国諜報監視法に依拠することができる。法改正後、司法長官ジョン・アシュクロフトは外国諜報監視法のウォールを事実上消滅させた。現在、政府は単に刑事訴追のための証拠収集以外の調査目的を一つ言明するだけでよい(12)。

多くの場合、テロ活動の嫌疑に対する捜査は広範囲にわたり、複数の目的を有していることから、これは問題がある展開である。外国諜報監視法の監視情報が刑事裁判において利用可能であることから、外国諜報監視法はますます法執行当局の道具となり、電子通信プライバシー保護法の保護の回避手段となった。外国諜報監視法の緩いルールが犯罪捜査を規制するのは不適切であることから、犯罪・諜報の区分は重要である。外国諜報監視法は諜報活動を扱っており、その目標は広範な情報収集である。外国諜報監視法のルールはこの目的を念頭に置いて設計された。他方、電子通信プライバシー保護法のルールは政府当局者に犯罪行為の嫌疑を示させ、監視の必要性を正当化させることを義務づけることでプライバシーを保護するよう設計されている。換言すれば、電子通信プライバシー保護法の下において、政府がある人を監視下に置くためには犯罪の嫌疑がなければならない。しかし、外国諜報監視法の下では、目的が一般的な情報収集であることから、完全に無実であっても、監視下に置かれ得る。

この問題を悪化させるのが、外国諜報監視法の秘匿性である。外国諜報監視法の下では、すべての手続が政府と裁判所の間で秘密裏に行われる。反対の立場から議論する人は、誰も現れない(13)。国家安全保障法の専門家であるウィリアム・バンクスとM・E・バウマンが述べるように、「外国諜報監視裁判所に関する秘匿と外国諜報監視法に基づく監視に対する司法審査に課される制限は、憲法違反の監視に対する効果的な制裁を行うことを不可能にしうる。」(14)外国諜報監視法の高いレベルの秘匿は諜報に関する事項に対しては適切であるが、一般的な法執行に関する事項には不適切である。無限の秘匿は説明責任を取り払い、特にそれらが人々の権利と市民的自由に影響する場合において、人々が政府の行為を理解し評価できないようにする。

そこで、電子通信プライバシー保護法（犯罪捜査）と外国諜報監視法（諜報活動）の領域は区別され続けなければならない。外国諜報監視法の広範な監視権限は、法執行のための捜査を制約下及び監督下に置く主要な方法を削減するからである。諜報には、何らの法違反の嫌疑もなく、広範かつ秘密裏の監視を可能とするルールが適用される。これらのルールは、犯罪捜査の規範とされるべきではない。それは、政府による情報収集を制約し、公衆への説明責任を義務づけ、犯罪の嫌疑を要求するという修正四条がプライバシーと市民的自由を保護する方法と衝突するからである。

国内の犯罪活動を取り扱う連邦捜査局と諜報活動に従事する中央情報局が異なる機関として設立されたことには理由がある。ナチスドイツのゲシュタポ、ソビエト連邦のＫＧＢ、そしてその他全体主義国家の警察諜報システムはこれらの機能を混合した。中央情報局を設立するにあたって、トルーマン大統領は「この国はどのような仮面の下であっても、いかなる理由に基づくものであってもゲシュタポを望まない。」と宣言した。[15] 犯罪・諜報の区分はゲシュタポにより行われたような市民に対する広範な諜報活動を防止する。

ブランドン・メイフィールド事件

ブランドン・メイフィールド事件を考えてみよう。[16] 二〇〇四年にマドリッドで、あるテロリストが列車を爆破し、一九一人を殺害した。スペインの警察は、現場の起爆装置の入ったビニール袋上に指紋を発見した。連邦捜査局はその広範な指紋データベースを調べることで捜査に協力し、何人かの一致可能性のある人を見つけた。そのうちの一人がブランドン・メイフィールドであった。メイフィールドはアメリカ市民で妻と三人の子と共にオレゴン州ポートランド近郊に住んでいた。彼は退役した陸軍士官で、弁護士を生業としていた。彼はエジプト人の妻と会った後、イスラム教徒に改宗した。捜査の際、彼は三八歳だった。

連邦捜査局はメイフィールドの指紋が一致すると考え、彼と妻を公共空間で監視するようになった。メイフィールドとその家族への捜査を進めるため、連邦捜査局は外国諜報監視法に基づき、メイフィールドの家へ侵入して捜索を行い、電子監視の実施に関する命令を求めた。命令は発令された。連邦捜査局はメイフィールドの家を盗聴し、密かに捜索し、彼の家と事務所の電話を傍受した。連邦捜査局がメイフィールド一家の外出中に捜索を行った際、うっかりその痕跡を残し、それを見たメイフィールドは侵入盗の被害に遭ったと考えた。この出来事で、家族は畏怖した。

メイフィールドは逮捕・勾留され、その間家族は面会することができなかった。連邦捜査局はスペイン警察にメイフィールドの指紋を渡した。スペイン警察は袋の指紋とメイフィールドの指紋の間に多数の相違点があることを発見し、指紋が一致するとは考えなかった。最終的にスペインの警察はアルジェリア人男性の指紋と袋の指紋が一致することを突き止めた。

連邦捜査局はメイフィールドを釈放し、彼とその家族に謝罪した。メイフィールドは政府を訴えた。その訴訟は、政府が二〇〇万ドルを支払い、外国諜報監視法に基づき取得した情報を破壊することに同意することで和解した。

メイフィールドは外国諜報監視法に基づき調査されるべきだったのだろうか。彼はアメリカ市民であった。調査の焦点は明確に刑事捜査であった。彼はこの一〇年間外国に旅行しておらず、それまで逮捕歴はなかった。それにもかかわらず、政府は刑事捜査のための厳しいルールではなく、外国諜報活動のための緩いルールを用いた。

その結果、メイフィールドは、政府に犯罪の嫌疑をかけられた場合にアメリカ市民が保障されている通常の保護を受けることができなかった。この事件によって、刑事捜査と諜報の区別が曖昧となることが、いかに法執行官の監督と規制を減らし、人々の権利と市民的自由を脅かすかが明らかになった。

なぜ区別が復活されるべきか

外国諜報監視法の対象事項は拡張されるべきではなかった。九・一一事件委員会報告書は、情報を共有しなかった政府当局者は「諜報経路から収集された情報の共有と使用に関するルールについて混乱していた」と判断した[17]。言い換えれば、問題は外国諜報監視法の制約が強過ぎたことにはなく、政府当局者がそれを十分に理解していなかったことにある。適切な対応は、捜査官をよりよく教育することのはずであって、外国諜報監視法の領域を拡張し、ウォールを取り払うことではなかった。

しかし、合衆国司法省の元司法副次官補であるデビッド・クリスはウォールの制約を取り払ったことを正当化する。彼は、法執行官は、諜報当局が有していない専門性と権限を有していることから、外国諜報活動において大いなる助けになると論じる[18]。それは事実だが、アメリカ市民が関与する場合に、捜査当局が積極的に参加することは犯罪・諜報の区分を消滅させる。政府の諜報がプライバシー権と市民的自由を守るために設置している制度を機能不全を陥らせることを防止する上で、この区別は不可欠である。政府が、その諜報におけるより強力な権限を、犯罪捜査のためのより規制され統制された権限の代用品として用いることが許されるべきではない。

国家安全保障学者のウィリアム・バンクスが記すとおり、外国諜報監視法に基づく「監視は、連邦捜査局が主位的に刑事事件を捜査する際に実施される場合には、憲法違反になる可能性がある」ため、ウォールは必要不可欠である[19]。もし諜報が広範過ぎれば、修正四条違反の可能性がある。元々の外国諜報監視法の適用範囲は、修正四条の諜報活動の例外に適合するように注意深く限定されている。しかしながら、拡張された外国諜報監視法は行き過ぎており、修正四条の権利を踏み潰す恐れがある。

犯罪・諜報の区分は、二つの異なる政府の監視制度の境界として確立された。これは、維持されるべき境界である。諜報は必要な政府機能であるが、危険で後ろ暗いものである。そして、諜報活動は制約され続けなければならない。さもなければ、政府が監督と人々への説明責任の下に置かれるべきであるという我々の立憲民主主義を汚染し始めるだろう。

第9章　戦争権限論と法の支配

二〇〇五年一二月にニューヨーク・タイムズは、九・一一事件の後、国家安全保障局が令状なしでアメリカ市民の電話を傍受することをブッシュ政権が承認したと報道した[1]。そのニュースを知った時、多くのアメリカ人は尋ねた。「国家安全保障局って一体何だい。」。

ほとんどの人は、国家安全保障局についてこれまで一度も聞いた事がなかった。国家安全保障局は、一九五二年にトルーマン大統領が暗号化された外国の通信を解読するために設立した秘密機関である。メリーランド州に設けられた国家安全保障局の本部は「暗号都市」として知られ、当局者のみが利用できる高速道路に出ることができる特別な出口がある[2]。何万人もの当局者がいて、何十億ドルもの予算を有している。国家安全保障局に関するほとんどの情報は機密指定されている。国家安全保障局の指導的専門家であるジェームス・バンフォードによれば、それは「世界がこれまで経験した中で最大で、最も費用がかかり、最も技術的に洗練された諜報組織」である[3]。

九・一一事件の後、ブッシュ政権は国家安全保障局に対し、ＴＳＰという略称をもつ、世界規模の「テロ監視プログラム」の開始を指示した。国家安全保障局の当局者は、テロ組織と関係する人との間で行われていると信じた場合には常に国際電話を盗聴していた。これらの電話は、アメリカ市民が関係するものを含む。国家安全保障局は令状や裁判所の命令を求めることなく傍受し、法の求める規制や監督を無視した。

それに引き続く国家安全保障局に関する報道により、国家安全保障局がいくつかの大手電話会社から顧客記録を入手し、「世界でこれまでに収集されたものの中で最大のデータベース」を作り上げ、潜在的テロリストを特定するため分析を行ったことが明らかになった。(4) ウォールストリート・ジャーナルが報道したとおり、「現在又は過去の諜報員によれば、この諜報機関は現在、銀行送金、クレジットカード取引、旅行及び電話記録のみならず、多くの国内電子メールやインターネット履歴を監視している。(5)」。国家安全保障局の活動の多くは未だに秘密のベールに包まれているが、要するに、国家安全保障局は広範な監視と大量のデータの掘り出しをしているということであり、そのすべてがほとんど何の司法的監督をも受けていない。

国家安全保障局の無令状監視プログラムは外国諜報監視法（ＦＩＳＡ）という傍受を承認する上で司法的監督及び裁判所の命令を要求する連邦法に反している。しかしながら、政府はこのプログラムを戦争遂行に関する大統領の権限の一部として正当化しようとした。このプログラムに関するアメリカ合衆国議会のヒアリングにおいて、アルバート・ゴンザレス司法長官は「大統領の憲法上の権限はアメリカに対する武装した攻撃を探知し防止するための令状なき監視を行うことを含む」と証言した。(6) 私はこれを「戦争権限論」と呼ぶ。これは、外国のテロ組織と戦争中であるから、大統領の戦争権限によって法を無視することも許されるというものである。アメリカ合衆国議会は、テロ監視プログラムに関する新たな授権立法を行うことで、大統領の戦争権限論を取り上げることを回避した。

事後的にアメリカ合衆国議会が承認したのだからほとんど何も害は生じていないと論じる人もいるかもしれない。しかし、本章において、アメリカ合衆国議会の対応に非常に問題があることを論じる。戦争権限論は、執行府の権限を危険にも非常に大きく拡大することを提案している。これを押し返すのではなく、立法府は恐ろしい先例を作った。ほとんど何も重大な結果を生じさせることなく、大統領が法律を破ることができることを効果的に確認した。テロ監視プログラムの最悪の部分は、プライバシー侵害の点ではなく、それが明らかにした法の支配の弱点である。

9-1　大統領は法律に違反してもいいのか

国家安全保障局がテロ監視プログラムに基づいて行った令状なしの監視は違法であった。多くの法的問題は曖昧であるが、この点は明確である。政府が外国諜報活動のために傍受に従事する場合、それは外国諜報監視法により規制される。外国諜報監視法は秘密裏に裁判を行う外国諜報監視裁判所の命令を得た場合に、電子監視に従事することを認める。政府は監視対象者が「外国勢力」か「外国勢力のエージェント」であるとの相当な理由を示さなければならない[7]。外国諜報監視法に従わなければ、民事的・刑事的制裁が待っている。

このように、外国諜報監視法が傍受をする上で政府が裁判所の命令の発付を得ることを要求していたにもかかわらず、国家安全保障局は命令を得ていなかったのである。ゴンザレスはアメリカ合衆国議会においてなぜ大統領が国家安全保障局に外国諜報監視法を無視することを認めたのかについて証言をした。

現在のアルカイダに対する武力紛争におけるこの軍事的諜報プログラムに必要な速度と迅速性を達成する適切な方法は、特定の傍受に関する決定を入手可能な最高の情報に基づく専門的な諜報員による判断に任せることである。これらの当局者は迅速かつ正確な決定を行うのに最適である。もしこれらの諜報員が傍受を行う度に外国諜報監視法の手続を踏まなければならないとすれば、必然的に重要な遅延の要素を導入することになり、その結果即時警告システムに致命的な穴が開く可能性がある。(8)

言い換えれば、外国諜報監視裁判所に行くことは面倒を引き起こしたかもしれないので、国家安全保障局は気にしなかったということだ。ゴンザレスの安全保障当局者に対する敬譲の要求にも留意が必要である。私が第4章で論じたとおり、そのような敬譲は正当化されず、政府当局者の判断はすべからく審査から免れられるべきではない。

大統領は国家安全保障局が外国諜報監視法に違反することを承認できるのだろうか。公的メモランダムにおいて、ブッシュ政権は、大統領は最高司令官として、そのような監視に従事する「固有の憲法上の権限」を有すると論じた。当該メモは次のとおり宣言した。「大統領の最も基本的な憲法上の義務は、我が国を武装された攻撃から守る義務である。アメリカ合衆国憲法は大統領に対しその責務を実施するためのすべての必要な権限を与えている。」このメモランダムは、大統領の戦争遂行に関する広い権限は外国諜報監視法を含むいかなる法律にも勝り、「大統領の憲法上の権限を行使する上で、大統領は、武力紛争時において我が国の敵についての情報の収集に関する広範な裁量を憲法と適合する形で享有している。」と論じた。(9)

このブッシュ大統領の議論の問題点は、あまりにも広範過ぎるということである。例えば、大統領が最高司令官としての「固有の権限」として令状なしの傍受をする権限があるとの議論が正しいとしよう。その示唆するところは大いなる警戒に値する。それは、大統領は、「テロとの戦い」が終わるまで、彼一人の自由裁量において秘密裏にアメリカ市民を電子的に監視する権限を国家安全保障局に与えることができる、ということを意味する。テロとの戦いは、終わりを想定できない戦争である。ブッシュの議論の下では、大統領が連邦捜査局や中央情報局に対して類似の監視を行うことを承認できない理由はなさそうである。そして、なぜその権限を傍受のみに限定するのか。この権限は、ビデオ監視、盗聴、書類収集等も含み得る。大統領は、その進路を妨害するいかなる法律の要求も無視することができる。もし、テロとの戦いにおいて、人々に対し銃を乱射することが必要だと感じたら、殺人に関する法の存在にもかかわらずそれを行うことができる。戦争権限論の問題は、大統領の権限に事実上何の制限も設けていないところにある。

大統領の権限の問題は、我々がどういう種類の国になるのか、我々がどういう政府がほしいのかという核心へとつながる。戦争権限論は、大統領は国法に違反する行為に従事することができ、それを人々に対する説明責任なしに、政府のその他の機関による監督なく秘密裏に行うことができるということである。これは、独裁者のもつ種類の権力であり、抑制と均衡という立憲民主主義において行使される統制されバランスの取れた権限ではない。

9-2　秘匿の必要性

報道機関が国家安全保障局の監視プログラムについて報道した際、ブッシュ大統領はこう答えた。「この秘密プログラムの存在は、不適切にニュース組織に提供された後メディアの報道で明らかにされた。その結果、我々の敵はもつべきではない情報を知り、この努力に関する無許可の公表は、我々の国家安全保障に打撃を与え、我々の市民を危険に晒した。」(10)

この回答は国家安全保障の名の下で行われる政府プログラムに関するお決まりのセリフである。それらは、可能な限り秘匿されなければならない。しかし、第7章で論じたとおり、国家安全保障の名の下の秘匿の要請は、最も慎重に審査されるべきである。テロ監視プログラムの存在そのものを秘密のままにすることによって、我々が政府の監視の性質や範囲について国民的論争を行うことが妨げられた。およそ存続可能な民主主義の中心には公衆に対して説明責任を負う政府が存在する。人々は彼らの政府の活動を評価するために必要な情報をもつべきである。

我々の民主主義において、大統領は最高の権限をもっていない。官僚、立法者又は裁判官ももっていない。最高の権限をもっているのは国民であり、政府はその召使いである。もし国民が政府が何をしているかを知らなければ、政府当局者に説明責任を課すことはできない。上司は、部下の行為が秘密裏に行われなければ有能にはなれない。

確かに、一定程度の秘匿は必要である。とりわけ政府が諜報活動に従事するにあたっては。テロ監視プログラムを秘密にし続ける理屈は、もしテロリストがそのプログラムのことを知れば、電話が監視されていることを知り、有益な情報を明かすことを止めるかもしれないというものである。しかし、このプログラムは法律に違反しており、また、法の支配は我々と独裁政治を区別するものである。これは、その指導者の気まぐれではなく、確立したルールに基づき運営される現代の民主社会における礎石である。もしブッシュ政権が、外国諜報監視法がうまく働かないと考えたのであれば、アメリカ合衆国議会に対し法改正をすべきだと迅速に提案すべきである。それが民主社会においてなされることである。

しかし刑事手続の第一人者であるウィリアム・スタンツは「イノベーションを起こし、保護すべき人を保護し、必要なことを積極的に行う、効果的で活動的な政府が死につつある。プライバシーと透明性の弊害である。」と論じる。スタンツによれば、透明性のせいで、政府当局者が臨機応変の工夫をしながら行動することが難しくなっている。「多くの政府当局者にとって多くの場合、重要なのは正しいことをするか間違ったことをするかではなく、何かをするのか何もしないのかの判断である。通常は、何もしないことのほうがより簡単である――悪いニュース記事や批判的ブログ記事を招く可能性が低い。」[11]。

しかし、政府当局者にとって、何もしないことはより容易ではない。多くの場合政府当局者は何かをしようと試みる。問題は、彼らが頻繁に試みるのは、思慮に富む政策的分析の結果ではなく、見出しに載りやすい、受け狙いの解決だということである。

スタンツはこのように述べることで論稿を終えている。「我々のプライバシーはあまりにも多く、我々を統治する者がもつものはあまりにも少ない。」。スタンツの理解は真実と真逆である。透明性があればこそ、政府は、人々に対して説明責任を負い続けることになる。これが、人々が、政府が何をしていてどれだけ政府が有効に機能しているかを評価するための十分な情報を得るための唯一の方法である。もし人々が、政府がどのように彼らの権利や自由を侵害しているかについて無知のままに置かれれば、彼らはその交換が有益かを合理的に評価することができない。

９-３　国家安全保障局の令状なしの監視プログラムへの訴訟提起

国家安全保障局監視プログラムのニュースが報道された後、このプログラムに対し裁判所に訴訟が提起された。

原告の中には、外国諜報監視法に基づく権利のみならず、彼らの憲法上の権利も侵害されたと主張した人もいた。しかしながら、多くの裁判所は彼らの主張を拒絶し、アメリカ合衆国議会は一部の事案を阻害するために介入しさえもした。

憲法上の権利と外国諜報監視法

ある事件においては、ジャーナリスト、教授、弁護士の集団が、彼らが国家安全保障局の監視対象者の可能性がある者と連絡を取ったことから、彼らの修正一条、修正四条及び外国諜報監視法に基づく権利が侵害されたと主張した。原告らが監視の対象となっていたことを立証することができなかったので、連邦控訴裁判所はこの請求を棄却した[12]。政府は彼らが監視の対象になっていたかを明らかにすることを拒絶した。そして原告が訴訟を起こした理由の一部は、それを知るためでもあった。そこで、原告は、結局、解決不能のジレンマに陥ってしまった。

裁判所は、原告は国家安全保障局が裁判所の命令又は令状の発付を受けなかったことによって損害を被っていないとも判断した。裁判所は、もし国家安全保障局が令状の発付を受けていたとしても、令状は秘密裏に発付されるので原告はそれを知ることはないと論じた。裁判所は次のように理由づけた。「そこで、たとえ国家安全保障局が秘密裏に令状の発付を受けたとしても、これらの当事者が『自由に会話や電子メールでのやりとりを行う』ことに対する主観的な意欲又は躊躇に何の影響を与えないだろう。[13]」。

しかしながら、裁判所の理由づけは令状の存在理由そのものに反している。令状は、政府に対し、その捜索を司法府の前で正当化することを求める。この手続により、不適切な政府の監視の恐怖なく、我々が自由を行使することができるとの保障が与えられる。我々の政府の監視に関する規制制度の下において、我々は政府の捜索から完全に免除されることを期待することはできないものの、確立した憲法上・法律上の手続に反して捜索されることはないと期待することができる。もし裁判所の述べるとおり、令状に意味がないのであれば、政府当局者が令状なく住居に入り込んでも、その居住者がそれを知らない限り損害がないことになる。

しかし、政府による捜索に対する手続的規制の核心は、人々に対し監督と正当化なくして捜索されないとの保障を与えることにある。この保障の破壊こそが、損害を構成する。監督と制限に服する高度に規制された監視制度と、監督や制限のない規制なしの監視制度の間には、大きな相違がある。人々は前者よりも後者の体制下のほうが、話すことについて萎縮するだろう。

テロ監視プログラムがアメリカ市民に対する無令状の傍受を含むにもかかわらず、裁判所は手もちのあらゆる道具を使ってこれについて憲法上の審査を行うことを回避した。

電話会社に対する訴え

テロ監視プログラムについて裁判所の注意を引く方法に関し、優れたアイディアをもつ人もいた。電子通信プライバシー保護法に基づき、通信会社は適切な裁判所の命令なき傍受に協力することが禁止されている。[14]そこで、電話会社が国家安全保障局に対し情報を渡したことは、電子通信プライバシー保護法であると主張する訴訟もいくつか提起された。電子通信プライバシー保護法が違反に対する多額の民事賠償を規定しているので、訴訟に成功すれば、会社に対して政府当局者が行うかもしれない要求に従うのではなく、法律に従うべきであるという強いメッセージを与えるだろう。そのような勝利は、事業者に対し政府がそれに違反しようとする際に法の支配を支持することに関する強い経済的インセンティブを与えるだろう。更に、これらの事案によって、国家安全保障局の監視プログラムがより日の目を見るようになり、更なる審査がなされるようになる。

政府は訴訟参加して、国家機密特権を主張し、それにより、開示によって国家安全保障を危険に晒す可能性のある証拠を排除した。裁判所の中には、国家機密特権の主張を一部拒絶し、通信事業者に対する訴訟の審理を進めることを認めたところもある。[15]これらの会社は、アメリカ合衆国議会に対し助けを求めてロビーイングを行い、二〇〇八年にアメリカ合衆国議会は、テロ監視プログラムと通信会社に対する訴訟に関する外国諜報監視法改正法を成立させることによってこれに対応した。その法律は「外国諜報活動のため、合理的にアメリカ国外にいると信じられている人を対象とする」ことを承認した。そして、その収集がアメリカ国外にいる人に向けられていることを保障する「対象者確定手続」を規定した。外国諜報監視裁判所は手続全体を審査するが、特定の監視活動に対する審査は行わない。外国諜報監視法改正法は国家安全保障局を援助した通信事業者に対し遡及的な免責を与えた(16)。この改正法により、これらの会社に対して提起された訴訟は著しく妨害された。

9-4　法の支配の崩壊

憲法学者のジャック・バルキンは述べる。

我々はグラグ模範収容所や我々が過去に見た事のある何かに向かって猛スピードで進んでいるのではない。それほど劇的ではないだろう。むしろ、恐怖の挑発と無思慮、迎合と政治的妥協を通じて、アメリカ人が、彼らが実際にどのように統治されるかについてますます何もいえなくなり、政府がアメリカ人を規制し統制するためにどのように彼らについての情報を集めているかについてますます何も統制できなくなる世界へと、我々はゆっくりと近づいている(17)。

この話の最悪の部分は、それが作り出した先例である。立法府は、執行府が法を守るよう強く要求せず、意味のある押し返しをする勇気を奮い起こすことができなかった。政府の監視を規制するアメリカ合衆国憲法と法は、監視が説明責任のみならず、司法的、立法的監督の下で行われる制度の設立を意図している。

これらの保護を支える基準となる前提は、抑制と均衡に基づく政府の存在である。しかし、もしこの前提が誤っていれば、制度は崩壊する。

憲法起草者は、大統領が王の権力をもつような、強力過ぎる執行府を恐れた。そこで出された考え方は、政府を執行府、立法府、そして司法府という三つの部門に分割し、それぞれが他の部門を監視下に置き、他の部門が強くなり過ぎることを防ぐというものである。これによって法の支配が適用されることが保障されるだろう。

しかし、国家安全保障局監視プログラムの余波の中での出来事が示したのは、執行府は有事には大胆に権力を行使し、大胆にも法を破り、そしてその他の部門は効果的な抑制を行わないということである。加えて、執行府はその行為が知られないように隠匿することができ、人々に対する説明責任を回避することができた。

法の支配は自己執行力をもたない。つまり、それ自身だけでは機能しないのである。もし我々が法の支配を気にかけないのであれば、それを維持することはできない。有事には、国家の本当の公約が明らかになる。我々の政府は法の支配という公約を示すことができなかった。そしてそれこそが、我々が大いに警戒すべき理由なのだ。

PART 3

憲法上の権利

憲法はいかにプライバシーを保護すべきか

第10章　修正四条と秘匿パラダイム

政府が過去数か月間のあなたの検索履歴をグーグルから入手したいと思っているとしよう。グーグルは、あなたが検索したあらゆる事柄に関する記録をもっており、その記録はあなたに関する多くのことを明らかにしてしまう。あなたは、自分の保有する株式、愛読している作家、興味のある有名人、賞賛する政治家や嫌いな政治家、自分の病気、あなたの会う友達や人々、参加したいと思う集団や組織、そのほか多くの事柄に関する情報を検索していたかもしれない。このような場合、修正四条はあなたをどのように保護してくれるのだろうか。

この問いに答える前に、なぜ修正四条の保護が問題となるのかを明らかにしておくべきであろう。修正四条は、政府の権力から市民を保護するための要石である。修正四条の下で政府があなたの情報を収集するためには、政府は適切な監督と制限に服さなければならない。修正四条は、政府が裁判所に対して、あなたに関する情報に関心をもつべき真にやむをえない理由を正当化することを要求している。

それでは、政府があなたのグーグルの検索履歴を手に入れようとする場合、修正四条はあなたを保護してくれるのだろうか。

全く保護してくれない、というのが答えである。政府は、文書提出命令状に基づきグーグルからあなたの検索履歴を入手することができる。文書提出命令状はほとんどいかなる保護も与えない(1)。文書提出命令状は文書の提出を命じるものであるが、典型的には、疑問もなく当然に発行される。

あなたがある人と出会って、間もなく親友になったとしよう。あなたは、その親友と多くの情報を分かち合い、最も大事な秘密を明かすことになる。だが実は、この人物は友達などではなく、秘密捜査員であった。修正四条は、保護してくれるのであろうか。

全く保護してくれない、というのが答えである。

いっそうのこと、修正四条があなたを保護してくれるのかという問いに対する答えは、「全く保護してくれない」というものになっていく。修正四条は、個人がプライバシーの合理的期待をもっている場合にのみ適用される。しかも、連邦最高裁は非常に古風な仕方でプライバシーを理解している。連邦最高裁によれば、何らかの事柄がプライベートなものとみなされるのは、それが完全に秘匿されている場合に限られる。私はこのようなプライバシーの見方を「秘匿パラダイム（secrecy paradigm）」と呼ぶ(2)。本章において、私は、秘匿パラダイムになぜ欠陥があるのか、政府の情報収集活動の多くに修正四条の保護が欠落していることがなぜ重大な問題であるかについて説明することにしたい。

10-1　一文の規制システム

制定法により規制される集権化された警察システムを有する他の国々とは異なり、アメリカは主に憲法によって規制される分権化された法執行のシステムを有している。政府の情報収集に対する我々の現在の規制レジームの構造は、主として修正四条によって骨組みを作られている。修正四条は、下記のような短い宣言である。

不合理な捜索及び押収に対して、身体、家屋、書類及び所有物が保障されるという人民の権利は、侵害されてはならず、また、宣誓又は確約により裏づけられた相当な理由に基づいており、かつ、捜索される場所及び逮捕・押収される人又は物を特定して記述するものでなければ、令状は発付されない(3)。

入念な規制システムが、この短い一文に依拠して作り出された。修正四条を解釈する無数の司法判断が、音声や映像の監視、家宅捜索、車、鞄、コンピュータの捜索、検問の実施といった政府の法執行に関する捜査活動のほとんどあらゆる側面を統制する広範なルールをうじゃうじゃと生み出し、チェックポイントを創設した。

おそらく憲法の起草者たちは、修正四条が法執行システム全体を規制する基盤としての役割を果たすことになるだろうとは考えていなかった。起草者たちは憲法が連邦政府に対してのみ適用されると考えていたし、一七八九年の時点で連邦政府は法執行に関して最小限の役割しか果たしていなかった。連邦捜査局、中央情報局、国家安全保障局、その他の連邦の法執行機関はまだ存在していなかった。州及び地方の警察も小規模なものだったし、修正四条はそれらの活動に及ぶことはなかった。しかし、その後の二世紀あまりで、憲法と法執行の性質は劇的に変化した。今日では一〇〇万名以上ものフルタイムの州及び地方の法執行官が在職し、一〇万名以上ものフルタイムの連邦の法執行官が在職している(4)。警察力の数と規模が急激に増大し、新たな技術が政府に個人情報を収集するより強大な権力を与え、犯罪と闘うために新たな連邦政府機関が発展していくにしたがって、法執行官がなしうることを規制するために何らかのルールが必要となった。法執行に関する包括的な立法上の規制は、政府のあらゆるレベルにおいて欠落していた。そこで連邦最高裁は、憲法に基づく広範な規制システムを作り出すことによって、このような欠落を補充した。そうして修正四条は、政府がいつ、いかなる方法で個人に関する情報を収集することができるかを定める指針的なルールの束となったのである。

必ずしも常にというわけではないが、一般に修正四条は、政府の職員があなたを監視下に置いたり、あなたの家屋又は所有物を捜索するのに先立って、相当な理由に裏づけられた令状を得ることを要求している。この手続において、法執行官は裁判所に出向いて、あなたの情報を収集すべき相当な理由を有しているということを正当化しなければならない。相当な理由とは、政府による捜索が犯罪の証拠を発見することになるだろうという「合理的に信頼できる情報」のことである。(5) 政府がこれらの手続に従わなかった場合に用意されている典型的な救済が、違法に収集された情報を公判から排除する違法収集証拠排除法則である。(6)

修正四条の保護を受けられない場合には、何が起きるのだろうか。修正四条の欠落部分を埋め合わせる立法が存在する場合もあるが、多くの場合には、いかなる保護も存在しない。そのような場合には、政府がなしうることを規制できるものは何もなく、政府に対する監督もない。いかなる情報をどれだけ政府が収集することができるのかを制約するものは何もなく、政府が有罪であると確信している人々を公正に標的にしていることを確保するものは何もない。法執行官が単なる直感又は当て推量に基づいて捜査を行ったり、法執行官が自分が嫌っている者の悪事を捉えるために情報収集することを止めるすべはない。

したがって、修正四条が何らかの政府の情報収集活動を規制することになるか否かを判定する閾値テストは、決定的に重要なものとなる。

10-2　いかなる場合に修正四条は保護を与えるのか

いつ修正四条がある特定の政府の法執行活動を規制することになるかを判定するために、どのようなテストが用いられるべきであろうか。優に一世紀以上もの間、連邦最高裁は、この問をめぐって論争を繰り広げてきた。修正四条は「捜索」及び「押収」という語を用いているが、それらの語の意味を定義していない。修正四条の文言は、何世紀も前に、すなわち、現代の技術が政府による情報収集の方法を劇的に変えたはるか以前に書かれたものである。

一九世紀後半に形作られた連邦最高裁の最初の回答は、物理的侵入に焦点を当てるものであった。修正四条は、政府が人々の書類を捜し回ることや人々の土地に侵入することに対して適用される。(7) このようなアプローチは、それらが政府当局者による人々に対する情報収集の主要な方法であった当時においては意味をなしていた。しかし、まもなく技術が、このアプローチに対して深刻な課題を突きつけることになる。

囁く電話線事件

禁酒法の時代、ロイ・オルムステッドは、「密輸者の王」として知られ、太平洋沿岸でアルコールを輸入・販売する巨大なビジネスを行っていた。オルムステッドの帝国には船団、トラック隊、多数の従業員が含まれていた。誰もがオルムステッドが法律を無視していることを知っていたが、彼は自らを放っておくように警察に賄賂を贈っていた。(8)

連邦の禁酒法執行の責任者であったロイ・ライルは、長らくオルムステッドを捕まえようとしてきた。連邦捜査局は、約五か月にわたりオルムステッドの自宅のすべての電話を傍受することにより、七七五頁もの記録を作り出し、この事件に「囁く電話線事件」というニックネームを与えた。オルムステッドは有罪とされ、四年の拘禁刑が言い渡された。

オルムステッドは、令状なしに行われた傍受が修正四条に違反すると主張して上訴した。一九二八年、事件は連邦最高裁に到達した。連邦最高裁は、修正四条は「本件で行われたことを禁じていない。本件では捜索は行われていない。押収も行われていない。本件の証拠は、聴覚を用いて獲得されたに過ぎない。被告人らの家屋又は事務所への侵入も存在しない」と結論づけた。(9) 最高裁はプライバシー侵害を物理的侵入として理解し、本件の傍受はオルムステッドの自宅の外に設置された装置を通じて行われたため、オルムステッドの財産への物理的な不法侵入を伴わないとしたのである。

これに対してルイス・ブランダイス判事は、反対意見を述べた。ブランダイスは、修正四条の適用範囲を判定する最高裁の閾値テストは、近視眼的で時代遅れのものだと主張した。修正四条は「変化する世界に適応する能力」をもたなければならない。より柔軟で進化的なアプローチが用いられるべきである。なぜならば、「より巧妙でより広範囲に及ぶプライバシーへの侵入手段が政府によって利用可能となっている。新たな発見と発明のおかげで政府は、拷問にかけるよりもはるかに実効的な手段によって、私室で囁かれたことを法廷で暴露することが可能となった。(10)」

この事件には興味深い後日談がある。一九三五年にフランクリン・ルーズベルト大統領はオルムステッドに特赦を与えた。皮肉なことに、後にライルはアルコール密輸の罪で逮捕され、オルムステッドは彼に不利な証言をすることになった。

オルムステッド事件が露わにしたように、物理的侵入への着目は、修正四条の保護範囲を判定する上で時代遅れな方法になっていた。新技術によって、政府は、多くのプライベートな情報を、人々の財産への不法侵入や物理的な捜索なしに収集することができるようになったのである。裁判所がいかなる場合に修正四条が適用されるのかを判定するテストを現代化しない限り、修正四条はしだいに実効性のない無意味なものとなってしまうであろう。

電話ボックスの中のギャンブラー

約四〇年後の一九六七年、カッツ対アメリカ合衆国事件において、連邦最高裁は、オルムステッド判決が誤っていたと認め、傍受は修正四条によって規制されるべきであると判示した[11]。チャーリー・カッツは、ロサンゼルスのサンセット大通り沿いのアパートで生活していた。いつものように、彼は大学バスケットボールに賭けるために、アパートの外側の歩道にある三台の電話ボックスのうちの一つを使おうとするところだった。連邦捜査局は彼の会話を録音するために電話ボックスの外側に盗聴器を取りつけた。それにより得られた証拠によって、カッツは逮捕され、電話による賭博を禁じた連邦法に違反したとして有罪とされ、三〇〇ドルの罰金刑を言い渡された[12]。

カッツは、彼の会話を録音する前に連邦捜査局は令状を得るべきであったと主張して、上訴した。これに対して政府は、電話ボックスの中への物理的な不法侵入が存在しないので、オルムステッド事件判決の下では、修正四条は本件の録音機に適用されないと主張した。既存の判例法に依拠すれば、政府に勝ち目があった。しかし、連邦最高裁は劇的な仕方で判例法を変更した。これまで最高裁は修正四条を物理的な不法侵入を伴う場合にのみ適用してきたのに対して、いまや最高裁は大胆に次のように宣言したのである。「修正四条は、場所ではなく、人を保護している。人が知りながら公衆に晒した事柄は、それが自宅又はオフィスの中のことであったとしても、修正四条による保護の主題とはならない。しかし、人がプライベートなものとして保持しようとした事柄は、公衆にアクセス可能な領域の中であったとしても、憲法上の保護を受ける可能性がある[13]。」

修正四条の適用に対する今日の最高裁のアプローチは、カッツ事件判決におけるジョン・ハーラン判事による同意意見から生まれ出たものである。ハーランの説明によれば、人が「プライバシーに関する現実の（主観的な）期待」を示していて、それを「社会が「合理的」なものとして承認する用意がある」場合にはいつでも、修正四条は政府の活動を規制すべきである。[14] このアプローチは「プライバシーの合理的期待テスト」と呼ばれている。

カッツ事件判決は、修正四条の適用範囲をより広い方向に導いた判決だとされている。プライバシーの合理的期待テストの目的は、修正四条が変化する技術に対応することを可能にすることにあった。法学教授のキャロル・ステイカーが看破したように、「最高裁が不法侵入の法理を「プライバシー」の権利をより重視する法理へと置き換えたことによって、ブランダイスは自らの正しさが証明されたと感じることができたはずだ。[15]」。

修正四条の衰退

多くの論者が予期していたのと反対に、プライバシーの合理的期待テストは修正四条の保護範囲を拡げることはなかった。修正四条は依然として自宅や手荷物の捜索に及ぶが、物理的侵入に関してすらも保護を受けない多くの事例が存在する。例えば、「侵入禁止」という標識を掲げていたにもかかわらず、政府があなたの土地に侵入したとしよう。政府があなたの土地にある林を捜索した場合、修正四条は適用されるのだろうか。適用されない、というのが答えである。最高裁によれば、「個人は、自宅を直接取りかこむ範囲を除いて、ドアの外で行われる屋外の活動について正当にプライバシーを主張することができない。[16]」。ある事件では、被告人は自らの牧場を有刺鉄線で囲っていた。警察は牧場に侵入し、前方に開かれた小屋を覗き込んだ。最高裁は、本件の牧場と小屋は外部に晒されており、プライバシーの合理的期待は存在しないとして、修正四条の保護は及ばないと結論づけた。[17]

修正四条は、警察が歩道の縁に捨てられたゴミを捜索することも規制しない。最高裁はごみは放棄されたものであって、人は自らが手放したものについてプライバシーの期待を放棄していると判示した。[18] ある人はゴミに出す前に書類をシュレッダーにかけたものの、法執行官がそれを収集し、忍耐強く繋ぎ合わせたが、修正四条の保護を受けることはなかった[19]。

物理的侵入を伴わない領域では、修正四条は多くの種類の監視に適用されない。ある事件では、警察が被告人の温室の上空をヘリコプターで飛行し、温室の中を見るために屋根板の欠けている部分から覗きこんだ。最高裁は、温室の上部は部分的に外部に晒されていたとして、修正四条の保護は及ばないと判示した[20]。別の事件では、警察は、被告人の車に行き先を監視するための追跡装置を取りつけた。最高裁は、修正四条の保護は及ばないと結論づけた。「公共の道路を自動車で通行する人は、ある場所から他の場所への移動についてプライバシーの合理的期待をもたない[21]」。

秘匿パラダイム

以上のような修正四条の解釈の意味を、我々はいかに理解することができるのであろうか。物理的な不法侵入に代えてプライバシーの概念を用いることは、修正四条の保護を収縮させるのではなく、拡げてくれるはずであった。プライバシーが修正四条の適用範囲を前述のように狭めてしまった理由が、秘匿パラダイムである。最高裁はプライバシーを完全な秘匿という形で理解する。この見方の下では、もしあなたが自らの情報を他人と共有した場合には（たとえ、あなたが大いに信頼する人々であったとしても）、あなたはプライバシーを期待できない。もしあなたが何らかの仕方で自らの情報を晒した場合には（政府がその情報を発見するために大いに骨を折り、費用がかかるものだったとしても）、あなたはプライバシーを期待できない。

秘匿パラダイムは、とても屈折したプライバシーの見方であり、今日の世界では意味をなさない。人々はめったに絶対的な秘密を保ち続けることはない。人々は親友が自らの情報を内密にしておいてくれると期待しているし、友人が裏切ることはないだろうと期待している。人々は、自らが公の場所にいるとき、追跡されたり、こっそり記録されることはないだろうと期待している。たとえ他人に見られているかもしれないと分かっている場合ですらも、人々はほとんどの他人が自らに関心をもつことはないだろうと期待している。例えば、レストランで会話しているとき、人々は隣の客に会話を聞かれているかもしれないと認識しているが、隣の客が会話に強い関心をもつことはないだろうと期待している。

秘匿パラダイムは、政府による情報収集のうち多くの形態が修正四条の保護の外に置かれるという結果をもたらしている。これは大きな問題である。修正四条が適用されない場合、政府の情報収集を規制する他のルールはしばしば存在しない。その結果、政府は、いかなる監督も制限もなしに、やりたいことをやれる、ということになる。

第11章　第三者提供の法理とデジタル事件記録

かつて、あなたは自分の情報をコントロールしていた。文書は自分の所持している紙の書類の中にあったし、ファイルキャビネットに詰め込まれていた。日記はタンスの引き出しの中に何事もなく隠されていただろう。ぼろぼろになった愛読書は本棚に並んでいただろう。文書、日記、本はいずれも自宅の中にあった。政府があなたの関心、趣味、読書傾向、書き物を調べたいと思った場合には、修正四条が家屋を捜索するための令状を要求していた。

もはや、そのようなことはない。技術の変化に伴って徐々に、政府は憲法上の保護を回避する仕方で大規模にデータを収集し利用できるようになっている。いわゆる、「第三者提供の法理」にようこそというわけである。連邦最高裁によれば、あなたの情報が第三者の元にある場合には、あなたは当該情報に関してプライバシーの合理的期待を有しておらず、その結果として、修正四条の保護を受けることができない。

情報時代において、前例のない規模のパーソナルデータが様々な企業や組織により管理されている。ケーブルテレビ会社はあなたの視聴した映画やテレビ番組の記録を保有している。電話会社はあなたが電話したあらゆる相手の番号に関するデータを保有している。消費者報告機関は、あなたの住所、金融機関の口座、債務の返済履歴に関するデータを保有している。病院や保険会社はあなたの健康情報を保有しているし、クレジットカード会社はあなたの購買履歴を保有している。

それだけではない。フェイスブックに登録している人は、友人にしか見せたくない大量のプロフィール情報をあげているかもしれない。グーグルはあなたの一定期間内のすべての検索履歴を保有している。アマゾン・ドットコムのような販売サイトはあなたの購買記録のすべてを保有している。私はアマゾンの愛好者で、この前確認したら過去一〇年間で一五〇〇点以上もの商品をアマゾンで購入してきた。アマゾンの購買履歴を見てみると、それはまるで私の本棚とメディア保管庫の中身のカタログかのようだ。

第三者提供の法理のもとで、政府は今やあなたの自宅に入らなくても、あなたについて多くのことを調べあげることができる。従来であれば、あなたの読んだ本、見た映画、書いた物、買った物を調べるためには、法執行官はあなたの自宅に立ち入り、家中を見て回らなければならなかっただろう。しかし今日では、それらの情報すべては第三者によって保有されている。本屋で現金を使って買う物理的な本の代わりに、人々はいまやオンラインでクレジットカードを使って買った電子書籍をキンドルの中に保有するようになっている。

したがって、政府は、修正四条の保護の及ばないそれらの情報すべてを入手できる。デジタル時代において、修正四条はしだいに意味を失いかけており、政府は、ほとんどいかなる監督や制限に服することなく、あなたの情報にアクセスできるようになっている。本章で私は、第三者提供の法理は我々の時代におけるプライバシーに対する最大の脅威の一つであると論じる。

11-1　一九七〇年代に戻る旅

第三者提供の法理は、大多数の人々が情報時代に生きていると自覚するはるか以前の一九七〇年代に生み出された。コンピュータはまだ広く用いられていなかった。多くの企業は記録のコンピュータ処理を開始すらしていなかった。連邦最高裁が、いくつかの鍵となる事件において第三者提供の法理を作り出したのは、この時期のことである。

一九七六年のアメリカ合衆国対ミラー事件では、法執行官が文書提出命令状を発して銀行から顧客の取引記録を入手しようとしたところ、銀行は記録を提供した。顧客は、修正四条の下で、政府は記録を入手する前に令状を得るべきだったと主張した。しかし、最高裁は、この顧客の主張を退け、顧客は銀行の記録に関してプライバシーの合理的期待を欠いているとして、本件に修正四条は適用されないと結論づけた。最高裁の理由づけによれば、「修正四条は、第三者に開示され、そこから伝達された情報について政府当局が取得することを禁じていない。」。裁判所が説明しているとおり、「資産報告書や預金伝票も含め本件で獲得された文書のいずれも、通常の業務過程において顧客から銀行に自主的に提供され従業員に開示された情報を含んでいるに過ぎない。」[1]

三年後、スミス対メリーランド州事件において、最高裁は、修正四条は、個人の通話先の電話番号を記録する装置であるペンレジスターに適用されないと判示した。なぜならば、ペン・レジスターは個人の住居内ではなく電話会社に設置されており、かつ、人々は通話の際に「番号情報を電話会社に伝達しなければならないということを知っており」、「通話先の番号の秘密が保持されるという一般的な期待を抱く」ことはできないからである。[2]

この二つの判例が第三者提供の法理のバックボーンを形作ることになった。何らかの情報が第三者に開示された場合には、当該情報に関してプライバシーの合理的期待は存在しないとされたのである。

11-2　デジタル事件記録と今日における第三者提供の法理

一九七〇年代から八〇年代にかけて、第三者提供の法理は、銀行取引、電話の連絡先、その他いくつかの事項に関して修正四条の保護を受けられないということを意味していた。しかし今日では、第三者提供の法理は、日常の活動の大部分に関して修正四条の保護を受けられないということを意味している。その理由は、我々に関する無数のデジタル事件記録が存在していることにある。多くの企業や組織が我々の生活に関する詳細な記録を蓄積している。それらの記録のどれもが第三者によって保有されているため、修正四条の保護の外に置かれることになる。

プロバイダの記録

自宅のパソコンでウェブを閲覧していたとしよう。あなたはイーベイで入札し、アマゾン・ドットコムで本を購入し、ニューヨーク・タイムズ、ワシントン・ポスト、ウォールストリート・ジャーナルのサイトで記事を読み、多数のブログを閲覧している。それらのサイトでコメントを書くことにしたものの、実名を使いたくはない。そこで、あなたはアマゾンで「熱烈な読者」という仮名を使って本のレビューを投稿し、ブログに匿名のコメントをする。あなたはコメントから自分が特定されることはないと考えているが、実際には特定することができる。アマゾン・ドットコムのアカウント記録は、あなたの現実の身元を「熱烈な読者」と結びつける。ブログでもあなたのＩＰアドレスは記録されている。ＩＰアドレスは、オンライン上のあらゆるコンピュータに割り当てられた一意の番号であり、あなたの契約しているインターネットサービスプロバイダは、あなたの身元をＩＰアドレスと結びつける記録を保有している。したがって、プロバイダの記録を入手することによって、投稿した匿名のコメントからあなたを特定できるのである。それでは、修正四条は政府がプロバイダの記録を入手することを規制するのだろうか。

規制しない、というのが答えである。当該記録は第三者により保有されているからである。プロバイダのみが当該情報を有しており、プロバイダは当該情報を他の誰とも共有していないにもかかわらず、第三者提供の法理によれば、あなたは当該情報に関してプライバシーの合理的期待を欠いているとされる。(3)

クラウド・コンピューティング

長らくの間、我々はあらゆる電子文書とソフトウェアを自身のコンピュータに保管することに慣れてきた。最近のトレンドでは、文書とソフトウェアを離れた場所に保管してインターネットを通じてアクセスするようになっている。一つの例がGoogleDocsである。GoogleDocsでは、ワープロや表計算の文書をグーグルのサーバに保管することができ、共同作業している他人とともにファイルを編集することができる。もう一つの例がアップルのMobileMe〔訳者注：アップルが提供していた個人向けクラウドサービス〕である。MobileMeではiPhone上の写真、文書、連絡先、その他パーソナルデータをバックアップすることができる。また、マイクロソフトのSkyDrive〔訳者注：マイクロソフトが提供しているクラウドストレージサービス。現在の名称はOneDrive〕では、個人の文書を無料で保管することができ、コンピュータ上の重要なファイルの多くをバックアップすることができる。

クラウド・コンピューティングは、あなたの文書がより安全に保管され、ソフトウェアが常に最新の状態に置かれることを約束してくれる。多くのコンピュータの専門家は、「未来はクラウドの中にある」と述べている。

しかし、クラウド・コンピューティングにも問題がある。人々の文書はもはや自宅のパソコンには保管されず、代わりに第三者の元に置かれるため、クラウド・コンピューティングへの移行は、それらの文書から修正四条の保護を実質的に奪うことになるだろう(4)。

11-3　癒着と強制

企業が進んで政府に協力し、あなたの情報を提供する場合がある。このような事態は、九・一一のあとに起きた。政府機関は航空会社に行き、乗客記録を提出するよう求めた。航空会社は乗客情報を第三者と共有しないと約束していたにもかかわらず、進んで政府に情報を提供した(5)。

しかし、多くの場合には、企業は政府に情報を提供しようとはしないだろう。企業は顧客の信頼を求めているからである。クラウド・コンピューティング・サービスを利用するか迷っているとしよう。クラウド企業は、あなたのプライバシーを尊重し、あなたの情報を同意なく第三者と共有しないということを示したいと思っているかもしれない。しかし、顧客に誠実であるためには、クラウド企業は次のように言わなければならないだろう。

弊社はお客様の情報を、同意なく第三者と共有いたしません。ただし、政府当局者に提供する場合はこの限りではありません。政府はお客様のデータを弊社から容易に入手することができ、その際、お客様は修正四条の保護を受けることができません。お客様がご自身の文書について修正四条の権利を保持されたい場合には、文書をお客様のコンピュータで保管され、弊社のサービスを利用しないで下さい。

ほとんどの企業はこのような情報開示を行いたいとは思っていない。そうしたら、顧客を怖がらせて遠ざけてしまうかもしれない。おそらく、クラウド・コンピューティングを利用すること、あるいは、第三者にデータを預けることに関する警告があってしかるべきである。煙草に関する公衆衛生局長官の警告のようなものを考えてみよう。

警告：本サービスを利用される場合、あなたのデータに関する修正四条の権利は喪失します。

企業は意味のある仕方であなたに秘密保持を約束することはできない。というのも、政府はそのような約束を尊重しないだろうからである。一方、政府があなたに秘密保持を約束したいと思っている場合には、話は違ってくる。例えば、政府は、人々が国勢調査の質問紙に記入するよう奨励するために膨大な額の予算を投じており、人々の国勢調査の回答の秘密を保護する法律も存在する。アメリカ国勢調査のウェブサイトによれば、「我々はみなさまのご協力と信頼に依拠しており、みなさまの情報の秘密を保護することを約束いたします。合衆国法典の第一三編は、みなさまの情報の秘密を保護しており、違反した場合には犯罪として厳しく処罰されます。」。このサイトには、「国勢調査局の全職員は情報の非開示を宣誓しており、全力でデータの秘密保持を守ることを誓っています。」とも記載されている。職員が宣誓に違反した場合には、二五万ドル以下の罰金刑及び五年以下の拘禁刑に処せられる可能性がある。(6) この制度は、真に秘密保持の約束を裏づけている！

政府は自らが行った秘密保持の約束を尊重する一方で、他の主体が行った秘密保持の約束は全く無視している。修正四条は、政府が第三者により保有されているあなたの秘密情報にアクセスすることからの保護を与えていないが、連邦政府は、一定程度の水準の保護を与えるいくつかの立法を制定している。しかし、それらの立法による保護はしばしば非常に弱いものであるし、小売商、書店、その他多くの形態の企業の記録を保護する連邦法は存在しない(7)。

11-4　誤った理由づけと開かれた問い

第三者提供の法理の論拠は、秘密捜査官と密告者の関わる一連の判例に由来している。それらの判例において、最高裁は、ある人が他人に秘密を打ち明けた場合には、その人は裏切りのリスクを引き受けていると判示した。これは「リスク引受けの法理」として知られている(8)。最高裁は第三者提供の法理をリスク引受けの法理になぞらえた。あなたが友人により裏切られるリスクを引き受けているのであれば、自分の情報を保有する第三者により裏切られるリスクも同様に引き受けている、というのだ。

しかし、この理由づけには問題がある。二つの状況は類似したものではない。誤って信頼した友人に裏切られた場合（あるいは秘密捜査官の場合）、友人（秘密捜査官）は、自らの意思であなたの秘密を開示することを選択している。しかし、多くの場合、銀行や電話会社は自らの意思で顧客の情報を開示することを選択していない。それらの企業は政府によって顧客の情報を開示するように強いられているのである。実際、それらの企業はしばしば顧客の秘密を保持したいと思っている。

第三者提供の法理は、約束の概念のみならず秘密保持の概念を正しく把握することに失敗している。銀行があなたに秘密保持を約束したならば、あなたは銀行が約束を守ると期待する。医師、会計士、学校、企業又は組織があなたに秘密保持を約束したならば、あなたは誓約が尊重されると合理的に期待することができる。秘密保持が破られたならば、訴訟の原因となりうるし、銀行、医師、その他の主体が秘密保持の約束に違反したとすれば、多くの場合に損害賠償を支払わなければならない(9)。更に、秘密保持の約束に違反することは、事業の評価を貶め、顧客を失う結果を招く可能性がある。それゆえ、秘密保持の約束は概して尊重されているし、人々はそれを当てにしている。

しかしながら、第三者提供の法理によれば、書面による契約ですらも、人々にプライバシーの期待を与えるのに十分ではない。だが、約束と契約は近代市民社会を支える基盤である。人々がそれらを信頼できないのだとすれば、企業と商業はきしみをあげて止まってしまうであろう。それにもかかわらず、プライバシーの問題となると、連邦最高裁は約束も契約も重要ではないと考えているのだ。

第三者提供の法理にまつわるもう一つの問題は、最高裁がその射程を明確化できていないという点にある。第三者提供の法理には、限度があるのだろうか。例えば、この法理は医療記録にも及ぶのだろうか。なにぶん、人々は自身の健康状態を医師に明かしている。最高裁は、人々は自らの医療データを第三者（医師）に伝達しているので、自らの医療データに関してプライバシーの期待をもたないと本当に判断するのであろうか。そのような結論は、多くの人にとって馬鹿げたものに映るだろう。

11-5　技術に追いつくこと

刑事手続法の代表的な専門家であるオーリン・カーは、第三者提供の法理は技術が犯罪者を手助けして優位に立たせることを実質的に妨げていると論じている。彼によれば、情報時代以前には、犯罪者は物事を物理的に行わければならなかったであろうが、今日では犯罪者は、あらゆることを自らのコンピュータから行うことができ、証拠を隠蔽しやすくなっている(10)。したがって、政府と犯罪者の間の条件を公平にするために、第三者提供の法理は必要だというのである。

しかし、カーは、第三者提供の法理が政府に与える広範に強化された権力を無視している。たしかに、一部の犯罪者は犯罪を実行するために技術的手段を用いるかもしれない。しかし、それ以外の人々、すなわち、政府が自身に関する記録にアクセスすることに対する安全措置を求める多数の無辜の市民については、どうだろうか。コンピュータ通の犯罪者たちが自らの行為を容易に隠蔽できるようになっているというだけで、我々が修正四条の保護を全面的に捨て去るべきということはできない。技術は犯罪者を助けることもできるが、政府にもっと大きな権力を与えることもできるのである。

結局のところ、第三者提供の法理の擁護は、政府が我々に関する膨大なデジタル事件記録にアクセスする場合には、修正四条の保護は与えられるべきではないという主張に行き着くことになる。多くの場合、立法による保護も存在しない。結果として、法執行官はいかなる監督にも制限にも服さないことになる。これは擁護できない環境である。

11-6　情報時代における修正四条

憲法の起草者たちは、思想及び信念と同様に、文書及び書類に関するプライバシーを保護することを強く欲していた。英国の支配への不満が高まるにつれて、彼らは権利、自由及び民主主義に関する革命的な思想を表明し始めた。彼らは英国の官吏が、彼らの書いた物を発見して彼らを罰するために、彼らの邸宅を捜し回ることからの保護を必要としていた。このような理由により、修正四条は「不合理な捜索及び押収に対して、身体、家屋、書類及び所有物が保障されるという人民の権利」を与えている。(11)

しかし、修正四条は、もはやそのような広範な権利を与えることのないように解釈されてきた。代わりに、修正四条は、あなたの書類がたまたま、自宅や手荷物の中にある場合にのみ、「不合理な捜索及び押収」に対する保護を与えることになる。今日では、情報は紙の書類と等価である。情報はもはや色褪せていく羊皮紙の上にはない。情報はもはや個人の邸宅の中にはないし、特定の物理的形態の中にはない。情報は、デジタルなものであり、離れた場所で第三者により管理された様々なコンピュータ・システムの中にある。

「本当にプライバシーがほしいなら、データを自分で保管すれば良いだけだ」と一部の人は主張している。

そうであるなら、クレジットカードを使うな、ケーブルをもつな、インターネットを使うな、電話を使うな、銀行口座をもつな、保険に入るな、病院に行くな、仕事に就くな、アパートを借りるな、雑誌や新聞を購読するな、記録を作成するようなことを何もするな、ということになるだろう。

換言すれば、山頂の小屋で世捨て人として生きよ、ということだ。そこでは修正四条はあなたをまだ保護してくれる。

第12章　プライバシーの合理的期待を探求することの失敗

一九八二年、シアトルで一三歳の少女の裸の遺体が発見された。少女は傷つけられ、レイプされ、箱に投げ捨てられていた。警察が最初に犯人として疑ったのが一〇代の少年であるジョン・アサンであった。というのも、彼の兄弟によってアサンが遺体発見現場付近で手押し車を使って大きな箱をもち運んでいたのを目撃されていたからである。しかし、警察はそれ以上の証拠をもっておらず、事件は未解決のままだった。

二〇年後、現代の遺伝子解析技術によって、犯行現場に残されたDNAからプロファイルが作られた。警察は、州及び連邦の捜査機関から提供された何百万ものDNAプロファイルからなる連邦捜査局の統合DNA索引システムで検索したところ、一致する結果は見つからなかった。

警察は、事件発生後に最初に嫌疑をかけ、その後シアトルから引っ越していたアサンを思い起こした。警察は犯行現場から検出したDNAプロファイルがアサンのプロファイルと合致するか調べたいと思ったが、アサンのDNAは索引システムの中になかった。そこで警察は、どのようにしてアサンのDNAのサンプルを入手するのかという困難な問題に直面することになった。間違いなく彼が自らの意思でDNAを提供することはないだろう。

アサンがその時居住していたニュージャージーで彼はウィングストランド・ハーグローヴ・キナー法律

事務所から手紙を受け取った。その手紙によると、幸運なことに彼はいくらかの金を受け取る資格がある。手紙には次のように書いてあった。

親愛なるアサン様

ワシントン州のいくつかの郡及び市に対してクラス・アクションが提訴されました。本クラス・アクションは、一九八七年から一九九四年までの地方自治体による交通違反の反則金の過大な賦課に基づくものです。我々の入手した記録は、あなたが過大な賦課から適正な補償を受けることができる可能性を示しています。補償には支払われた反則金の返還、未払い利息、損害賠償が含まれます。

あなたは、本クラス・アクションのメンバーに加わる意思を示すために二〇〇三年三月二一日までに回答しなければなりません。あなたは、同封の書面に署名し、締切日までに郵送することによって、メンバーとなることに同意することができます。

同封の書面には、あなたのなしうる請求に関係する市及び郡の記録から我々が入手した情報が含まれています。情報の正確を期すために、書面に誤りがございましたら、ご訂正下さい。

アサンは、どうやらたくさんの駐車違反切符をもっていたようだ。というのは、クラス・アクションの承諾書に記入し、それを送付して書簡に回答しているからである。しかし、書簡はウィングストランド・ハーグローヴ・キナー法律事務所には届かなかった。レターヘッドに記載された弁護士は実際にはシアトル警察の警察官だった。クラス・アクション書簡は、アサンのＤＮＡを入手するための巧妙な策略だったのだ。

アサンの回答が届くと、警察の犯罪研究所は、アサンが返信用封筒に封をする際に用いた唾液から彼のDNAを入手した。アサンのDNAから得られたDNAプロファイルは、犯行現場から得られたものと一致した。結局、アサンは第二級殺人で有罪判決を受けた(1)。

上訴審において、アサンは、警察官がアサンの意思に反してDNAを詐術を用いて取得したことは修正四条の手続に則っていないと主張した。修正四条はどのようにして、このような警察の計略を規制するのだろうか。

ワシントン州の最高裁は、本件において修正四条はいかなる保護も与えないと判示した。回答書面を返信する際に、アサンは唾液を送っていることから、封筒を閉じるために用いた唾液についてプライバシーの合理的期待を欠いているというのである(2)。実際、DNAは常に変わらず修正四条の保護の外に置かれている。連邦最高裁によれば、人々は自ら放棄したものについてプライバシーの合理的期待を欠いている(3)。

あなたは出かけたあらゆる場所でDNAを放棄している。DNAは毛嚢、皮膚細胞、唾液に含まれている。警察があなたのDNAを求めているとしたら、警察がすべきことは、あなたが何かを落とすまで尾行すれば良いだけである。警察は、捨てられた食事、ごみくず、煙草の吸い殻からDNAを入手してきた(4)。ある事件で、被疑者がDNAのサンプルを警察に提供するのを拒んだところ、警察は被疑者が地面に唾を吐いた際にDNAを入手した。ことによると、地面に唾を吐くような粗野な振る舞いにお似合いの罰なのかもしれないが(5)。

アサンは卑劣な犯罪を行った。警察がついに彼に正義の鉄槌を下したのをみるのは心地が良いことだ。安全の向上を支持する論者の一部は、アサンの犯したような事件を、我々が修正四条の保護を求めるべきではない理由を示す主要な例として挙げている。しかし、第3章で論じたように、この議論は、全か無かの誤謬に依拠している。修正四条による規制と警察が被疑者のDNAを入手・分析する能力との間のトレドオフは、必要とされていない。アサンを騙してDNAを差し出させるのではなく、おそらく警察はDNAを入手するための令状（又は他の何らかの形式の裁判所の命令）の取得を義務づけられるべきであった。そうすることで、修正四条を回避する必要性を予め取り除くことができるだろう。

DNAに修正四条の保護は及ぶべきではないのだろうか。警察がいかなる監督もなしに偽計を用いることを可能とすべきなのだろうか。現在の解釈によれば、「プライバシー」が侵害されていると裁判所が判断した場合にのみ、修正四条は保護を与える。プライバシーは実際、修正四条が保護すべき鍵となる価値の一つである。しかし実際には、修正四条はプライバシーにそれほどの保護を与えてこなかった。本章で私は、逆説的なことに、最高裁がプライバシーに焦点を当てることをやめれば、修正四条はプライバシーをより保護することになるだろうと論じる。

12-1　問いの立て方を変える

「プライバシーの合理的期待テスト」はいまのところ修正四条の保護範囲を決定している。一九六七年のカッツ対アメリカ合衆国事件以来、個人が社会により「合理的」なものと認められる「プライバシーの期待」を示しているか否か問うことによって、修正四条が政府の情報収集から保護する領域を画定してきた(6)。

特定の政府の情報収集活動が「プライバシー」を侵害しているか否かをめぐって、激しい論争が繰り広げられてきた(7)。修正四条の判例法を特に好んでいる論者はほとんどいない。プライバシーの合理的期待テストを適用する最高裁の判決は「不安定」で「非論理的」なもの、更に「地獄」を生み出すものと攻撃されてきた(8)。第9章で私は、連邦最高裁がプライバシーを狭く時代遅れの方法――プライバシーを完全な秘匿として捉える「秘匿パラダイム」により理解することに起因する問題を説明した。

長い間、私は、最高裁がより洗練され先進的なプライバシーの見方を採用することが解決策であると信じていた。しかし、今やこのような私の考えは間違っていたということが分かった。プライバシーの合理的期待に関する論争のすべては無益である。というのも、論争が正しい問いに焦点を当てていないからである。この論争は、ウィリアム・ジェイムズが著書『プラグマティズム』の中で物語ったリスをめぐる哲学的論争を思い出させる。

論争の主題は一匹のリスであった――一匹の生きているリスが樹の幹の一方の側にくっついていると仮定し、その木の反対の側には一人の人間が立っているものと想像する。リスを目撃したその人間が木のまわりをすばやく駆けめぐってリスを見ようとするが、彼がどんなに速く廻っても、それと同じ速さでリスは反対の方向に移るので、リスと人間の間にはいつでも木が介在していて、そのためにリスの影も形も見られない。かくしてここに、その人間はリスのまわりを廻っているのかどうかという形而上学的な問題が起こってくる。その人が木のまわりを廻る、これはもちろん確かなことである、そしてリスは木にとまっている、しかし彼はリスのまわりを廻るかどうか？

ジェイムズは、この論争は無益なものだと主張した。というのも、論争は結局のところ、リスの「まわりを廻る」ということが何を意味するのかという点に行き着くからである。もし「まわりを廻る」ということがリスの東西南北に移行するという意味であるならば、その人はリスのまわりを廻っている。一方、もしそれがリスからみて前後左右に順に移動するという意味であるならば、「その人はとうていリスのまわりを廻ることができない……なぜかといえば、人が動くと同じだけリスも動くのであるから、リスはいつまでたってもその腹を人の方に向け、その背はむこう向きにしたままだからである」。我々はこのような無益な論争の泥沼にはまるのを避けるべきである。というのも、「実際的な結果」に焦点を当てた方がより生産的だからである、とジェイムズは説いている。(9)

学者たちが無益にも人はリスのまわりを廻っているのか論争していたのと同じように、我々も修正四条の保護について検討する際にしばしば、プライバシーの侵害は存在するかという間違った問いに焦点を当ててきた。そうではなく、我々は修正四条の適用範囲がもたらす実際的な結果に焦点を当てるべきなのである。多くの場合、修正四条により何が保護され何が保護されないかということは、政府の情報収集により生じる問題と何らの関係ももたない。法執行活動に司法の監督を課すのが最善なのか、司法の監督はいかなる要素により構成されるべきか、政府の様々な活動にどの程度の制約を課すことを求めるのか、いかに権力の濫用を防ぐべきかという問題とも、ほとんど関係をもたない。

修正四条の分析に関しては、二つの中心的な問題がある。

1．適用範囲に関する問題：修正四条は、政府による特定の形態の情報収集に対して保護を与えるのか。
2．手続に関する問題：修正四条は、政府による当該形態の情報収集をいかに規制すべきか。

適用範囲に関する問題が、修正四条の判例法の大部分を占め、それに関する法理と理論の入り組んだ泥沼を生じさせてきた。だが、この問題は容易に解答されるべきである。我々は、プライバシーの期待に関する論争、あるいは他の何らかの修正四条の保護の要因となるような価値に関する論争を避けるべきである。代わりに、政府による特定の情報収集活動が合理的にみて意味のある問題を引き起こす場合にはいつでも、修正四条は政府の活動に対する規制と監督を要求すべきである。そのようなアプローチは、修正四条の場当たり的ではない包括的な適用範囲を実現することになるだろうし、「不合理な捜索」に関して広範な保護を説いている修正四条の文言とも合致するものであろう。

多くの政府の情報収集活動は、様々な問題を引き起こす。プライバシーを侵害し、言論及び結社の自由を抑制し、人々が思想を探求することをより臆病にさせる。膨大な量の個人情報を政府が蓄積することを可能にし、チェックを受けない莫大な権力と裁量を政府当局者に与えてしまう。法執行官による濫用を招く可能性がある。これらの問題が生じうる場合にはいつでも修正四条の適用を受けるべきである。

適用範囲に関する問題は、このように簡単に答えられるべきである。すなわち、政府の情報収集が合理的にみて意味のある問題を引き起こす場合にはいつでも、修正四条は保護を与えるべきである。より難しいのは、修正四条が政府の情報収集をいかに規制すべきなのかという点を含む手続に関する問題である。いかなる種類の規制が政府の情報収集活動により生じる問題を最善な形で抑えられるのであろうか。どの程度の監督が実際的かつ実効的なのだろうか。適用範囲に関する問題に無駄遣いされてきた時間とエネルギーを、手続に関する問題に振り向けるべきである。

12-2　プライバシーの合理的期待テスト

最高裁は長らく適用範囲に関する問題に奮闘してきた。第9章で描き出したように、かつて最高裁は個人の財産又は所有物への物理的な不法侵入を伴う政府の情報収集に対してのみ修正四条は適用されると判断していた(10)。後に、最高裁はこのテストを覆し、個人のプライバシーの合理的期待を侵害する場合にはいつでも修正四条が適用されると判示した(11)。この新しいテストは、修正四条が変化する技術に適応できるように設定された。しかし、プライバシーの合理的期待テストはそのような期待に応えることができなかった。秘匿パラダイムのもとで、最高裁は政府の情報収集活動のうち広範な領域に修正四条が及ばないと判示してきた。

プライバシーの合理的期待テストは、単に修繕が必要であるのみならず、消えゆく運命にある。このテストは、その定式化の方法からして、プライバシーに関する社会的な見解の経験的な測定基準である、とされている。しかし、最高裁は、社会が合理的なものとして扱っているプライバシーの期待が何かについての結論を支持するために、経験的証拠を引用することはなかった。多くの場合、最高裁がプライバシー侵害だと判断するものは世論調査における人々の意見とは関係がなかった。クリストファー・スロボギンとジョセフ・シューマッハーは人々のプライバシーの期待が最高裁の判断と合致するかについて調査を実施した。彼らの調査結果は、「修正四条の射程に関する最高裁の結論は、警察の捜査手法に対する一般的な意見と合致しないということ」を明らかにした(12)。

多くの論者は、最高裁が社会の実際のプライバシーの合理的期待を無視していることを批判してきた。しかし、最高裁が社会の実際の期待に目を向けなかったことには十分な理由がある。最高裁が投票や世論調査の結果に従うとしたら、修正四条を多数派の選好に縛りつけることになってしまうだろう。少数者の集団は、プライバシーに関して異なる意見をもっているかもしれない。そして、憲法の目的は、多数者の意思を制約して少数者を保護する点にある。

プライバシーの期待に着目することにまつわるもう一つの問題は、技術が徐々に人々がプライベートなものとして期待しているものを侵食していくという点にある。このプロセスが進むにしたがって、政府は従来よりも侵入的な捜索及び押収に取り組むことができるようになる。そうなると、プライバシーの期待は、部分的に法に依存しているがゆえに、プライバシーの合理的期待に関する司法の判断は自己成就的な予言となりうるという循環論法的な問題が生じることになる(13)。

最高裁がプライバシーへ着目することに伴う最もやっかいな問題は、「プライバシー」の意味をめぐる論争を巻き起こし、社会が修正四条により取り組む必要のある幅広い諸問題から焦点をそらしてきた点にある。以下の二つの政府の情報収集活動のいずれが修正四条の保護を受けるべきかについて選択肢があったとしよう。(1)政府職員が国境で手荷物を開けることなしに握りしめること、(2)政府があらゆる人のDNAを収集し巨大なデータベースで保管し、政府の望むあらゆる目的で利用すること。

(1)の活動は修正四条により規制されている。ボンド対アメリカ合衆国事件では、国境警備隊員がバス乗客のズック袋を握りしめコカインのようなものに気づいた。それはメタンフェタミンだと判明した。最高裁は、バス乗客は自らのバッグが握りしめられることになるとは期待していないことから、本件捜索は修正四条に違反すると判示した(14)。

(2)の活動は修正四条により規制されていない。先に説明したとおり、放棄された物からDNAは容易に収集できる。

多くの人は、少しばかり手荷物を握りしめられることよりも、政府に自らのDNAを入手され永久に保管されることのほうが、プライバシーへのより大きな脅威だと思うだろう。もちろん、一部の人はそうは思わず、DNAをプライベートなものと考えないかもしれない。問題は、「プライバシー」の意味をめぐる論争が、DNAを収集、利用、蓄積する際に政府は規制されるべきかという、より大きな論点を無視していることにある。

12-3　プラグマティックなアプローチ

我々はプラグマティックであるべきであり、問題があるならば、それに取り組まなければならないということを認識すべきである。(15)問題含みの政府の情報収集活動が、規制を受けずに放任されるべきではない。それゆえ、適用範囲に関する問題は相対的に容易なものにしておくべきである。政府の情報収集が合理的にみて意味のある問題を引き起こす場合にはいつでも、修正四条はそれを規制すべきである。修正四条はただ一つの中核的な問題への取り組みにまとめられる必要はない。歴史学者のウィリアム・クディヒーが論じているとおり、「修正四条に先立つ歴史は、……言語を越えた深さと複雑さを示している。……修正四条は単一の思想を表明したものではなく、歴史的文脈のもとで固有性と特徴が発現してきた一群の思想を表明したものである。(16)」。

より難しい問題は手続に関する問題である。どのようにして特定の政府の情報収集活動は規制されるべきか。不幸なことに、適用範囲に関する問題がこれまで、より困難な手続に関する問題から注目をそらしてきた。このことは責任逃れにほかならない。進むべき道は、手続に関する問題を避けようとするのではなく、それに向き合うことである。

手続に関する問題に取り組むことによって、修正四条は政府の情報収集活動の広範な領域に適用されることになるだろう。より困難な論点は、手続に関する問題とともに現れる。すなわち、修正四条が適用されるとすれば、特定の政府の情報収集活動はどのようにして規制されるべきなのか。第13章において説明することになるように、修正四条は、あらゆる形態の政府の情報収集に適用しうる汎用的なルールを要求するものとして解釈される必要はない。大多数の場合において、政府が情報収集に従事することを許容する一方で、それにより生じる問題の多くを最小化するような特有の形態の監督及び規制を考案することができる。

12-4　遺伝子情報と偽計

アサンの事件に話を戻そう。プライバシーの合理的期待テストは、我々を分析ゲームの泥沼にはまり込ませる一方で、決定的な問題はごまかしのもとに見失われる。政府はいかなる監督もなしに人々の遺伝子情報を収集することを認められるべきではない。政府はいかなる嫌疑もなしにDNAのサンプルを収集することを認められるべきではない。政府は欲するままに人々のDNAを利用し、望むだけ長くDNAを保管することを認められるべきではない。

DNA鑑定を利用することの便益は重要であり、たしかに政府はDNA鑑定を禁じられるべきではない。しかし、我々は広大なDNAデータベースが政府に与えることになる権力に注意しなければならない。我々はDNAの痕跡を出歩いたあらゆる所に残していくので、特定の人を特定の場所と結びつけることが可能であろう。DNAによる人と場所の結びつけは犯行現場において行われている。しかし、この方法が犯行現場を越えて行われるようになったとしたら、どうだろうか。遺伝子情報は、その人の家族に関する情報のみならず、その人の既往歴や将来の発病可能性について非常に多くのことを明らかにしてしまう。[17]したがって、遺伝子情報の収集・利用に一定程度の監督と制限を課すことは、権限濫用を抑制し、目的外利用を禁止して犯罪の被疑者を捜査するためにのみDNAが収集されることを保証するだろう。

仮にアサンが無罪だったとしよう。修正四条の保護がなければ、警察はなおアサンのDNAを保有することができるだろう。警察がアサンに彼のDNAを保有していると告知する必要はなく、彼はそのことを決して知ることはないだろう。警察が将来においてアサンのDNAを保管又は利用する方法を制約するものは何もないだろう。

アサンの事件は、遺伝子情報に加えて、警察の偽計も関わっている。この事件において凶悪な犯罪者を検挙することに貢献した警察の詐術を賞賛することはたやすい。しかし、一歩引いて、より大きな構図を眺めるならば、警察の計略は非常に厄介なものである。警察がより頻繁に狡猾な計略を用いると決めたとしよう。警察はあなたを騙して唾をつけて閉じた封筒を送り返させるために偽の交通違反切符を送ることができるだろう。警察はあなたの私的な個人情報を入手するために偽のアンケート調査用紙、申込書、保証登録書を送付することができるだろう。警察はあなたに秘密を明らかにさせるために偽の心理カウンセリングをすることができるだろう。警察はあなたに文書をアップロードして保管するよう勧める偽のウェブサイトを作ることができるだろう。あなたが受け取ったあらゆる手紙、回答したあらゆる調査、取引したあらゆる企業、訪れたあらゆるサイト、相談したあらゆる専門家は、実際のところ、あなたに個人情報を提供させるために法執行官が仕組んだ策略なのかもしれないのである。修正四条の保護がなかったとしたら、政府はこうした計略を利用することができ、それらに対する監督も存在しないだろう。

しかし、修正四条の規制がある場合には、多くの偽計は不必要なものとなるだろう。その場合、警察は、令状又は裁判所の命令を通じて情報を入手するようになるからである。偽計が必要な場合には、裁判所は警察の活動を監督できるようになるだろう。ときに裁判所は社会に危険をもたらす一定の種類の詐術を許容しないかもしれない。政府がいかなる種類の策略を利用することが許容されるべきかは、法執行官の自由裁量にではなく、司法部門の慎重な考慮に委ねられるべき問題である。

アサンの事件に、修正四条は適用されるべきであった。このような事件に修正四条がいかに取り組むべきかに関する私の考えを示しておこう。警察が自らの裁量のもとで監督なしに活動することを完全に放任する代わりに、修正四条はＤＮＡを入手するために司法の承認を得ることを警察に要求するべきであった。警察が相当な理由を示すことができなかったとしても、警察がアサンの嫌疑を正当化する何らかの証拠を有しており、捜索の対象はＤＮＡに限られること、捜査を継続するための他に実行可能な方法が存在しないことを理由に、修正四条は裁判所がＤＮＡの入手を承認することを許容すべきであろう。仮にＤＮＡテストによってアサンが犯人ではないと明らかになった場合には、彼のＤＮＡサンプルは廃棄されるべきであろう。このアプローチは修正四条の現在の働き方とはいくらか異なる。そこで次章では、なぜこのアプローチがより望ましいのか説明することにしよう。

12－5　修正四条を再生させる

政府の情報収集活動は、我々の自由と民主主義に深く影響を与える可能性のある政府権力の最も強力な形態の一つを具現している。政府の情報収集活動に関わる問題は、我々の社会の基本構造にとってあまりに根本的なものなので、正当にも憲法によって規制されている。

修正四条の保護は広範にわたるべきである。修正四条はあらゆる「不合理な捜索」を制約している。政府が個人情報を収集していて、そのことが何らかの形態の規制又は監督によって対処されていない問題を生み出している場合、そのことは不合理な捜索とされる。この選択肢は、政府がプライバシーを侵害し、言論を萎縮させ、あるいは濫用その他の害悪のリスクを創出するといった現実の問題をもたらすような情報収集活動に携わることを許容する。修正四条は、後になって思っていた保護を受けることができず不運であると気づくような不誠実な保険ポリシーのようなものであるべきではない。プライバシーの合理的期待テストは、プライバシーを保護するという点ですら満足な役割を果たしておらず、政府の情報収集が引き起こしうる他のすべての問題を放置している。このテストを克服することによって、修正四条は政府の情報収集により引き起こされるプライバシー以外の問題によりよく対処することができるようになるのみならず、プライバシーを保護する程度も引き上げられることになる。

第13章　嫌疑なき捜索論

米州軍事学校監視団は、フォート・ベニング基地にあるアメリカ陸軍の米州軍事学校に抗議する団体である。ジョージア州のコロンバス市に置かれたこの学校は外国の軍事指導者たちを訓練していた。監視団は、米州軍事学校が独裁国家の指導者たちに彼らが市民を抑圧するために用いる技能を教育することにより、独裁政治を支援していると主張して、学校に対して平和的な抗議を行っていた。

創立者であるロイ・ブルジョワ牧師に率いられ、監視団は、フォート・ベニング基地の外側で、毎年約一万五〇〇〇人の参加するデモを行っていた。一三年にわたり監視団は、抗議活動を組織してきた。抗議者たちは武器を手にすることなく、暴力行為により逮捕された者もいなかった。

しかし二〇〇二年、例年の抗議活動の一週間前に、コランバス市はすべての抗議者に対して金属探知機の置かれた検問所を通ることを要求した。もし金属探知機が作動した場合には、警察官が抗議者を身体的に捜索することになっていた。検問所は抗議場所に到着する前に抗議者たちを約二時間にわたり列に並ばせることになっていた。国土安全保障省が、アメリカの脅威レベルが「上昇」していると宣言したため、市の職員はこの安全計画を導入した。過去には、一部の抗議者が発煙弾に火をつけ、少数の参加者が基地に不法侵入したこともあった。監視団は抗議活動に他の団体も招き、その中には数年前に世界貿易機関の会議において暴動の火つけ役となった団体も含まれていた。

監視団は検問プログラムが修正四条に違反しているとして、訴訟を提起した。この事件は第一一巡回区連邦控訴裁判所に至り、監視団側が勝訴することになった。「テロリズムの脅威はどこにでも遍在しているが、我々はそのことをもって大規模な人々の集会に関する修正四条の保護範囲を制約することの根拠とすることはできない。国際テロリストが監視団の抗議を標的にし、あるいは抗議に潜入するだろうと信じるべき理由がない限り、抗議者に対する捜索の弁解として九・一一事件を根拠とすることはできない」。裁判所は、修正四条は市が大規模な、嫌疑のない、令状なき捜索を行うことを許容することはないと判示した。判決は以下のように述べている。

実際のところ、警察がいつでも理由なしに欲するまま誰をも立ち止まらせて捜索することを認めれば、アメリカが今よりも安全になる可能性は高い。しかしながら、修正四条は、更なる安全を手に入れるために止めどもない量の自由とプライバシーを徐々に差し出していくことを抑制するという憲法起草者による価値判断を体現している。修正四条は、憲法上の規範として、潜在的に実効的かもしれない広範で予防的な捜査網ではなく、証拠に基づく捜索を定めた(1)。

裁判所は正しくも市職員が嫌疑なき捜索を行うことを阻んだ。例外はあるものの、修正四条は政府が捜索を行うための要件として一定程度の嫌疑を要求している。法執行官は短時間、人々を立ち止まらせて身体検査を行うことができるが、それが許されるのは対象となる人々が犯罪活動に携わっており武器を携行しているという「合理的な嫌疑」を法執行官が有している場合に限られる(2)。多くの捜索に関して、修正四条は、法執行官に着手前に司法の承認を得ることを要求している。例えば、あなたの自宅を捜索したり、電話を傍受する前に、政府は令状を得なければならない。法執行官が裁判所に申請を行うところから手続は始まる。申請は通常、法執行官の宣誓供述書（宣誓された書面による陳述）の形で行われる。裁判官が法執行官の申請を承認した場合、令状は発付される。

令状は、相当な理由に裏づけられたものでなければならない。捜索される場所から犯罪の証拠が発見されるであろうこと、又は、捜索される人が犯罪を実行したことを合理的な通常人が信じるであろう場合に、相当な理由は存在するとされる(3)。相当な理由は、立証することがとてつもなく困難な基準ではない。単なる直感では十分ではないが、法執行官は確実な証明を必要とせず、合理的な正当化をしなければならないに過ぎない。

令状の申請は、法執行官に嫌疑の正当な根拠を疎明することを要求する。法執行官は特定の場所を挙げなければならない。彼らはマンハッタンの住民全員の自宅を捜索したいということはできないし、「何らかの悪事」のためにあなたの自宅を捜索したいということもできない。法執行官は捜索対象をより特定しなければならない。

しだいに、より多くの安全を求める人々は、令状と相当な理由はテロ予防の障害になっていると主張するようになった。彼らによれば、テロの予防は、テロリストの陰謀を暴くために広範な監視と網羅的な捜索を必要とする。特定された嫌疑を要求することは、テロの予防に必要な広範な形態の情報収集と両立しないとされる。例えば、民主主義防衛財団の会長のクリフォード・メイは、テロの計画の多くはその時点ではまだ犯罪を実行していないため、相当な理由は満たすのが困難な基準であると論じている(4)。軍事法学者のグレン・サルマシーと法学教授のジョン・ユーは、国家安全保障に関わる問題については、「高まる危害の重大性と迅速な対応の必要性」ゆえに、令状を要求することは現実的ではなくなっていると論じている(5)。安全の向上の支持者の多くは、データ・マイニング技術を喧伝している。この問題については第19章で論じることにする。データ・マイニングは、しばしば特定の嫌疑なしに、異常な行動パターンを検出するために、人々に関する広範な情報を収集し分析する。

監視団の関わっていたような事件では、裁判所が政府に特定の嫌疑を示すよう強いたが、このような事件は以前よりも稀なものとなっている。今日では令状の発付手続に数多くの――ある論者が数えたところでは二〇種以上もの――例外が設けられるようになっている(6)。連邦最高裁はしだいに、「通常の法執行のための必要性を越える、特別な政府の必要性」を承認するようになっている。特別な政府の必要性が認められる場面では、「特定の文脈のもとで令状又は何らかの水準の個別化された嫌疑を要求することは現実的ではない(7)」。いくつかの場面で、最高裁は無作為検問すら認めるようになっている(8)。第4章で論じたように、連邦控訴裁判所はニューヨーク地下鉄の乗客に対する嫌疑なき捜索を認めた。概して、令状と相当な理由は修正四条に関する手続において時代遅れな恐竜のごとき存在となりつつある。

本章で私は、嫌疑なき捜索は、例外的な状況においてのみ認められるべきであると主張する。とりわけ令状発付の手続において、法執行官に嫌疑を示すことを要求することは、彼らの権力と裁量を抑制するための不可欠な方法である。多くの場合、令状は犯罪の予防と両立可能である。そして令状が真に非現実的な状況においては、我々は単に令状を押しのけるのではなく、令状の鍵となる機能が他の手段によって達成されるようにしなければならない。

13-1　なぜ相当な理由により裏づけられた令状を要求するのか

相当な理由により裏づけられた令状は少なくとも三つの重大な機能に貢献している。令状は警察の権力と裁量を制限し、網羅的な捜索を制約し、後知恵バイアスを防ぐ機能を有している。

警察の権力と裁量

令状は中立かつ独立の裁判官に捜索が正当化されるか否か判断することを求めている。そのことにより令状は警察の権力を制約している。警察は、いつ、どこで、どのように捜索を行うのかに関して膨大な裁量を有している。警察はあなたの自宅に入り、あなたの所有物やコンピュータをくまなく捜索することができる。令状は、法執行官が、思いつきで、気晴らしのために、あなたに対する個人的な敵意のために、あなたの人種、宗教又は民族性への偏見のために、あなたの信念又は言動への嫌悪のために、あるいは、あなたの経験、経歴又は交友関係への嫌悪のために、捜索を行うことを防いでいる。

令状は、法執行官に捜索が真に必要であると信ずることを求めている。刑事手続法学者のウィリアム・スタンツによれば、「令状は捜索することに伴う費用を発生させる。令状を得るために警察は宣誓供述書を起案し、法廷で待機しなければならない。部分的にはこの理由により、令状は捜索に適用される実質的な基準をも作り出す。もし法執行官が令状の発付のために何時間か費やさなければならないと知っていたら、捜索により証拠が発見されると強く確認していない限り令状を求めることはないだろう。」(9)

我々は、熱心な法執行官を求めている。しかし、彼らに自制的でありつつ熱烈であることを要求するのは困難である。それゆえ、我々は司法の監督を必要とするのである。

令状は警察が捜索中に権力を濫用することも防ぐ。あるとき、警察は、強盗罪で有罪判決を受け、執行猶予期間中の違法行為により指名手配されていたドミニク・ウィルソンを追跡していた。早朝に、警察官たちはドミニクの両親であるチャールズ・ウィルソンとジェラルディン・ウィルソンの自宅に突入した。夫妻は突如として目を覚まし、自宅にいた警察官たちの物音に気づいた。下着姿のチャールズ・ウィルソンはリビングルームに駆けつけ、私服姿の銃を振りかざした五名の男を発見した。彼は何が起きているのか知ることを求めたところ、私服警官によって無理やり床に押さえつけられた。ドミニクが家の中にいないと分かると、警察官たちは去っていった。夫妻の自宅の捜索時に、警察官たちは同行プログラムの一環として記者を同伴していた。連邦最高裁は記者をウィルソン夫妻の自宅に同伴することは、令状の範囲を逸脱していると判示した[10]。令状は政府にあなたの自宅に侵入する限定的な資格を認めているのであって、法執行官が記者を同伴することや長椅子にもたれたりプールで泳ぐために友人を捜査現場に入れることを認める許可証ではない。

網羅的な捜索

令状は全面的で網羅的な捜索から保護してくれる。網羅的な捜索は、いかなる犯罪が発見されるのかを確かめるつもりで多数の人々の集団に対して行われる捜索である。仮に法執行官が嫌疑を示すことなしに、あらゆる人の自宅を捜索することができたとしたら、確実に今より多くの犯罪者を検挙することになるだろう。冷蔵庫の中に遺体を隠していた連続殺人犯が検挙される！　秘密の覚せい剤密造所をもっていた密売人が検挙される！　盗まれたピカソの絵をもっていた絵画泥棒が検挙される！

このように網羅的な捜索は主要な犯罪の証拠を見つけ出すだろうが、著作権法に違反して音楽をダウンロードした人々、少量のマリファナを所持していた人々、ネットで売買された品物の税金を払っていなかった人々といった、比較的重大ではない犯罪者をも白日の下に晒すだろう。今日の世界では、犯罪とされている物事は非常にたくさんある。自由刑に処せられる可能性のある連邦犯罪は、四〇〇〇以上もある[11]。ある連邦判事は、これだけ膨大な行為が犯罪とされているのだから、誰もがおそらく犯罪者であると主張している[12]。別の論者は、人々が平均して一日あたり三件の重罪を犯していると論じている[13]。例えば、もしあなたが図書館の本を返却していなかったとしたら、ソルトレイクシティではそれは犯罪である。コロンビア特別区において広告に国旗を載せたら、それも犯罪である[14]。以上のような奇妙な犯罪に加えて、人々がしばしば犯している一般的な犯罪もある。いつかの時点で多くの親は十代の子どもにビールを与えているが、そのことは法律違反である。アメリカ人の約半数は違法薬物を経験したことがあるが、それらの所持は犯罪である。(15) 多くの人はスポーツで賭け事をしているが、それも犯罪である。リストはまだまだ続く。

それらの法の大部分はめったに執行されないが、あなたが政府にとって好ましくない人物だったとしたら、それらの法は政府があなたを訴追するための口実として用いられる可能性がある。警察が違法薬物の網羅的な捜索を行ったものの、あなたの家屋から薬物は何も発見されなかったとしよう。警察は捜索中にあなたの信仰又は政治的信念に関する情報を得た。それらは警察が嫌っているものであった。彼らはあなたがスポーツで賭け事をしていたことも発見した。警察は違法賭博を口実にあなたを逮捕するかもしれない。本当の理由は単に警察があなたの信念を嫌悪しているからに過ぎないのであるが。

後知恵バイアス

令状が発付される時期は決定的である。令状は政府が捜索を行う前に取得されなければならない。なぜなのだろうか。主な理由は後知恵バイアスである。警察が嫌疑のかけられたテロリストの自宅を違法に捜索し、様々な武器を発見したとしよう。捜索を行った時点で警察は証拠があるとの直感を有しているに過ぎなかったことを理由に、捜索により得られた証拠を跳ね除ける裁判官はいるのだろうか。捜索後に直感の正しさが判明したと知っているとすれば、その直感の妥当性に疑問を差し挟むことは非常に困難である。

そうであるがゆえに、令状は捜索前に発布されるのである。裁判所は警察が知っていることを知っている。令状は一種のギャンブルのようなものだ。警察は犯罪の証拠を発見する相当な見込みがあると述べている。裁判官は、その掛け率が十分に確かなものか判断する。賭けが報われることになるかどうかはその時点では誰にも分からない。捜索で何が発見されたのかを知った後に、同じだけバイアスのかかっていない判断を下すのは非常に難しい。

心理学では、後知恵バイアスはよく知られた出来事である。それは「初めから知っていたよ」現象と呼ばれることもある。数えきれない研究がこの現象を確かめている。一九九一年の研究では、人々はクラレンス・トーマスが連邦最高裁判事に就任することが承認されるか予測するよう尋ねられた。上院の投票の前には、五八％の人がトーマスが承認されることになると予測していた。承認された後の調査では、七八％の人が以前からトーマスが承認されることになると考えていたと答えた(16)。彼が承認された後の調査では、人々は山の中の不安定な線路を発車しようとする有毒化学物質を積んだ電車について聞かされた。約三三％の人は事故が予見可能であり、電車はその線路を走行すべきではないと回答した。他の人々のグループは、電車は同じ線路を走って、脱線し、川に有毒物質を流したという話を聞かされた。そのグループのうち六六％の人は事故が予見可能であり、電車はその線路に沿って走行すべきではなかったと回答した(17)。後になって何かを知った場合、人はそのことを最初から予測できたはずだと考えやすい。後知恵バイアスは根絶することが困難である。現実の結果を無視して現実に起きたことを知らないと仮定するように言われた場合にすら、実際にそうすることは容易ではない(18)。

13-2　手続は機能するのか

令状は単なるゴム印なのか

裁判所はかなり高い頻度で令状を発付する。この事実は令状が、意味のある保護の形態ではなく、単にゴム印を押すだけの手続に過ぎないということを示唆しているかもしれない。しかし、令状が発付される割合の高さは、令状システムがうまく機能していないということを論証しているのではなく、法執行官がほとんどの場合、裁判所に不確かな捜索の要求をすることを差し控えているということを示している。法執行官は裁判官との間に信頼関係を築かなければならない。というのも、法執行官は他の事件でも令状を申請するために同じ裁判官に接することになるからである。もし裁判官が法執行官への信頼を失い、令状を承認することをやめるならば、裁判官の抵抗は将来の捜査を妨げることになるだろう。実際、大部分の事件において警察は捜し求めていたものを発見している。八〇％以上の割合で警察は発見するだろうと予測していた証拠の少なくとも一部を発見している(19)。この成功率は、令状が非常に大雑把に発布されてはいないことの証になっている。

令状は予想される脅威に対処できるのか

既に言及したように、一部の論者は令状と相当な理由は主として予防ではなく捜査のために設計されていると論じている。しかし、令状と相当な理由の要件は、予想される脅威を発見するように設計された監視と両立しないわけではない。相当な理由の要件は、単なる憶測、裏づけのない嫌疑、人種若しくは国籍、宗教の信仰又は政治的言論に基づいた監視を禁じるだろう。しかし、この要件は、政府が既遂の犯罪しか捜査することができないということを要求していない。将来の犯罪、とりわけテロリズムの計画は、それ自体が犯罪である。共謀を禁じる法は、違法行為を実行する合意をすることを犯罪としている。犯罪実行のための道具の入手や犯行現場の下調べといった、犯罪を実行するための最初の段階に進むことは、それ自体で未遂罪を構成する。したがって、もし政府が共謀者により将来の犯罪が計画又は議論されているという「合理的に信頼に値する情報」を有しているとすれば、政府は電子的監視に従事するための令状を得ることができるだろう。

合理性の基準？

法学者のアキル・アマーは、修正四条は長らく、捜索及び押収のために相当な理由に裏づけられた令状を用いることを要求していると誤って解釈されてきたと論じている。アマーは、修正四条は単に「合理性」を要求しているに過ぎないと主張している。[20]言い換えれば、政府が自ら為している事柄において合理的に行為している限り、修正四条の要請は満たされているというのである。

純粋な合理性の基準は、問題点が多い。刑事手続の専門家であるアンソニー・アムステルダムが嘆いているように、合理性の基準に対しては「漠然とした掴みどころのなさ」がある。[21]合理性は実に無定形であり、焦点をもたない。実務では、鋭さがなく、指導指針を欠く。[22]合理性の不透明な性質は、警察の裁量を適切に拘束することができない。更に、合理性はしばしば捜索後又は捜索中に判定されるため、判断を後知恵バイアスの問題への弱みをもつものにしてしまう。

13-3　令状と相当な理由を越えて

令状と相当な理由には、強力な推定が置かれるべきである。しかしながら、令状と相当な理由を要求することが法執行活動を妨げることになる場合もある。例えば、令状と相当な理由があまりに頻繁に要求されるならば、堂々めぐりによる解決不能のジレンマが生じてしまうだろう。すなわち、警察は相当な理由を得るために十分な証拠を発見する必要があるが、令状を得るために十分に相当な理由を有していないがゆえに、十分な証拠を入手することができないかもしれない。言い換えれば、警察は修正四条が令状と相当な理由を要求する前の段階で何らかの捜査活動を行うことができる必要がある。

警察は、あなたが違法薬物を密売しているとの匿名情報を得たとしよう。警察は令状なしにあなたの自宅を捜索することができない。しかも最高裁は、信頼できる情報源は相当な理由を示す上で十分なものとする一方で、匿名情報は相当な理由を示す上で十分なものではないと判断してきた。(23) それゆえ警察は匿名情報の裏づけとなるような更なる証拠を必要としている。この段階で警察はあなたを尾行したり、ゴミくずを捜査したり、第三者から記録を入手できるかもしれない。それらのいずれも今のところ修正四条により規制されていない。先に論じたように、それらの活動には修正四条の保護が及ぶべきである。しかし、それらの活動が修正四条により保護され、その種の情報収集を行うために令状と相当な理由が要求されるようになったとしたら、警察は行き詰まり、匿名情報を裏づけるための更なる証拠を収集することができなくなってしまうかもしれない。

一定の状況では、この問題は、令状と相当な理由の要件からの逸脱を正当化するかもしれない。すなわち、段階的な承認プロセスが機能することになるかもしれない。警察は手もちの証拠をもって裁判所に出向くことができる。もし証拠が相当な理由を構成するのに十分な場合には、警察は令状を得ることができる。もし証拠が相当な理由を構成するのに不十分な場合には、裁判所は捜査が一歩先の段階に進むことを承認するか検討することができる。その場合に法執行官は単なる憶測を越える証拠を提示して、手もちの証拠を裏づけとなるような更なる情報を入手するための限定的な手法を提案することになるだろう。そして裁判所は、警察があなたの出したゴミくずを調べるといった、捜査の次の段階に進むことを十分に正当化しているか否か判断することになるだろう。

いくらかの場面では、政府は特定の被疑者を念頭に置くことなく、より広範な形態の監視に従事することを求めるかもしれない。裁判所はそのような申し出を大きな懐疑をもって精査し、政府に令状と相当な理由が要求されるべきでない根拠を正当化するよう要求するべきである。もし政府が監視の手法を正当化することができ、その手法が合理的な限定を伴っており、単に憶測に基づいて違法行為を探し回るものでないならば、裁判所はそれに承認を与えるべきである。令状と相当な理由の要件から逸脱する場合はいずれも、以下の要請を遵守しなければならない。

1. 捜索は可能な限り限定的なものであるべきである。
2. 網羅的な捜索は制限されるべきである。
3. 令状と相当な理由なしに行われる捜索は、他の代替手段がない場合にのみ許される。
4. 政府は令状と相当な理由を要求されると捜索が非現実的なものとなってしまう理由を説得的に立証しなければならない。
5. 令状と相当な理由なしに捜索を行うことの価値は、プライバシー侵害や言論、結社及び宗教活動の萎縮といった当該捜索により生じる害悪を上回っていなければならない。
6. 人々の権利が適切に保護され、法執行官が裁量権を濫用することのないようにメカニズムが置かれなければならない。
7. 政府は、一定期間経過後に使用されていない情報を削除することを要求されるべきである。(24)

第14章　違法収集証拠排除法則を維持すべきか

私は、ある不法目的侵入事件で陪審員の一員だったことがある。ある男が学校の建物に侵入し、うろつき、怪しい雰囲気を醸し出し、空きの手提げ鞄をもっていた。男は警備員に出くわし、建物の中で何をしているのかと尋ねられた。男は雑誌購読の営業をしているのだと答えたが、雑誌も、パンフレットも、申込書ももっていなかった。男は筆記具すらもっていなかった。警備員は警察を呼び、男は不法目的侵入罪で逮捕され起訴された。

不法目的侵入罪で男を有罪とするためには、男は犯罪を行う意図をもって違法に建物に侵入していなければならなかった。我々、陪審員は無罪の評決を下した。我々はみな胸の内で彼が良からぬことをたくらんでいたのだろうと感じていたけれども、我々は男の意図が犯罪を行うことだったという十分な証拠があるとは考えなかったのである。我々は、男が建物の中をうろついていた理由について、より適した考えを我々に示してくれるような、より多くの証拠があったならば良かったのにと思った。我々はどちらかといえば男が何かを盗もうとしていたのだろうと考えていたが、誰かに有罪の評決をするためには、検察側が自らの主張が合理的な疑いを越えていることを立証しなければならず、この事件では、その水準が満たされていなかったのである。

公判の後、私は検察官と話をする機会をもった。検察官は証拠の鍵となる部分は排除されていたと私に語った。男の鞄の中には侵入窃盗用の道具一式があった。この事実は、政府が修正四条に違反して証拠を入手した場合に公判から当該証拠を排除する「違法収集証拠排除法則」（exclusionary rule）〔訳者注：以下、「排除法則」と訳すことがある〕に基づいて陪審員の目に入らないようにされた。この事件では、警察が修正四条により求められる適切な手順に従うことなく男の鞄を捜索したので、検察官は男の侵入窃盗用の道具を証拠として用いることができなかった。仮に私がその道具について知っていたならば、間違いなく有罪の評決に票を投じていたであろうし、疑いなく他の陪審員たちも同じように票を投じていただろうと思う。排除法則の結果として、罪を犯した男が有罪の評決を免れることになったのである。このことは修正四条が遵守されるように保証するためには高過ぎる費用なのではないだろうか。

排除法則は、修正四条を執行するための主要な方法である。排除法則は政府が修正四条を尊重するように保証しているが、多大な代償も伴っている。映画やテレビで、あざ笑った犯罪者が法廷から大股で歩いて出てくるところを、警察が「細かな法技術的問題」について不満をのべるシーンを目にするときは、十中八九、排除法則が働いている場面である。

排除法則は、活発な論争を巻き起こしてきた。排除法則を好んでいる者はほとんどいない。その支持者ですらその不格好なところを認めている。しかし、プライバシーの擁護者は、排除法則は必要悪であり他の代替手段よりも望ましいものであると主張して、それを強く擁護している(1)。

排除法則は政府が修正四条を遵守するよう保証するための最善の方法なのだろうか。長い間、私はそのとおりだと考えていた。しかし今ではそうは考えていない。本章で私は自らの考えの変化について説明することにしたい。

14-1　ドリー・マップの自宅の捜索

どのようにして排除法則は生み出されたのだろうか。排除法則は長いこと存在してきたが、連邦最高裁が修正四条の違反に対して排除法則の適用を命じたのは一九六一年になってからのことである[2]。その年、最高裁は警察による常軌を逸したふるまいに関わる事件に直面していた[3]。

ドルリー（ドリー）・マップは、二八歳のアフリカ系アメリカ人の女性であった。三名の警察官がドアの前に来たとき、彼女は娘とともに自宅にいた。その少し前に、爆弾により（後に有名なボクシングの興行主となる）ドン・キングの自宅が爆破された。警察は被疑者の追跡中で、被疑者と付き合いのある男の所有する車がドリーの私道に駐車しているのを発見した。警察官はドアを強く叩き、彼女の家に立ち入って捜索することを要求した。ドリーは窓越しに警察官と話した。弁護士に電話した後、彼女は警察に令状なしに警察を自宅の中に入れないようにと弁護士から助言を受けたと話した。

更に四名の警察官が到着した。警察官はドアを叩き続けたが、ドリーは応答するのを拒んだ。そこで警察官は裏口から押し入った。ドリーはひどく立腹して警察官に立ち向かい、令状をみせるように要求した。警察官の一人が一枚の紙切れを手にとったところ、ドリーはそれを奪い取り自身の胸部に押し込んだ。警察官は彼女を摑んで、紙を奪い返し、彼女に手錠をかけた。そうして彼女の自宅を捜索したが、爆破に関する証拠を発見することができなかった。しかし、警察官は彼らがわいせつだと考える数冊のポルノ冊子を発見した。そこでドリーをわいせつ法違反の容疑で逮捕した。

公判においてドリーは、警察の押収したポルノ冊子を証拠に入れることは認められるべきではないと主張した。ドリーの自宅の捜索は明らかに修正四条に違反している。警察はドリーの自宅を捜索するための有効な令状が必要だったが、警察は令状をもっていなかった。警察がドリーにちらっと見せた紙切れは令状ではなかった。実際、その紙切れは奇妙なことに公判が始まる前に消え失せた(4)。

最終的に、事件は連邦最高裁に行き着いた。マップ対オハイオ州事件（マップ事件）において最高裁は、修正四条に違反して発見された証拠は公判から排除されなければならないと結論づけた。最高裁は、排除法則は政府が修正四条に適切な尊重を示すことを保証するために不可欠なものであるとの理由をのべた。「政府が自身の法を守り損ねること、ましてや、自らの存立基盤となる憲章を無視することよりも素早く政府を破壊しうるものは何もない(5)。」。

排除法則の背後にある思想は、それによって修正四条の違反を、あたかも最初から違反が起きなかったかのように消し去るというものである。ドリー・マップの事件についていえば、警察が修正四条に違反したばかりにポルノ冊子について知ったのであるから、警察が彼女に対してポルノ冊子を証拠として用いることは認められるべきではないということになる。

排除法則をアメリカの法としたマップ事件判決の法廷意見は、即座に非難を呼び起こした。ニューヨーク市警察本部長は、排除法則が、「高波や地震」と同様に、法に「衝撃的な効果」を及ぼすだろうとの見方を示した(6)。以来、排除法則をめぐって論争が起こされてきた。

ドリーの事件には興味深い後日談がある。最高裁での勝利の後、彼女はニューヨークに引っ越した。数年後、警察は盗品譲受の容疑で彼女の自宅を捜索した。このとき警察は求めていた盗品の電子機器と骨董品を発見した。警察はまた五万袋のヘロインも発見した。以前の警察による捜索とは違って、ニューヨーク市警は、捜索令状をとっていた。ニューヨーク市警は令状をとらなければならないと知っていたし、おそらくドリー・マップの事件のおかげでそのことをよく知っていたのである。ドリーは有罪とされ、一二年の拘禁刑の判決を受けた。

14-2　なぜ違法収集証拠排除法則があるのか

修正四条は、いかに執行されるべきかについて何も述べていない。修正四条は、捜索及び押収が不合理なものであってはならず、令状は相当な理由により裏づけられたものでなければならないと述べているに過ぎない。修正四条の文言は違反の効果として何が発生するかについて何も述べていない。救済方法なきルールは、毒針をもたない蜂のようなものである。救済方法がなければ、たやすく無視されうる。そうであるがゆえに、修正四条は執行メカニズムを必要とするのである。排除法則は過去半世紀にわたり、執行メカニズムとしての役割を果たしてきた。実のところ、排除法則は多くの長所を有している。

公正

最も基本的なレベルにおいて、排除法則は単純で公正なものにみえる。すなわち、あなたがルールを破って何かを手に入れた場合には、それを手元においてそれから利益を得ることは認められるべきではない。あなたはそれを返還すべきである。排除法則が行っているのは、このようなことである。政府は自らの違法行為から利益を得られるべきではない。排除法則は、原状回復の一形態である。すなわち、排除法則は、違法に証拠をもち去られた被告人に証拠を返還しているのである。排除法則は、政府が修正四条に違反しなかったとしたら物事があったであろう状態に戻すことを試みる点で、排除法則には財産に関する作法についての良識が備わっている。

抑止

排除法則を支持する主要な論拠は、それが修正四条を違反することに対する好ましい抑止として働いているというものである。もし警察が修正四条を違反することにより入手した物品が無価値なものになるということを知っていたら、不適切な方法で証拠を入手する理由は存在しなくなるだろう。法執行官は犯罪者を有罪にすることを求めている。修正四条違反は、この目標を妨げることになる。排除法則は適切な修正四条の手続に従うように警察に強力なインセンティブを与えているのである。例えば、ドリー・マップの事件において、警察は彼女の自宅を捜索する前に有効な令状を得ることができたはずである。もし警察が令状を得ていれば、警察は自ら発見した証拠を利用することができただろう。排除法則は、ドリーの自宅の捜索が時間の無駄使いであったことを明確にしている。

訴訟で争うインセンティブ

排除法則の補助的な長所として、それが被告人に修正四条上の権利のために立ち上がるインセンティブを与えることが挙げられる。政府が修正四条に違反した場合でも、誰かが訴えないことには結果は何も変わらない。もし被告人が修正四条違反について訴えることで利益を得られないのだとしたら、わざわざそのような手間はかけないだろう。排除法則は被告人に対して、裁判所に修正四条に違反する行為を裁判所に気づかせ、それを訴訟で争うように誘引を与えているのである。

14-3　違法収集証拠排除法則に伴う問題

私は長らく一般的な通念を信じ、排除法則を受容してきた。しかし、しだいに私はそれに幻滅を感じるようになった。排除法則がもっている長所にもかかわらず、その短所はいまや私にとってあまりにも重大なものであると映るために、排除法則を許容することができなくなってしまった。

社会全体へのペナルティ

排除法則は、警察のみならず社会全体に罰を与える。ベンジャミン・カードーゾ判事が、排除法則に関して、「保安官がしくじったがゆえに犯罪者は自由の身となることができる」と警告したことはよく知られている。(7) もし警察が失敗をしでかして修正四条に違反し、連続殺人犯が野に放たれたら、警察のみならず、誰もが苦しむことになる。

もっとも現実には、排除法則により実際に自由の身になった犯罪者はわずかな数しかいない。大多数の場合、排除法則は証拠の一部分のみを排除し、犯罪者を有罪にするための他の多くの証拠が残される。(8) 排除法則が犯罪者を野に放つことはめったにないが、ときに判決の刑期を短くすることがある。排除法則により重要な証拠が排除される事態に直面して、検察官は被告人とより寛大な司法取引を結ぼうとする。しかし、このような結果はおそらく、修正四条違反を抑止するのに十分なほど意味のあるものではない。

排除法則の抑止効果に関する実証研究については様々な見解が入り混じっているが、多くの研究は排除法則が修正四条の違反を十分に抑止していないことを示している。(9) 法学者のクリストファー・スロボギンが述べているように、排除法則は、証拠が排除された場合に修正四条違反を抑止することに失敗しているのみならず、司法への敬意をも損なっている。(10) このように排除法則は、社会の犠牲の下で被告人を助けているのである。

比例性の欠如

排除法則は、いかなる意味でも比例性を欠いている。使えなくなった証拠が示しているのが極悪犯罪か軽微な違法行為かを問わず、排除法則は、肉切り包丁のように、衡量や費用の考慮なしに証拠を切り落とす。

テロリストがニューヨーク市を放射能汚染爆弾で破壊する計画を立てているとしよう。警察はテロリストの自宅を捜索し爆弾の部品を発見した。しかし、警察は小さな不手際をしでかし、結果として捜索は無効となった。排除法則のために、テロリストが都市全体を全滅させることが可能なはずだったとしても、捜索により発見された証拠は排除されることになる。この場合に、修正四条違反を予防することは、証拠を排除することに伴う費用に見合う価値があるようにはほとんどみえない。

犯罪者の救済

警察が違法に個人の自宅を捜索したとしよう。警察は何も発見することができなかった。その人は無実だったので、公判もなければ、そこから排除すべき証拠もないことになる。排除法則は、無実の人に対するプライバシー侵害又は警察が自宅中に群がったことへの当惑と怒りへの救済のために何もしてくれない。

一方、警察が個人の家屋で大量の盗品を発見したとしよう。その人は強盗の罪で裁判にかけられた。この場合、彼は排除法則を用いることができる。皮肉なことに、彼が無実だとしたら排除法則は何の手助けもしてくれないが、有罪だとしたら排除法則は非常に有用なものとなる。

修正四条の保護範囲の縮小

排除法則にまつわる最大の問題は、それが修正四条を弱小化してきた点にある。グイド・カラブレイジ判事が述べているように、「私の経験では、排除法則は、アメリカにおけるプライバシー権の深刻な衰退に大いに責任を負っている。(11)」。裁判官は公判から証拠を排除するのを好まない。修正四条の違反を認めることの結果が非常に重大なので、容易な逃げ道は修正四条の違反を認めないというものになる。このように排除法則は、裁判所が修正四条の適用範囲を可能な限り狭いままに留めておくことを奨励している。

刑事手続法の専門家であるイェール・カミサーが主張しているように、「真剣に取り扱われる小型化された修正四条は、理論的世界の中にのみ存在する壮大で堂々とした修正四条に比べれば、良い考えである。(12)」。しかし、彼の見解の問題は、現在の修正四条があまりにも小型化されているために真剣に取り扱われているとはいえないということである。現在の修正四条の保護範囲は非常に狭いため、あまりに多くの政府の行為を規制の外側に置いている。

更に、排除法則は、人々の修正四条への敵意を生み出している。人々は修正四条の保護の結果として犯罪者が恩恵を受けているところを見て、修正四条の権利に対する尊重を失っている。修正四条違反を理由に証拠を排除した裁判官は、我々の憲法上の権利を執行した英雄として賞賛されるのではなく、のけ者として酷評されている。

14-4　解決に向けて

私は今や、排除法則はおびただしい問題を生じさせており、総合考慮すると、修正四条を執行する悪しき方法であるという結論に達した。おそらく複数の手法の組み合わせが、実現可能な代替手段としての役割を果たすことになるだろう。解決法について議論する前に、修正四条のための実効ある救済手段がなさなければならない鍵となる事柄を理解しておくことが重要である。

1. 抑止。修正四条の救済手段は、十分に違反を抑止しなければならない。救済手段は、それがあるために警察官に修正四条を遵守させるのに十分なほど警察官が嫌がるものでなければならない。
2. 尊重の表明。救済手段は修正四条に適切な尊重を表明するものでなければならない。救済手段が些細なものだとしたら、我々は修正四条の権利は重要なものではないということになってしまうだろう。修正四条の違反に対する制裁は、人々の権利が真に重要なものであるということを表すほど深刻なものでなければならない。
3. 奨励。被告人が修正四条違反に挑戦するためのインセンティブがなければならない。さもなければ、ほとんどの人は立ち上がることなく法執行官が修正四条に従うことを求めることもないので、法執行官は修正四条を無視することができると認識してしまうだろう。

そこで私は以下のような手法の組み合わせを提案する。

抑止と訓練

修正四条の違反を抑止するために、裁判所は違反を犯した法執行官に矯正的な修正四条の訓練プログラムを命じるべきである。その場合、法執行官は訓練プログラムを修了するために、試験に合格しなければならない。法執行官は日々を訓練と試験準備に費やすことを好みはしないだろう。矯正的な訓練プログラムは、おそらく排除法則よりも違反を抑止するだろう。ある研究が明らかにしたように、裁判所が警察の捜索が修正四条に違反していたと判断した場合に、警察はしばしば警察官にそのことを知らせていない。この研究の著者は、修正四条により何が許され何が禁じられているかについて警察官にクイズも出している。警察官は質問の約半数を上回る程度しか正答できなかった。この研究の著者は、「警察官が何が違法なのか理解していないとすれば、彼らが違法行為に携わらないように抑止することはできない」と結論づけている。[13] 排除法則とは対照的に、訓練プログラムは、法執行官に彼らが従わなければならないルールについて教えると同時に、ルールの違反を抑止することができる。

外部の監督

各地の警察と連邦の法執行機関は、法執行官を訓練し、修正四条に対する尊重を促進するためのインセンティブをもっていなければならない。このようなインセンティブを作り出すため、裁判所は年ごとに、その規模に比して修正四条の違反の割合が高い法執行機関を調査し監督するための独立した専門家を任命すべきである。違反の割合が一定の基準以下に低下した場合には、司法の監督は終了する。法執行機関は、司法により命じられた外部の監督を避けることを求めるので、この手法は法執行機関に自身の内部の監督を改善するよう奨励することになるだろう。

透明性と説明責任

すべての違反が、記録され公表されるべきである。今のところ、我々は修正四条がどの程度侵害されているのかについてほとんど知らない。違反の記録をつけることにより、各地の警察間で違反の割合を比較することが可能になり、説明責任の向上を促すことになるだろう。

法令遵守に対する報奨

今のところ、法執行官が修正四条の権利を尊重することに対する報奨はほとんど存在しない一方で、熱心に犯罪を捜査することに対しては多くの報奨がある。報奨はより衡量のとれたものである必要がある。修正四条を適切に遵守した法執行官には特別手当と賞が与えられるべきである。

罰金

被告人が裁判で争うためのインセンティブが存在しなければならない。修正四条違反は、警察又は政府の法執行機関から被告人に支払われる罰金により罰せられるべきである。罰金の額は、犯罪者への賠償の支払いに前向きではないであろう陪審ではなく、裁判官によって決められるべきである。罰金には最低額が設けられるべきである。最低額は常軌を逸した額ではないものの、何らかの重みをもつ額とされるべきである。修正四条に関する論点を裁判で争う上で弁護士が熱心に仕事をするよう奨励するための弁護士費用にも最低額が設けられるべきである。故意による違反の場合には、過失による違反の場合よりも高額な罰金が課せられるべきである。

悪意

ほとんどの事件において証拠は排除されるべきではないが、排除法則は依然として限られた状況において適用されるべきである。裁判所が法執行官は修正四条を悪意をもって侵害したと認定した場合には、証拠の排除が救済手段として推定されるべきである。というのも悪意をもった侵害は罰金又は訓練にはそれほど反応しないからである。例えばマップ事件には悪意が関与していた。警察は令状が必要だと知っていたのに、令状をとらなかったので、令状であるかのようなふりをして紙切れを手に取った。警察はどうすれば良いか知っていたが、気に留めなかった。マップ事件では、証拠の排除は適切な救済手段であった。一方、過失による違反又は修正四条のルールが明確ではない場合には、証拠は排除されるべきではない。

アメリカとは異なり、多くの国では、強制的ではなく裁量的な排除法則が採用されている。裁判官は証拠を排除するかどうかについて選択することができる。例えば、イングランドとオーストラリアでは、裁判所は警察が明確なルールに違反した場合に証拠を排除する可能性が高い一方で、違反されたルールが明確ではない場合には証拠の利用を許容する可能性が高い。カナダも裁量的な排除法則を有している。ドイツも、裁量的な排除法則を用いて、プライバシー権を「あらゆる関連する証拠を提出させる社会の利益」と衡量している(14)。法学者のクレイグ・ブラッドレイは排除法則に対する様々な国のアプローチについて広範に研究し、以下のように結論づけている。「裁量的なシステムは、それが明確で成文化されたルールに基づいており、かつ、裁判所（とりわけ、その国の最上位の裁判所）により真剣に取り組まれる限り機能することができる(15)。」

14-5　違法収集証拠排除法則の廃棄

しぶしぶながら、排除法則は長きにわたり修正四条を執行するのに必要なものとして受容されてきた。しかし、排除法則は多くの人が想定しているほどには健全に機能していない。憲法上の権利に対する尊重を奨励する代わりに、排除法則は警察と人々を修正四条に対して敵対的にさせている。一般的な通念を再検討し、排除法則を乗り越えるときがきたのである。

第15章　刑事手続法としての修正一条

法執行官があなたの政治的信念、信仰、読書傾向、あるいは、あなたが書いたり他人に語ったりしたことについて知りたいと思っているとしよう。法執行官はあなたがアマゾン・ドットコムから購入した書籍の記録を得ようとする。法執行官はフェイスブックにあなたが交流している人々のリストの提供を求める。政府がこれらの捜索を行おうとした場合、あなたはどれだけの保護を受けられるだろうか。

通常、答えは、刑事手続法と呼ばれる法分野から導き出される。前章までで論じてきたように、アメリカ憲法の修正四条は、政府があなたに関する情報をいかに収集することができるのかについて規制を行っているが、今のところ修正四条はあなたに満足のいく保護を与えることに失敗している。

しかし、それらの捜索は、あなたの修正一条の権利にも影響を与える。修正一条は、言論、結社、思想及び信仰の自由を含む、様々な権利の広範な集積から成っている(1)。政府があなたに関する情報を収集していると知ったならば、あなたは修正一条の権利を行使することを抑制されかねない。この場合、修正一条は保護してくれるのだろうか。

この問いが発せられることは珍しい。法律家や裁判官は通常、修正一条を刑事手続に関連するものとは考えない。ロースクールでは、修正一条と修正四条は別々の授業で教えられる。修正一条と修正四条は、相互にほとんど関わりをもたない別個の法領域として理解されているのである。

本章で私は、修正一条は、修正四条と並んで、刑事手続法の法源として考えられるべきであると論じる。それは修正一条が果たす大胆で新しい役割であるが、私が示そうと思っているように、それは修正一条に相応しい役割である。

15-1　共通の歴史

修正一条と修正四条は、共通の歴史を分かちもっている。両者は、政府の言論、宗教、信仰及び結社に対する審問に触発されて生じた(2)。例えば、一八世紀の英国では、政府の批判を抑圧するために、しばしば扇動的名誉毀損に対する訴追が活用され、植民地においては一〇〇〇件以上もの扇動的言論に対する訴追が行われた(3)。それらの事件のいくつかは、アメリカの憲法起草者に強い影響を与えた。とりわけ、ニューヨーク植民地において一七三五年にジョン・ピーター・ゼンガーが扇動的名誉毀損により裁判にかけられたが、陪審が彼に無罪を宣告するために法を無視したことは起草者に強い影響を与えた(4)。ある論者の言葉を借りれば、ゼンガー事件は、「植民地において人々の心を掻き立てたプレスの自由の炎のるつぼとして」の役割を果たした(5)。

英国でおきた別の事件であるウィルキス対ウッド事件も、植民地において巨大な熱狂を生み出した(6)。当時の悪名高い人物であったジョン・ウィルキスは、常に借金を抱え、いつも口論に巻き込まれ、しばしば決闘を挑む放蕩者であった。彼は大酒を飲むのを好み、情婦や愛人たちとの交際を愛した。彼は、最も醜い存命の人物の一人として知られ、三〇歳で歯を失った。彼は毎日を議会に座る時間とロンドン塔に座る時間とに分けて暮らしていた(7)。

しかし、ウィルキスは、ありそうにない英雄、自由の偉大な闘士の一人となった。一七六二年から一七六三年にかけてウィルキスは、「北ブリトン人」と題された匿名の冊子のシリーズを出版した。シリーズの四五号では国王を鋭く批判していた。(8) 政府の官吏は北ブリトン人四五号に関わりのあるすべてのものを捜索することを承認した一般令状を手にし、ウィルキスの自宅を捜索して書類を押収し、彼を逮捕した。(9) このような一般令状は当時においてありふれたものであり、プレスを口止めし、政治的な反対派を抑えるために用いられていた。(10)

ウィルキスは、一般令状に挑戦するために訴訟を提起した。公判において首席裁判官のプラットは、政府が一般令状を用いる権力を有しているとすれば、「政府は疑いなく王国中のあらゆる人の身体及び財産に影響を与えることができ、臣民の自由を完全に覆すものとなる。」と陪審に説示した。(11) 陪審はウィルキスに無罪の評決を下し、事件は伝説の題材となった。この事件は、プレスの自由にとっての巨大な勝利であるとみなされ、英国のプレスは事件に関するニュースが遠く広く行き渡るようにした。「45」という数字がロンドン中にチョークで描かれ、ベンジャミン・フランクリンはロンドン訪問後に、一五マイルにわたり「45」という数字がほとんどすべての扉に印されていたのを目撃したと記している。(12) 英国で英雄として歓迎されたウィルキスは、アメリカの植民地でも闘士とされた。(13)

ウィルキス事件の二年後、扇動的名誉毀損の捜査においてジョン・エンティックが一般令状に異議を申し立てた。ウィルキスと同様に、エンティックの自宅も捜索され、書類を押収された。エンティック対キャリントン事件において、カムデン卿（ウィルキス事件判決の執筆者であり、その当時のプラット首席裁判官）は、一般令状について熾烈な批判を表明した。(14) カムデン卿は、一般令状によって個人の「邸宅はくまなく捜される。彼が訴追される理由とされた書類が、何らかの権限ある裁判所によって犯罪であると認められる前に、そして、書類の中で書いたこと、公表したこと、又は関心をもったことのいずれかにより彼が有罪とされる前に、彼の最も価値のある秘密が彼の占有からもち去られる。」と述べた。(15) エンティック事件の話題も植民地において歓呼を伴って迎えられた。ウィルキスとカムデン卿は大変尊敬されていたので、ペンシルベニア州のウィルキス・バレ、ニュージャージー州のカムデンをはじめ、彼らの名声にあやかって街の名前がつけられた。

刑事手続法の専門家であるウィリアム・スタンツが述べているように、修正四条は、「警察を規制することよりも、むしろ、自由な言論を保護することと多くの関わりをもつ伝統」から生じてきた(16)。

15-2　刑事手続と修正一条の権利

修正一条の保護の必要性

政府の情報収集は、個人が自らを表現し、他者と意思疎通し、新たな思想を探求し、政治団体に加わる能力を脅かす可能性がある。政府の調査に対する保護がなければ、無数の会話は決して生じなかったか、あるいは、より弱められた調子で行われていただろう。政府の調査は、表現の送り手から、率直な言論に不可欠なものとなりうる匿名性を奪うことによって、民主的な参加を減らしてしまう可能性がある。連邦最高裁は、匿名性を保護することは、不人気な見解に関する言論を促進するために必須なものであると判示してきた。「迫害された集団や分派は、歴史の時々で、匿名により抑圧的な慣行や法を批判することができたときもあったが、批判することが全くできないときもあった(17)」。

言論を保護することに加えて、修正一条は知的な探求を守っている(18)。政府の情報収集は、人々が論争的な本を読んだり、不人気な見解を研究したりすることを控えさせる可能性がある。結社の自由も政府のプライバシー侵害により鎮圧される可能性がある(19)。政府が構成員の情報を記録しているとしたら、人々は一定の集団に加入するのを躊躇うかもしれない。政府がジャーナリストに秘密の取材源を開示するよう命じる場合には、プレスの自由が危うくされる。このように政府の情報収集は、修正一条の権利の核心を突く可能性がある。

修正四条の保護は、ちょうど修正一条上の権利にとって最も重要な領域において後退してきた。結果として政府は、思想の伝達、著述及び享受に関わる情報の収集のために文書提出命令状を容易に用いることができるようになっている。(20) 文書提出命令状はしばしば司法の承認も、相当な理由の要件も、様々な制約もなしに発付される。(21) スタンツが指摘しているように、ビル・クリントン大統領の捜査において、ケン・スター特別検察官は、令状よりも文書提出命令状を多く用いていた。

警察とそれが有している捜査を行う権能よりも、大陪審とそれが有している文書提出命令状を発付する権能を用いることによって、スターのチームは欲しただろう、あらゆる事柄について調査する権限を手にした。というのも、捜索が典型的には相当な理由又は合理的な嫌疑を要求し、ときに令状を必要とするのに対して、対象者に不合理な負担を与えない限り、文書提出命令状は何も要求しないからである。そして、ほとんどの負担は不合理なものとはみなされない。(22)

何章か前に論じたように、最高裁は人々の情報が第三者から収集される場合には、修正四条は適用されないと判断してきた。不幸なことに、修正四条は、様々な記録又は文書が何を明らかにする可能性があるかにではなく、記録又は文書がどこにあるか、誰が所持しているのかに焦点を当ててきた。(23) 過去には、個人の書類や書簡はしばしば、その人の自宅に置かれており、そこでは常に強力な修正四条の保護を受けることができた。人々の会話は私的な場所か封をされた手紙の中で行われるため、令状なき政府のアクセスから守られることになる。だが、今日では、自宅にこもったネットサーフィンによって、離れた場所の第三者にデータの痕跡が残される。修正一条に関わる活動は、もはや自宅のような私的な場所に限られておらず、したがって、修正四条から恩恵を受けることができなくなっている。このように、修正四条は修正一条に関わる活動を巻き込むような政府の情報収集からの十分な保護を与えることができなくなっているため、修正一条は刑事手続の独立の法源としての役割を果たすべきである。

いつ修正一条は保護を与えるべきか

政府は、修正一条に関わる活動を直接禁じなかったとしても、修正一条に違反することがありうる。最高裁は、修正一条は政府が言論、結社、信仰又は思想の受領への「萎縮効果」を生み出すことを制限していると述べてきた(24)。裁判所は、政治活動の監視、匿名の送り手の特定、思想を匿名で享受することの予防、政治集団への加入の開示、読書傾向や言論に関する情報を入手するためのプレス又は第三者に対する文書提出命令状の執行を含む政府の情報収集は、広範な文脈で修正一条の自由を間接的に抑制したり「萎縮させる」と結論づけてきた(25)。例えば、本を購入した情報が犯罪に関わる共謀の公判であなたに対して不利に用いられる可能性があるとしたら、あなたは本を買おうと思わないかもしれない(26)。政府がウェブの閲覧履歴をあなたに不利な証拠として用いる可能性があると知っていたら、あなたは宗教的又は政治的なウェブサイトを訪問しようとしないかもしれない。刑事訴追されなかったとしても、一定の事柄を話したり読んだりすることにより、逮捕又は犯罪捜査の引き金を引くかもしれないという恐れは、あなたを抑制するのに十分きついものかもしれない。

犯罪捜査と訴追は、萎縮効果の考えられる唯一の原因ではない。多くの場合、政府は、具体的な罰と直に結びついていないものの、言論をなお萎縮させる可能性のある広範な情報収集に携わっている。例えば、人々は自らが監視リストに登録されているか否か決して知らないかもしれないが、政府は人々の言論又は結社に基づいてテロリストの監視リストを作成する可能性がある。あるいは、政府は何らかの知られていない将来の利用法のために、巨大なデータベースに人々の言論や読書傾向に関する情報を蓄積するかもしれない。これらの事例について、あなたが政府はあなたに関する情報を収集していると証明することは困難だろうが、政府の行為が必要以上に広汎で、多くの人々の権利を脅かしている場合には、修正一条の過度広汎性の法理はあなたが政府の行為の違憲性を主張することを認めることになるだろう。(27) 数多くの修正一条に関わる活動に襲いかかってくる政府の情報収集プログラムは、実質的な政府利益を達成するために厳密に設定されていないのであれば、憲法上許されない過度に広汎なものとみなされるであろう。

修正一条はいかなる水準の保護を要求すべきか

修正一条が適用される場合、政府の情報収集は、実質的な政府利益に仕えており、当該利益を達成するために厳密に設定された手段が採用されている場合に限り是認されることになるだろう。修正一条が、政府による特定の情報収集を完全に禁じることは稀であろう。政府利益が実質的なものである場合には、修正一条は、情報収集が行われる上で遵守されなければならない手続を命じることになるだろう。修正一条により命じられる手続は、修正四条により要求される手続と類似したものとなるだろう。多くの場合、修正一条は、法執行官に相当な理由に裏づけられた令状を取得することを要求することになるだろう。

15-3　修正一条の果たす新たな役割

あまりにも長い間、裁判所と学者は、修正一条は刑事手続に関連をもたないものだと考えてきた。しかし、修正一条に関わる活動が最も生じるであろう領域から修正四条の保護が後退していくにしたがって、保護を求めて修正一条に目を向けるべきときがきた。修正一条に基づく刑事手続は、正当化されるのみならず、政府による捜査の過程における修正一条の権利の侵害を防ぐ上で必須のものである。修正一条が修正四条とともに刑事手続の法源としての位置をもつべきときがきたのである。

PART 4

新技術

法はいかに
変化していく技術に
対応すべきか

第16章　愛国者法を廃止すればプライバシーは回復するか

二〇〇一年の九・一一事件の直後、アメリカ合衆国議会はテロリズムの阻止と回避のために必要な適切な手段を提供することによりアメリカを統合し強化するための法律（Uniting and Strengthening America by Providing Appropriate Tools Required to Intercept and Obstruct Terrorism Act）を成立させた（頭文字を取るとUSA PATRIOTとなるように作られた不格好な名前である）(1)。この法律は一般に愛国者法と呼ばれる。

愛国者法は現行の電子的監視関連法制に微調整を加えた雑多な内容の法令である。皮肉にも、その変更のほとんどは、九・一一事件とは直接関係があるものではなかった。この法律の大部分は、アメリカ合衆国議会の承認が下りなかった過去の司法省（ＤＯＪ）の一連の提案の焼き直しであった。九・一一事件の後、何かをしなければというアメリカ合衆国議会の意気込みを踏まえ、ジョン・アシュクロフト司法長官は、司法省に提案を求めた。司法省は過去の提案を引っぱり出してきて、アメリカ合衆国議会に提出した(2)。この時は、アメリカ合衆国議会は以前よりもすんなりと受け入れたのであった。

愛国者法は議論を呼ぶもので、すぐにプライバシー・安全論争の基点となった。マイケル・ムーアはドキュメンタリー『華氏九一一』において、多くのアメリカ合衆国議会議員が投票前に議案を読まなかったことを追及している。「愛国者としてなすべき唯一のことは、彼らにこれを読んであげることだ。」と彼は決心した。そこで彼は、アイスクリーム販売車に乗って、アメリカ合衆国議会議事堂の周囲を走りながら、拡声器を使って法文を読み上げ始めた(3)。

愛国者法の成立は、しばしばプライバシー権を骨抜きにした転換点とみなされている。私は無数の人と愛国者法について話してきたが、彼らはいつも愛国者法がプライバシーを殺したと嘆いていた。彼らの見解はどうも、愛国者法以前には我々は政府による監視に対抗する強力なプライバシー権を有していたが、愛国者法がこれを骨抜きにしたというもののようである。

しかし、これらの喧伝のすべては愛国者法そのものに注意を向け過ぎていて、法制度一般に対する関心の程度は不十分である。愛国者法に関する不満の多くは愛国者法が成立するずっと以前から法制度に存在していた問題と関係する。

例えば愛国者法が明日廃止されたとしよう。我々はプライバシーを取り戻せるのだろうか。多くの状況下において、全く取り戻すことができない。確かに、愛国者法には問題のある特徴がある。しかしそれは更に大きな氷山の一角に過ぎない(4)。愛国者法に起因する問題の多くはかなり長い間電子的監視関連法制に存在していた。本章において、私は電子的監視の問題は愛国者法によって始まったものではなく、その死と共に終わるわけでもないことを論じる。我々は電子的監視関連法制を全体として再考しなければならない。

16-1　愛国者法はインターネット・プライバシーを縮小したのか、それとも拡張したのか

愛国者法に対する多くの批判者は、電子メールやウェブサーフィンについてのインターネット・プライ

バシーの縮小を非難した。愛国者法の擁護者は、実際には愛国者法はプライバシーの保護範囲を拡張していると主張した。どちらかが間違っているに違いない、常識的に考えれば。ところが実際には、ある程度までは双方が正しいのだ。

愛国者法以前の電子的監視関連法制の仕組みを理解せずに、何が起こっているかを理解することはできない。愛国者法は白紙状態から起草されたわけではない。既に多くの法律が電子的監視を規制していた。まず、修正四条があった。修正四条が何かを保護する場合、その保護の程度は高い。（多くの場合、相当な理由に裏づけられた令状を要求する）。制定法が保護水準を切り下げることはできないが、保護水準を向上させることはできる。

修正四条に加え、一連の制定法上の規定が、電子的監視から我々を保護している。これが電子通信プライバシー保護法（ＥＣＰＡ）であり、これは傍受法、保存通信法及びペンレジスター法という三つの制定法がひとまとまりになってできている。これらの制定法は電子的監視の異なる側面を規制しており、提供される保護の程度も異なっている。この法律は愛国者法に先行しており、愛国者法の後もほとんど変わらずに存続している。

おおまかにいえば、電子的監視関連法制は「内容」に関する情報と「封筒」に関する情報で区別している。郵送する手紙を考えてみると、内容に関する情報は手紙そのものであり、封筒に関する情報は、受領者と差出人の住所を含む。同法は内容に関する情報を手厚く保護しているが、封筒に関する情報への保護は薄い。

内容と封筒の区別は、ある人が掛けた電話番号のリスト（封筒に関する情報）が修正四条によって保護されないという連邦最高裁の判決に基づいている[5]。しかしながら、電話の際に話された内容（内容に関する情報）は（修正四条による）保護の対象である。このような区別を把握した上で、アメリカ合衆国議会はこれを法律の中で体現した。内容に関する情報は傍受法と保存通信法によって規制され、プライバシーに対する保護の程度は高い。封筒に関する情報は、ペンレジスター法によって保護され、プライバシーに対する保護の程度は低い[6]。

（プライバシーの）保護の程度の違いはどのようなものだろうか。様々なものがある。傍受法は相当な理由に裏づけられた令状を要求する。これは、修正四条が要求するものと同じものである。また、傍受法はより多くのものを要求しさえする。すなわち、政府は電子的監視に代わる手法が有効でないであろうことを立証しなければならない。それ以外にも追加の要求も存在する[7]。対照的に、ペンレジスター法は令状や相当な理由を要求しない。政府にとって必要なのは、「入手される可能性が高い情報が……進行中の捜査に関連する」ことを保証することだけである[8]。政府がこの表明ができない場合を想像することは困難である。裁判所は、その政府の主張を支える証拠についての審査すら行わず、疑問をもたずに政府の言葉をそのまま受け入れなければならない[9]。

ペンレジスター法が封筒に関する情報に対する保護の程度を内容に関する情報よりもずっと低くしたことは誤っている[10]。封筒に関する情報は、ある人のプライベートな活動について多くのことを明らかにすることができる。ときには内容に関する情報と同程度（又はそれ以上）の場合すら存在する。我々は、何を話しているかよりも誰と話しているかについて秘密にすることの方により気を使う場合もある。実際、第15章で述べたとおり、我々のコミュニケーションの相手方のアイデンティティに関するプライバシーの保持は、修正一条の結社の自由の重要な構成要素である。封筒に関する情報は無害ではなく、封筒に関する情報に対する保護に関するプライバシーの利益は内容に関する情報と同様に重要である。

封筒と内容の区別の最大の問題は、いかにそれを現代の技術に適合させるかである。表2は、この区別が手紙及び電話においてどのように働くかを示している。電子メールについてはその区別を相当明確に図

表2　封筒と内容の区別

技術	封筒	内容
郵便	送信者と受信者の名前と住所	手紙
電話	発信され又は受信された電話番号	通信内容の会話

示することができる。送信者と受信者のアドレスを示す電子メールヘッダーが封筒に関する情報である。電子メールメッセージの本文が内容に関する情報である。

ところが、ウェブサイトの閲覧の場合はより複雑である。

IPアドレス

インターネットプロトコル（ＩＰ）アドレスはインターネットに接続されたすべてのコンピュータに割り当てられた固有の識別子である。例えば、86.116.230.181. といった番号である。それぞれのウェブサイトにはＩＰアドレスがある。一見、ＩＰアドレスのリストは、単なる番号のリストに過ぎない。これは、電話番号や住所に似た封筒に関する情報と類似するとも思われる。

しかし実際にはそれ以上のものである。完全なＩＰアドレスのリストがあれば、政府はあなたについて非常に多くのことを知ることができる。それは、これを使えばあなたのインターネット閲覧を追跡することができるからである。ＩＰアドレスから、政府はあなたが買い物をした店舗の名前、あなたが興味をもった政治組織、性的空想、健康に関する悩み等を知ることができる。このように、ＩＰアドレスは電話番号よりも多くのことを教えてくれる。電話の相手に関する情報が非常に多くのことを明らかにする場合もあり得るものの、ウェブの閲覧方法はあなたの私生活についてより多くのものを暴露する。それは、あなたが何を考え、何を読んでいるかを反映しているからである。

表３　典型的なＩＰアドレスの配列

IPアドレス	コンピュータ
92.220.180.20	アマゾン・ドットコム
83.450.320.111	あなたの家のコンピュータ
38.303.１.842	グリーンピース
29.404.60.201	あなたの仕事場のコンピュータ
39.40.098.202	スターウォーズファンのウェブサイト
172.171.０.12	アルコホーリクス・アノニマス〔アルコール中毒患者の互助団体〕
20.56.002.20	共和党全国委員会

ＵＲＬ

ユニフォーム リソース ロケータ（ＵＲＬ）はどうだろうか。あなたがブラウザでネットを閲覧をする時、ＵＲＬはブラウザの上の小さなボックス〔アドレスバー〕上に表示される。ＵＲＬはインターネット上の特定の情報の場所を指示する。これは住所のように思われる。一見すると、それは封筒に関する情報に似ているように思われる。

しかし問題ははるかに複雑である。例えばあなたが本を探してアマゾン・ドットコムを閲覧しているとする。あなたは私の書いた本に興味をもち、私の書いた「The Future of Reputation: Gossip, Rumor, and Privacy on the Internet（評判の未来：インターネット上のゴシップ、噂そしてプライバシー）」のページに行く。これがＵＲＬだ。

http://www.amazon.com/Future-Reputation-Gossip-Privacy-Internet/dp/0300144229/ref=pd_sim_b_1

ご覧のとおり、ＵＲＬは私の本の題名に関する情報を明らかにすることができる。それによってあなたがウェブを閲覧する際に何を

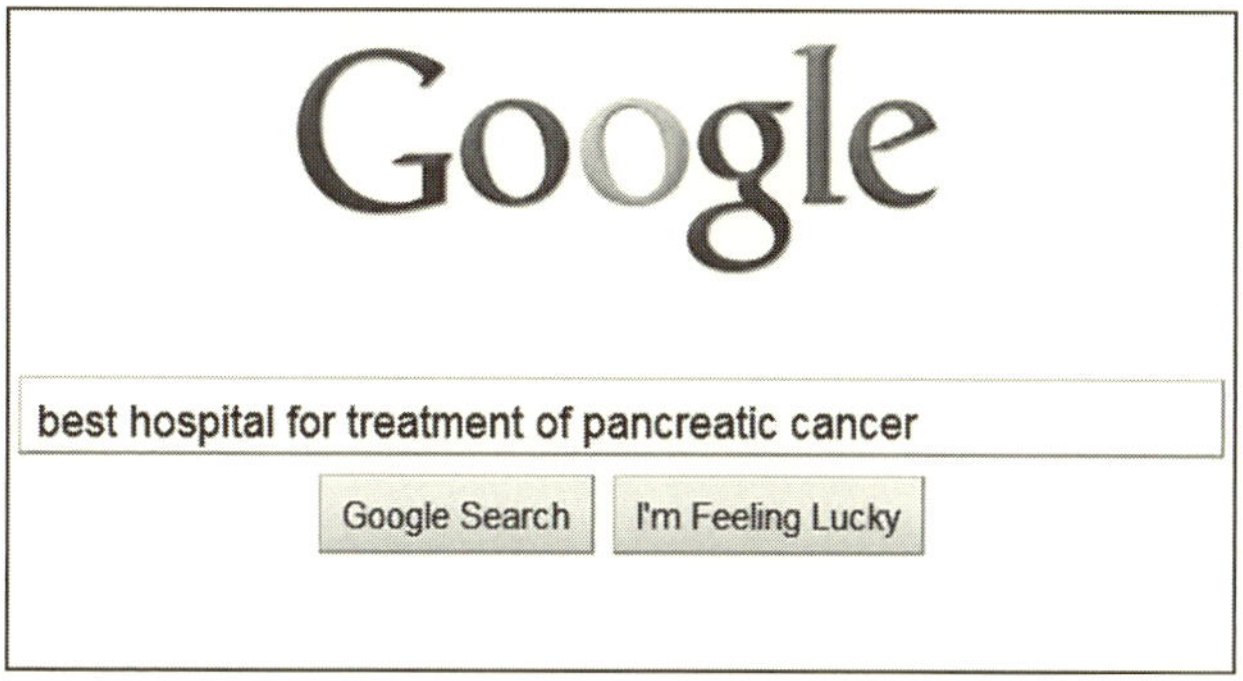

図1グーグル検索

見ているかを示すのだ。URLは検索語を含むこともある。例えば、あなたが膵臓ガンにかかり、治療法の選択肢について調査をしているとしよう。あなたはグーグルを開き、以下の内容を打ち込む。「best hospital for treatment of pancreatic cancer（膵臓ガンの治療のための最高の病院）」

すると、このようなURLの検索結果に飛ばされるだろう。

http://www.google.com/#hl=en&source=hp&q=best+hospital+for+treatment+of+pancreatic+cancer&aq=f&aqi=&aql=&oq=&gs_rfai=&fp=59568d73ba32e248

よく見ると、URLの中に検索語が入っているのが分かるだろう。あなたが入力したすべての検索の際に、検索語を含むURLが生成される。

URLは単なる位置情報よりも暴露的であるように思われる。URLはある人がどのようにインターネット検索をしているかという内容面を捕捉する。メディア学者のマーシャル・マクルーハンの有名な定理を改作すると、多くの状況下において「封筒は内容である[11]」。

表4　愛国者法の封筒と内容に関する見解の情報

技術	封筒	内容
郵便	送信者と受信者の名前と住所	手紙
電話	発信され又は受信された電話番号	通信内容の会話
電子メール	ヘッダー（To, From, CC）	電子メールの本文
ウェブ閲覧	IPアドレス，URL	ウェブサイトの文章

封筒か、内容か

愛国者法以前において、ＩＰアドレスやＵＲＬが封筒に関する情報か内容に関する情報かという問題は未解決であった。連邦最高裁はこの問題を修正四条の文脈で検討したことはなかった。少数の下級審が修正四条の問題について扱ったにとどまる。制定法についていうと、ペンレジスター法は電話について明確に述べている。ペンレジスター法は「電話回線において」「ダイアルされた番号」を記録する機器についてしか適用されない[12]。

そこに愛国者法がやってきた。愛国者法は、その定義を、電話回線を超え、様々な伝達方式における「ダイアルし、ルーティングし、アドレスを指定し、信号を伝達する情報」のすべてに拡張した[13]。

その変化は何を意味するのだろうか。愛国者法は、ペンレジスター法を拡張し、電子メールのヘッダー、ＩＰアドレス、そしてＵＲＬを含むようにしたように見える。それは、「ルーティング」や「アドレスを指定」する情報が含まれているからである。換言すれば、愛国者法は、電子メールのヘッダー、ＩＰアドレス、そしてＵＲＬがすべて封筒に関する情報であると宣言したように思われる（表4）。

プライバシー支持派は激怒した。すべてのアドレスの指定やルーティングに関するデータを封筒に関する情報として扱うこと、特にＩＰアドレスやＵＲＬをそのように扱うことは、それらを保護の程度が非常に程度の低い類型に分類することを意味する。しかし、愛国者法を擁護する立場から、法学教授のオーリン・カーは、ペンレジスター法の拡張は実際にはプライバシーの保護を拡大すると主張した[14]。もし修正四条が電子メールのヘッダー、ＩＰアドレス、そしてＵＲＬを保護しないのであれば（連邦最高裁で未解決の論点）少なくともペンレジスター法はこれを少しは保護しているのだから、何も無いよりもましである。

他方で、愛国者法は、既に存在する傷口に塩を塗った。愛国者法はこれらの新しい技術を封筒に関する情報として分類しようとし、それによって現在進行中のこれらがどのように分類されるべきかという論争の解決を宣言している。

皮肉にも、愛国者法はほとんどなにも解決しなかった。ペンレジスターの定義に埋め込まれたのは、入手する情報は「いかなる通信の内容も含んではならない」という（愛国者法によって加えられた）文言である[15]。もしＩＰアドレスやＵＲＬが内容に関する情報を含んでいれば、それはペンレジスター法の適用範囲外である。しかし、それこそが、拡張されたペンレジスターの定義が解決することが想定されていた問題なのである。結局、愛国者法は単にこの問題をはぐらかしただけなのだ。

16－2　愛国者法二一五条と国家安全保障書簡

愛国者法の中で、最も批判されている部分が二一五条である。愛国者法二一五条は、以下のように規定している。

連邦捜査局長官又は同長官の指名した者（ただし、その職位は副管理責任特別捜査官を下回ってはならない）は、国際テロリズム又は秘密の諜報行為からの保護を目的とした捜査のためにすべての有体物

し、そのような合衆国人の捜査は、同人による憲法修正一条により保護された活動のみに基づいて行われてはならない(16)。

アメリカ図書館協会は、この条項に反対する大々的なキャンペーンを実施し、これが政府によって特定の個人の図書館利用履歴を入手するのに使われる可能性があるという懸念を表明した。司書達の引き起こした騒ぎはあまりにも大きいので、このキャンペーンが「怒れる司書の攻撃」と呼ばれた程である。後にアメリカ合衆国議会は二一五条は図書に関する図書館利用履歴の入手のために用いられてはならないとの制限を立法化した（もっとも、コンピュータ利用情報の入手のために用いることは許容した）(17)。

愛国者法二一五条には問題があるものの、愛国者法の大部分と同様に、それ自体はそれほど新しいものではない。多くの類似の条項は愛国者法以前の電子的監視関連法制に既に存在していた。愛国者法以前においても、いくつかの連邦法は国家安全保障書簡（ＮＳＬ）を許可しており、それは愛国者法二一五条と非常に似た機能をもつ(18)。国家安全保障書簡の受領者は個人に関する多様な記録やデータを提出しなければならない。国家安全保障書簡は相当な理由、令状、そして司法的監督さえ必要としない。それに従うことが義務づけられている。ある概算によれば、連邦捜査局は一年間に約三万件の国家安全保障書簡を発行している(19)。愛国者法を廃止しても、愛国者法二一五条がなくなるだけで、国家安全保障書簡はなくならない。

愛国者法以前において、図書館利用履歴に対する保護はとても強いとはいえなかった(20)。多くの州法は、単なる文書提出命令状によって図書館利用履歴を政府が取得することを許可している。既に述べたとおり、文書提出命令状はほとんど何も保護してくれない。確かに、愛国者法二一五条は保護の程度を更に切り下げるものの、愛国者法二一五条以前の法制度は十分というにはほど遠かったのである。

16-3　愛国者法の象徴的意義

愛国者法は、すべての問題のある政府による情報収集の事例にとっての避雷針となった。確かに、愛国者法の多くの条文には問題があるが、重要なのは、愛国者法が、より大きな政府監視法制のごく一部に過ぎないことを認識することである。電子的監視関連法制の仕組みについて、その全体像を理解する必要がある。愛国者法以前から法制度には重大な問題があった。愛国者法を廃止したところで、プライバシーは戻ってこないのである。

第17章　法と技術の問題と、議会に任せろ論

例えば、政府が私の電子メールのメッセージを読みたいとしよう。私は、電子メールを溜め込む性分で、送受信した何千ものメッセージを保存している。これらは私の人生の詳細な肖像画を描く。いうまでもなく、私は政府当局者に私の電子メールアカウントを漁られないことを望む。

良いニュースは、いつ、どのように政府が電子メールにアクセスすることができるかについて規制する大量の連邦制定法があるということである。制定法は政府による情報収集の規制についてますます重要な役割を果たしている。一部の論者は、裁判所によって認められた憲法上の権利よりも議会が定める制定法のほうが、新技術の規制においてはるかに優れていると主張する。

では、連邦制定法は私にどのような保護を与えてくれるのだろうか。ここで悪いニュースがある。この問題への回答は驚くべき程難しいのだ。私は「たくさん」とか「少し」といった言葉で一般化をすることさえできない。私がいえるのは「場合による」ということだけだ。それは、私がどのような種類の電子メールシステムを利用しているかによる。また、私の電子メールがどのように保存されているかによる。そして、裁判所が、電子メールが広範な支持を獲得し、利用されるようになるずっと前に書かれた制定法をどのように解釈するかによる。後に、順序だてて回答をご紹介するが、それは単にあなたに目眩をさせるだけだ。

連邦制定法が電子メールにどのような保護を与えてくれるかという問題は本来は容易に解決されるべきものである。電子メールは、現在ではもっとも遍在するコミュニケーション方法の一つになった。簡単な回答がないなんてことが、どうしてあり得るのだろうか。

その理由は、法が新技術の取扱いに悪戦苦闘しているからである。制定法を好む人は、議会のほうが裁判所よりも良い仕事をすると主張する。しかし裁判官と議会は発展中の技術に関わるルールを作り上げることについては、どちらも同じ位に不適切なことがあり得る。解決策は「議会に任せろ」とか「裁判所に任せろ」と言うのではなく、議会と裁判所が協働して、技術の発展に伴い成長し、進化することのできるルールを形成することである。

本章において、議会に任せろ論を批評し、我々がいかにして変わりつつある技術を扱うべきかを探る。成立したルールすべてが一年後に時代遅れになるのであれば、法律はいつも追いつこうと息を切らすだろうが、それでも永遠に追いつくことができないだろう。この問題を解決できるのだろうか。私は、それができると主張する。

17-1　議会に任せろ論

電子的監視関連法制の権威ある専門家であるオーリン・カーは、裁判所よりも議会のほうが新技術と関係するルールの形成において優れていると主張する。(1) カーは、裁判所はこのような状況下では議会に対して敬譲すべきだと結論づける。彼がそのように論じる理由は、議会は修正四条を適用する裁判官よりも包括的なルールを形成することができ、また、制定法は修正四条に関する判例法よりもより明確であり、議会のほうが裁判官よりも技術の変化によりうまく対応できるからである。(2)

カーはすべての点において誤っている。まず、制定法は修正四条の保護よりも包括的ではない。アメリカ合衆国議会は多くの新技術を規制することができないできた。例えば、人々の動きを追跡するのに利用することができるGPSの規制はどこへいったのか。衛星監視はどうか。無線ID（RFID）はどうだろうか。熱パターンに基づき建物の中の動きを探知できる、赤外線画像装置はどうか。

アメリカ合衆国議会は様々なコンピュータシステムに保存されている我々に関する大量のデジタル事件記録への政府によるアクセスを規制する法律を制定してきたが、これらの法律には多くの穴がある。少なくとも二つの制定法が政府による金融データへのアクセスを規制しているが、金融データが保護されない場合がたくさんある。(3) 例えば、情報が雇用主、大家、商人、債権者、データベース会社等によって保有されている場合である。(3) これらの制定法は情報そのものではなく、誰が情報を保有しているかに焦点を当てている。同じ情報がある特定の第三者によって保有されれば保護されるのに、別の第三者によって保有されれば全く保護されない。このように、制定法による新技術の規制は全く包括的ではなく、保護がされている場合でも穴だらけになっている。

次に、制定法は修正四条の保護と同様に不明確である。いや、もしかするともっと不明確である。実際、カーは、連邦の電子的監視に関する制定法が「複雑であることは有名である。完全に見通せないというわけではないとしても。」(4) ということを認めている。裁判所は、これらの制定法のことを「霧」「入り組んだ」「わなが仕掛けられている」「混乱を招き、不確実である」等と描写してきた。(5)

更に、変化する技術に対応するルールの策定について議会は裁判所よりも優れてはいない。カーによれば、裁判所は議会と異なり「技術の変化に伴い迅速にルールを更新することができない。」(6) しかし、アメリカ合衆国議会もまた、多くの新技術を規制することができていない。ここ四半世紀におけるインターネット、電子メールその他の目眩がするような一連の新技術の発展の中で、アメリカ合衆国議会の行った電子的監視関連法制に関する主要な改正はわずか数回に止まる。そして一九世紀後半に電話が発明され、傍受が発展する中で、アメリカ合衆国議会は一九三四年まで傍受を規制しなかった。やっとできた制定法はすぐに無効であると判明し、この制定法は、法執行当局者と同様に、プライバシー支持派からも嘲りを受けるという「素晴らしい」業績をあげた。[(7)] 最後に一九六八年にアメリカ合衆国議会は傍受法を改正し、そこで電話を規制する法は最後の最後にまともな形になった。

その後、コンピュータ勃興時代がやってきた。その次の重要な大改正は一九八六年に行われた。その時、アメリカ合衆国議会はコンピュータが定着し、電子的監視関連法制に包含される必要があると理解した。そこで、電子通信プライバシー保護法（ＥＣＰＡ）を制定した。そしてそれ以降は……何も無かった。散発的に修正がなされたいくつかの法律はあったが、インターネットと電子メールに関する保護の基本構造はその後の二五年を通じてほぼ変わらなかった。二〇〇一年愛国者法は最も重大な変化を生じさせたが、それは主要な構造的大改正というよりも、むしろ微調整であった。

そこで、電子的監視関連法制の骨格は一九八六年の電子通信プライバシー保護法に基づく。その当時、私はApple IIeを使っていたが、不格好なモノクロのモニタ、フロッピーディスクドライブ、そして二〇頁を超える文書をかろうじて記録できるだけのメモリを積んでいた。電子メールやインターネットについては知ってすらいなかった。言うまでもなく、その後多くのものが変わった。

むしろ、歴史的記録は、新技術への対応においてアメリカ合衆国議会が本当は裁判所よりもはるかに劣っていることを示唆している。この歴史は驚くべきことではない。実際、アメリカ合衆国議会が制定法をアップデートし続けることを想像するのは困難である。連邦法がアメリカ合衆国議会で制定されるのは容易ではなく、多くの場合、法律を制定し、改正するためには関心が高まるための劇的な出来事が必要である。これに対し、裁判所は、ある事項がある事件で問題となる度に関与しなければならない。その結果、これらの問題はより頻繁にアメリカ合衆国議会よりも裁判所で処理される。

17－2　それでは、私の電子メールは保護されているのだろうか

私は、この章を、連邦制定法は私にどのような保護を与えてくれるのだろうかという質問で始めた。その回答は極めて複雑である。電子メールを規制する三つの制定法があり、すべてが電子通信プライバシー保護法の一部である。傍受法、保存通信法、そしてペンレジスター法である。それぞれの制定法が規定する保護水準は大きく異なっている。

傍受法は伝達過程で傍受される通信に関するものである。典型的な例は、電話のやりとりの傍受である。傍受法は政府が相当な理由に裏づけられた令状を取得することを要求し、その違反に対する厳しい罰則がある。(8) それ以外にも規制があり、修正四条よりも強力なものとなっている。

保存通信法は「電子記憶装置」の中にある通信を保護する。(9) 例えばＩＳＰのような様々な通信サービスプロバイダの加入者記録に対する法執行当局のアクセスを規制する。保存通信法は中間的な保護水準を規定する。そこで、多くの場合相当な理由に裏づけられた令状よりは強くない。

ペンレジスター法は政府のルーティング及びアドレス指示情報へのアクセスに関するものである。ペンレジスター法の規定する保護水準は極めて低く、ほとんどの場合に相当な理由に裏づけられた令状よりも弱い。(10)

私が利用する電子メールの種類、それがどのように保存されているのか、そして政府がそれにどのようにアクセスを試みるかによって、電子メールは傍受法、保存通信法の様々な部分、ペンレジスター法が適用され、又は、これらのどれも適用されない。

傍受法は、政府による伝達過程における盗み聞きに対する保護を規定する。例えば私があなたに電話をかけ、政府が電話回線を傍受し、聞き耳を立てたとしよう。傍受法の強い保護が政府を規制する。さて、ここで、私があなたに電子メールを送り、政府があなたの受信前にこれを読むとしよう。傍受法は適用されるか。そうかもしれない。電子メールは電話とは異なる通信経路を取る。私があなたに電子メールを送る場合、それはISPのところに行き、あなたがダウンロードするまでそこに止まる。もし政府が私のコンピュータからISPまで、又はISPからあなたのコンピュータまで転送される間にこれを入手すれば、恐らく傍受法の保護が適用されるだろう。しかし、もし電子メールがISPのサーバに保存され、あなたのダウンロードを待っている段階で、政府がこれを入手したらどうだろうか。この場合、電子メールは保存されているので、傍受法の適用範囲には入らず、保存通信法により保護される。その場合には保護水準が切り下げられる。

もし政府が私のウェブメールを入手しようとした場合はどうか。私は電子メールを私のコンピュータにダウンロードするのではなく、ブラウザから仕事用の電子メールメッセージにアクセスしている。私はGmailやYahooメールのアカウントももっている。しかも、読んだ後、これらのアカウントのアーカイブ化されたメッセージを保持し続けている。保存通信法は「電子的記録装置」にある通信を保護するので、保存通信法が適用されるようにも思われる。

しかし、答えはそれほど簡単ではない。ウェブメールの他の形式のほとんどが存在するずっと前に設計された制定法の構造にウェブメールはうまく適合しない。保存通信法はコンピューティングサービスを二種類に分類している。一つ目は電子メールに関する「電子通信サービス」（ECS）、もう一つはデータ処理と記録装置に関する「遠隔コンピューティングサービス」（RCS）である。これらの分類によって保護の程度が異なり、電子通信サービスは遠隔コンピューティングサービスよりもより高い程度の保護を受ける。私はこれらの分類の定義であなたを退屈させるつもりはないが、これらは非常に技術的であり、クラウド・コンピューティングのような現代的技術が電子通信サービスか遠隔コンピューティングサービスかそのいずれでもないかということについて多くの論争がなされている。

常識で考えると、ウェブメールは電子通信サービスのようにも思われる。それは電子メールサービスで、電子メールは電子的に保存されるからである。しかし「電子的記録装置」というのはコミュニケーションに「付随する」「一時的、中間的な記録装置」及び「そのような通信のバックアップによる保護の目的での電子通信サービスによるそのような通信の記録装置」と定義されている。[11] この文言は不格好で誤解を招く。ダウンロード前にＩＳＰのサーバ上に留まっている電子メールが「電子的記録装置」の中にあることは明らかである。これこそが、保存通信法の起草者が想定していたものである。保存通信法は、人々がモデムを使ってダイアルをしてコンピュータにダウンロードすることで電子メールにアクセスしていた時代に起草された。どれだけ先見の明があっても、アメリカ合衆国議会議員はグーグルのような会社が現れ、何ギガバイトもの容量の記録装置つきの無料電子メールアカウントを提供することを予見することはできなかった。一ギガバイトの記録装置すら、一九八六年当時は過剰に豪華であり、このような巨大な容量が開拓時代の西部の土地よりも迅速に無料で与えられるなんてことは、アメリカ合衆国議会議員にとってはＳＦの中の出来事という印象を与えただろう。

司法省の解釈によれば、メッセージが永久にある人のウェブメールにおいて保存されることから、電子メールはもはや一時的記録装置の中にはなく、「単なる遠隔操作で保存されたファイル」に過ぎないのだ。[12] また、電子メールメッセージは「バックアップ保護」のために保存されるのではないかもしれない。それは、ここでいうバックアップ保護というのはＩＳＰのためのものであって、ユーザによる個人的利用のためのものを意味するわけではないからである。[13]

そこで、この観点からは、私がメッセージをアーカイブするためにウェブメールを利用することは、電子通信サービスの定義には入らない。もしかするとそれはより保護の程度が低い遠隔コンピューティングサービスかもしれないが、それすら明確ではない。一九八六年当時の実務に基づき、法はコンピュータ記録装置の提供者が「記録装置又はコンピュータ処理」以外の目的でユーザのコンテンツにアクセスすると、もはや遠隔コンピューティングサービスではなくなるとする。Gmailやそれ以外のウェブメールサービスは、広告を届けるためにユーザのコンテンツにアクセスする。そこで、これは遠隔コンピューティングサービスではないかもしれない。

しかも、この話には続きがあるのだ。電子メールのヘッダー、つまり、私の電子メールの送信者／受信者の列は異なる制定法であるペンレジスター法により規制される。ここはもう少し詳しく説明できるところだが、これ以上の詳細の説明はしないでおくことにする。私の目的は、常に変化する技術を時代遅れのルールに適合させようとすることは混乱を招き、非生産的であり得ることを示すところにある。

17-3　法と技術の問題の解決

法と技術の問題は議会を裁判所より優先したり、その逆によって解決する事ができるわけではない。この問題は法的ルールが形成される方法に根ざしている。法制度は迅速に発達する技術に対応できるだけの十分な広範性と柔軟性をもつべきである。電子的監視に関する制定法は、（立法）当時存在した技術にあまりにも密着して構築された。だからこそ、技術の発達により時代遅れになるのは当然である。その結果、特定の形式の政府による情報収集に関する情報に対する保護の程度は、当該政府の侵襲がどこまで問題があるかによってではなく、法技術的な細目によって決定される。

強い制定法のプライバシー保護の引き金を引くことを回避するため、法執行当局は狡猾にも新技術を利用している。これらの技術は多くの場合極めて侵襲的であるが、論争は、果たして当該監視がこれらの技術が形成され又は現在の形へ成熟する何十年も前に発展した枠組みに当てはまるのかどうかというところにかかっているようである。

例えば、ある事案では、連邦捜査局はマフィアの一員と疑われたニッキー・スカルフォのコンピュータのパスワードを知りたいと考えた。捜査官は、彼のキー操作を記録するため、キーロガーシステムとして知られる装置を彼のコンピュータに取りつけた。そのキーロガー装置によって、連邦捜査局はスカルフォのパスワードを知ることができた。これは、彼の父親であるニッキー・スカルフォ・ジュニアの囚人番号であることが分かった。スカルフォは、キー操作記録装置は傍受に類似しており、傍受法が適用されるべきだと主張した。しかし、連邦捜査局は装置を設計した際に狡猾であった。キーロガーシステムは、スカルフォがオフラインのときにのみキー操作を記録するようになっている。そこで、この装置は伝達中のコミュニケーションを捕捉しない(14)。これは法の抜け穴を突くもののようにみえる。

電子通信プライバシー保護法の複雑な条文の適用という複雑な作業の中で失われたのは、新技術が効果的な法執行とプライバシーの間の適切な衡量を害するものかという問題である。基本原則は混乱の中で失われた。基本原則が技術を誘導すべきで、その逆ではない。制定法のパズルを熟考するのではなく、法は問題となっている本当の問題に焦点を当てるべきである。つまり、特定の技術がプライバシーに脅威を与えるか、危険は何か、それをどうすれば軽減し統制できそうか、である。

我々は（新たに）出現する技術に対応できるだけの柔軟性がある監視関連法制が必要であって、そのためにはその法制は基本原則から始めなければならない。第4章で議論したとおり、裁判所は議会に対して敬譲すべきではない。そうではなく、第12章で主張したとおり、裁判所は修正四条の広範な適用範囲を認識しなければならない。私はこれを適用範囲の問題と呼び、私は政府による情報収集が合理的に意味をもつ問題を引き起こす場合には、修正四条が常にこれを規制することを提案した。

それでは、裁判所は、どのような種類の広範な原則を修正四条から引き出すべきだろうか。これは、私が手続問題と呼ぶ分野に該当する。これは、修正四条が提供すべき監督と規制の種類が関係する。プライバシーと安全を規制する基本原理として少なくとも三つあると考える。

1．収集と利用を最少化する。政府は安全保障という目的実現のため必要な範囲を超えた個人情報の収集の程度を最少化しようとすべきである。一つの目的のために収集されたデータが後日予想外にもそれと無関係な目的のために利用されることがないよう、将来のデータの利用は制限されなければならない。そして、データは合理的期間を経過したら削除されなければならない。

2．個別化された嫌疑。個別化された嫌疑が関係する状況下にのみ行われるよう、政府はその情報収集を規制すべきである。第13章で議論したとおり、網羅的捜索は規制されるべきである。

3．監督。政府による情報収集と利用は有意義な監督下に置かれなければならない。政府当局者は、彼らの行動が制限され続けること、権限濫用を防ぐこと、その行動に説明責任を負うことを保証するために監視されるべきである。

これらが大雑把な原則である。議会の役割は、細部を埋めることである。裁判所は、修正四条の一般原則を満たす限り、制定法を尊重しなければならない。裁判所は単に裁判所が確立した一般的な修正四条に関する判例法に従って実施されなかったというだけの理由で、法執行当局の行為を違法と判断すべきではない。裁判所は、それが修正四条の原則を満たす限りにおいて、司法によって形成された修正四条に関する判例法から乖離した制定法の規定を受け入れるべきである。裁判所は、ルール形成において独占権を享有すべきではなく、そしてそれこそが裁判所と議会が有用な対話を確立することができる場所である[15]。

電子的監視に関する制定法は新たなベースラインに基づき書き直されなければならない。現在、電子通信及び監視を伴う多くの政府による情報収集の形態は制定法によっては保護されない。それは、新しい技術が当てはまらないからである。現在のベースラインは、（法律の規定に）当てはまるものでなければ保護されないということである。ベースラインは反対のアプローチへと変わるべきである。つまり、より広範で、包括的なものへと。法律は明示的に適用除外されない限り、すべての形態の政府による情報収集を規制すべきである。出発点として、政府による情報収集のほとんどの形態に相当な理由により裏づけられた令状を要求すべきであろう[16]。これは一般原則であり、それに対し、制定法に規定されたより緩やかな基準に基づくアクセスを認める個別の例外を設けるべきである。

このアプローチの鍵となる要素は、それが論争に再度焦点を当てるということである。この議論は、技術的な詳細についてというよりは、令状の手間がかかり過ぎる個別の事例についてのものである。技術が発達し続けることから、新たな装置がプライバシーに対する脅威を与えず、令状を取得することなく使う権限を与えられるべきであることについてアメリカ合衆国議会を説得すべき負担は法執行当局者に負わされるべきである。現行法の問題は、連邦捜査局が新技術を秘密のうちに試すことができるところにある。これらの技術が公衆に報告されなければ（ときにはそのような報告が抗議を誘発するのだが）連邦議会にとっては、これらの技術について調査をして、保護立法を制定する必要があるかについて決定するための圧力はほとんどないだろう。法執行当局に、アメリカ合衆国議会に対して新しい技術の利用についてのロビイングをする負担を負わせることは、これらの技術の費用と便益に関する必要な論争と議論を保証するだろう。

このシンプルなアプローチをより適切なものとするのは、それが現在の傍受関連法制の大部分の高度に技術的な規定よりも、変わりつつある技術に対してより適合的であるからである。このアプローチは、法執行当局が制限されかつ説明責任を負う中で、監視活動に従事することを認める。

第18章　ビデオ監視と公共空間におけるプライバシー否定論

一九九八年の映画『エネミー・オブ・アメリカ』の中で、ウィル・スミスは、腐敗した国家安全保障当局の犯罪の証拠をうっかり受領してしまった人の役を演じた。彼は冷酷な監視下に置かれ、どこにいてもカメラに捕らえられ、衛星によって監視され、自動追尾装置により追跡された。ハリウッドが想像力の翼を羽ばたかせ過ぎてできた戯言とはほど遠く、この映画における監視技術の大部分は事実であってフィクションではない。

大西洋を渡った英国では、四〇〇万台以上の監視カメラがロンドンやその他の大都市圏のほぼ隅々まで監視している。連続したテロリストの爆破事件に対応して一九九四年に開始した監視システムはCCTVと呼ばれる閉じた回路のテレビを通じて当局者に監視されるビデオカメラによって構成される(1)。

このようなシステムは合衆国で実施されるだろうか。「我々にはアメリカ合衆国憲法がある。」「しかし英国にはないから、アメリカでは政府はこのようなことはできない。」という人もいるかもしれない。しかし、これは間違っている。政府はビデオ監視を導入することができ、実際にそうしている。英国における中央集権的システムと異なり、合衆国における監視はより断片的である。しかしそれは拡大している。政府の監視カメラはいつも公共の場に設置されている。ワシントンDCには現在四八〇〇台以上の政府による監視カメラがあり、シカゴには七〇〇〇台がある。二〇〇六年の報告は、合衆国の都市の二五％が監視

カメラシステムに投資をしていたことを示し、それ以降も数が増え続けている。(2)

これを修正四条は規制するのだろうか。あらゆる電子的監視に関する制定法はどうだろうか。回答は、規制しない、である。公共空間のビデオ監視は、修正四条や電子的監視関連法制の保護の外に置かれている。本章において、私は公共空間におけるビデオ監視が規制されるべきであることを論じる。

18-1　なぜ法は公共空間におけるビデオ監視を規制しないのか

聞くことvs見ること

例えば、あなたがカフェで、外に座って友達と話をしているとしよう。政府は盗聴装置を設置して、あなたたちの会話を記録したとする。電子的監視に関する制定法の保護の適用対象か。そうである。傍受法は秘密の盗聴からあなたを保護する。これは秘密のうちに盗聴されたり記録されていないという期待をもつ場合に適用される。(3) あなたが外の公共空間にいて、何人かの他人があなたの会話を聞くことができるということは関係がない。あなたは依然として保護されている。

それでは、政府がテーブルの隣の縁石に停止したバンに隠しカメラを設置したとしよう。狡猾な政府当局はあなたとあなたの友達をビデオに記録し、有能な読唇術のもち主に会話を解読させる。あなたは、傍受法によって保護されるか。

今回は、あなたはツキに見放された。人の声が関係しないことから、無音のビデオ監視は傍受法による盗聴に対する保護の適用の対象とはならない。(4) したがってあなたは保護されない、あなたが外国の諜報員である場合を除いては。もしあなたが外国の諜報員であれば、政府はあなたを監視下に置くために裁判所の命令を必要とする。皮肉にも、外国諜報監視法（ＦＩＳＡ）は外国のエージェントに対するビデオ監視を規制する。政府は、「収集される情報の詳細な性質の説明及び監視対象となるコミュニケーションや活動の類型」を提出しなければならない。更に、政府は「当該情報が一般の調査手法によっては合理的に入手できない」ことを保証しなければならない(5)。その結果、外国のエージェントは秘密のビデオ監視からの保護を受けるが、合衆国市民の場合は違う。

電子的監視に関する制定法は政府があなたの会話を盗み聞きすることについて強い保護を規定しているが、政府があなたを監視することからは保護しない。この区別はあまり合理的ではない。ビデオ監視は音声監視と類似したプライバシーに対する脅威を伴っている。ある裁判所が述べたとおり、「テレビ監視は無差別的な性質において傍受や盗聴と同じである。ちょうど服を脱がせて行う捜索のほうが外から触って行う捜索よりも侵襲性が高いのと同様に、テレビ監視のほうがプライバシーに対する侵襲性がより高くさえある。しかし、より無差別的とはいえない。マイクはテレビカメラと同じくらい『愚か』である。この二つの機器はいずれも、いかに操査と無関係であっても、その電子的射程内のすべてを拾い上げる。」(6)。別の裁判所が述べたとおり、「ビデオ監視は（音声監視より）侵襲性の程度が大幅に高くなり得る。このことは、ある人が隠しカメラの前でマスターベーションをしている姿が記録されたこの事案で証明されたとおりである。」(7)。

法律が監視ではなく盗み聞きを保護の対象とするのは、アメリカ合衆国議会が頻繁に法を狭く制定するからである。一九八六年に傍受法を制定した際、アメリカ合衆国議会はすべての形態の監視を規制することを考えていなかった。そうではなく、盗聴や傍受といった音声監視に焦点を当てた。一九八六年に連邦議会が電子通信プライバシー保護法（の制定）により傍受法を改正した際、その範囲を電子メールまで拡張した。アメリカ合衆国議会の焦点は通信の保護であり、すべての形式の監視を規制することではなかった。

秘匿パラダイム

もしあなたが公共空間にいて、政府があなたの活動を監視カメラで記録するとしよう。修正四条はあなたを保護してくれるか。

してくれない。修正四条はあなたにプライバシーの合理的期待がある場合にのみあなたを保護する。そして連邦最高裁はあなたが公共空間で聞き耳を立てられた時、あなたはプライバシーに対して期待してはならないとの判決を下した。

現在のビデオ監視に関する修正四条に関する判例法は、私的空間における監視と公共空間における監視を区別している。私的空間における監視は保護の対象だが、公共空間における監視は保護の対象ではない。修正四条に関する判例法は第10章で私が秘匿パラダイムと呼んだプライバシーに対する特定の見解を有している。修正四条に関する判例法は秘匿性に固執しており、何かが秘密のうちに起こり、他の人の日の届かないところで、外界から隔絶されていれば、それは「プライベート」と考えられ、法的保護の対象となる。もしそれが他人に暴露され、又は、公共空間で行われた場合、もはやこれは秘匿されておらず、法的保護の対象とならない。

修正四条に関する判例法はすべての人々が家に設置されたテレスクリーンをもっている、ジョージ・オーウェルのビッグ・ブラザーの戦慄すべき世界を念頭に置いているように思われる。そこでは、人々がテレビを見たのと同時に、政府も人々を見ることができた[8]。修正四条は政府があなたの家にテレスクリーンを設置することに対する保護を与えている。それゆえ、オーウェル流のディストピアが生じる心配はない。ところが、修正四条はあなたが秘匿されたまま生きる狭い空間を超えては保護してくれない。

いかに秘匿パラダイムが重要かについて説明するため、政府が公共空間におけるすべての市民の活動をその一生を通じて追跡し記録することができる新しい衛星及び監視カメラシステムを導入した場合を想定してみよう。修正四条の保護の対象か。

対象ではない。カリフォルニア州対チラオロ事件において、裁判所は、公共空間において人々は上部から視覚的に観察されることからのプライバシーの合理的な期待をもっていないと判断した(9)。政府はあなたが生まれてから死ぬまで、あなたが公共空間で行うことのすべてを記録することができ、その場合には修正四条は全く適用されないのだ。確かに政府は継続的に三億人の市民が公共空間で行うすべてのことを記録することができ、その場合において、修正四条は全く保護を提供しないであろう。

ここで、法の現状をまとめよう。修正四条はあなたが家又はプライベートな場所にいる場合にのみあなたを保護する。もしあなたが公園、店又はレストランにいれば、ビデオ監視について、あなたは修正四条によっては保護されない。電子的監視に関する制定法はあなたが外国のスパイである場合にのみ保護してくれる。

18-2　監視を規制する

秘匿パラダイムの廃止

公共空間におけるビデオ監視についての保護水準を切り上げるべきだろうか。多くの人は、人々は公共空間においてプライバシーを期待すべきではないと主張する。「もしあなたが公共空間にいる場合において、どうしてあなたは自分がプライベートであることを期待できるのか。」、こう問いかけるかもしれない。

そして、これこそが秘匿パラダイムのロジックである。秘匿パラダイムに伴う問題は、我々は公共空間においても確かに一定の程度のプライバシーを期待するというところにある。我々は完全な秘匿を期待しないが、我々が行うすべてのことを誰かが記録していることもまた期待しない。多くの場合、我々が外にいる場合、誰も自分たちに対し特別な関心を払っていない。我々は公共空間で多くのプライベートな事を行う。例えばドラッグストアで薬や衛生用品を買ったり本屋で本や雑誌を読んだりする。我々は一種の実質的な無名性を期待する。つまり、群衆の中の数多くのうちの一人であることを期待するのだ。[10]

それが私的空間で行われるか公共空間で行われるかを問わず、ビデオ監視は問題である。公共空間であっても、監視は自己検閲と抑制につながり得る。[11] 法学者のジュリー・コーエンが以下の様に述べるとおりである。「すべての最初の動きや誤った第一歩に対して広範な監視がなされると、その限界事例において、当たり障りがなく多数派の意向に沿った方向に人々の選択が傾く。」[12]

監視は我々の自由を制限する。監視は、我々についての情報証跡を形作り、我々と我々の過去を結びつける。そして、監視は、我々が匿名で発言をすることを困難にし得る。監視によって我々の行動がより自発的ではなくなり、我々がどこへ行き我々が何をするのかについて、より過剰に意識するようにする。[13]

監視の抑制的効果は、人々が政治的抗議又は反対行動に携わっている際に特に重大である。不人気な政治的信条のため人々は迫害され、社会的制裁を受け、ブラックリストに掲載されてしまうことがある。監視は、不人気な集団との関連づけを行うことができ、ますます困難かつ心もとなくする監視は捜査権力が形を変えたものである。監視は、捜索よりも更に広い範囲に及ぶ。それは、監視が、行為、社会的相互作用、そしてその人が述べ、行うことのすべてを記録するからである。対象が明確な情報を求める照会と異なり、監視は頻繁に網羅的捜索に類似する。そして、それは当初求めていたものを大幅に超えて大量のデータを捕らえることができる。更に、一度きりで終わりという形式で行われることが多い典型的な捜索と異なり、電子的監視は継続する。

監視は監視者に強大な権力を与える。監視の害の中には単に監視されていること自体に止まらず、人々が監視者に対する統制を欠いていることも含まれる。監視があると、監視者の判断について心配する必要性が生じる。我々の秘密情報は明らかにされるのだろうか。監視によって収集された情報を使って何が行われるのだろうか。

政府は市民に関する情報のリポジトリを開発し、違反行為の実例を活用し、発言や政治的信条、活動を理由に人々を標的とする場合の口実とすることができる。政府は監視の結果入手した恥ずかしい情報を利用して人々を脅迫することもできる。政府当局者はそのような情報を過失によって又はある人の名誉を毀損し又はその他の報復の手段として故意に漏えいすることすらあり得る。英国のある事案では、ある人が手首を切ることで自殺をしようとした姿がＣＣＴＶに捕らえられた。その試みは失敗した。その映像がクライム・ビートという名前のテレビ番組の手に渡り、その被写体の顔をぼかすことすらなく放映された(14)。

これらの問題は監視が行われたのか公的空間か私的空間にかかわらず生じる。ある事項を規制すべきかを理解する場合には、私は、最初に問題に目を向けることから始め、その後にそれらの問題に取り組むための規制を作るのが最善であると考える。盲目的に秘匿パラダイムやその他のプライバシー理論に従うのではなく、我々は先に問いかけるべきである。何か問題はあるかと。もし問題があるなら、更に問いかけるべきである。これらの問題に対応し、問題を最少化するために法律は何ができるかと。

公的空間であれ私的空間であれ、政府による監視は言論、反対意見そして結社を萎縮させ得る。これは監視者に強い権力を与え、濫用され得る。法律は、これらの問題に向き合い、この問題の解決に着手すべきである。

監視者を監視する

監視カメラの擁護者はそれらが犯罪を抑止すると論じる。しかし、研究の結果、カメラは特に優秀な成果を収めているわけではないことが示されている。例えば、カリフォルニア州バークレーにおける六八台の監視カメラに関するある研究によれば、カメラ付近で財産犯罪が減少したことが示された。カメラの付近における暴力犯罪も減少しているが、そこから離れたところで増加しており、カメラが単に犯罪の発生地点を変えているだけで、それを減少させているわけではないことを示唆している。[15] 英国のＣＣＴＶシステムについての研究はカメラが「すべての関連犯罪を包括的に見た場合には、総合的に何の効果もなかった」ことを示唆している。[16] 政府によって委託されたこの研究は、カメラが犯罪被害にあうのではないかという人々の不安感を減らすこともできないことをも示している。

人々が監視カメラに対し犯罪を抑止できないとして攻撃をした場合、擁護者はカメラが犯罪解決にとって有益であると回答することが多い。実際、ＣＣＴＶカメラはロンドンの地下鉄爆弾犯をビデオで撮影した。テレビのニュースショーや犯罪ショーにおいて、我々は実行中に撮影された犯人の監視カメラ映像を見る。監視カメラに関する議論は、典型的にはカメラの便益とプライバシーの懸念を戦わせる。

しかし、これは私が第3章で反駁した、全か無かの誤謬である。監視カメラを規制することは、それを廃止することではない。「誰が監視者を監視するのか」という監視に関する有名な警句がある。我々は監視に従事している者が規制され、説明責任を負うことを保証しなければならない。

そこで、私はビデオ監視に対する以下のガイドラインを提案したい。

1．説明責任と透明性。すべてのビデオ監視は監視と審査の対象とされなければならない。濫用及び問題に関するデータとともに、監視の実績と実効性に関するデータが保管されなければならない。

2．濫用に対する強力な罰則。ビデオ監視情報の漏えい又は濫用は強力な罰則の対象とされなければならない。

3．データの削除。ビデオ監視データは永久に保管されるべきではない。データは合理的期間を経過したら削除されなければならない。このことにより将来の誤用が防がれる。

4．終わりの見えない展開の防止。「終わりの見えない展開」とは、ある仕事が元々の限界を超えて発展することである。ビデオ監視の場合、それは一定の目的で収集されたデータが他の目的で用いられる、若しくは、ある目的のために導入された技術がその後別の目的のために用いられるということである。監視の目的は事前に特定されるべきであり、監視を通じて入手されたデータはそのような目的のためにのみ用いられるべきである。当該データに関するすべての新規利用は裁判所の承認を受けるべきであり、政府が利用の便益がプライバシーと市民的自由への害悪を上回ることを立証した場合に限られるべきである。

5．修正一条の権利の保護。言論、抗議、政治結社、宗教、そしてアイデアと知識の探求に関するビデオ監視データは最も厳格な保護の下に置かれるべきである。政府は最も必要不可欠な状況にある場合を除き、このデータの利用を回避すべきである。

第19章　政府はデータ・マイニングに従事すべきか

私はアマゾン・ドットコムで買い物するのが好きだ。私が訪れる度にアマゾン・ドットコムは「ダニエル、ようこそ！」と言う。彼らは私の名前を知っているのだ。そしてそれから「おすすめ商品があります。」〔訳者注：以上、原書執筆当時の文言〕と言う。私は彼らのおすすめが好きだ。彼らは私が好きであろう多くの本や製品を示唆し、彼らはこれがとても上手である。

アマゾン・ドットコムのおすすめ機能は一種の「データ・マイニング」の産物である。データ・マイニングは、大量のデータを集めてプロファイルを作成し、個人に関する貴重な知見を獲得するためにそのプロファイルを分析することを含む。アマゾンは私の購入パターンを見て、他の人の類似するパターンと比較する。例えば私がロード・オブ・ザ・リングの映画を買うと、ハリー・ポッターの映画をおすすめするだろう。どうしてだろうか。それはロード・オブ・ザ・リングの映画を買った人のほとんどが、ハリー・ポッターの映画も買ったからである。自分自身でありたい、個性的でありたいという我々の希望と異なり、我々は頻繁に他の人と類似しており、かなり予測可能性が高いことが多い。

アマゾンやその他の会社にとってデータ・マイニングがこんなにうまくいくなら、法執行についてもうまくいくのではないかと考える政府当局者もいる。もしデータ・マイニングが私がハリー・ポッター映画を買う可能性が高いかを予想できるのであれば、もしかすると私が犯罪を犯したりテロに従事する可能性が高いかも予想できるかもしれない。

一般に、法執行当局は捜査を行い、過去の犯罪の犯人の逮捕に焦点を当てる。これがテロになると法執行当局はより予防的なものへと変わり、テロリストが実際に行動をとる前にそれを特定しようとする。これこそが政府がデータ・マイニングに興味をもった理由である。誰が将来テロ攻撃をするかもしれないかを予想するのだ。

データ・マイニングの支持者は、特定の特徴と行動はテロ活動と関係する可能性が高いので、パターンを求めて情報を精査することでテロリスト発見に大いに役立つと主張する。リチャード・ポズナー裁判官が主張するとおり、「グローバルテロリズム及び大量破壊兵器の拡散の時代において、政府は主として個人に関する大量の情報を収集し、保管し、移転し、調査する差し迫った必要性がある。」(1)

データ・マイニングの支持者は、データ・マイニングにおいてコンピュータによる情報分析が含まれることから、情報はほとんど人には見られず、プライバシーへの害はないと主張する。彼らはほとんどのデータが既にデータベースに存在することから、明らかになる事項には何も新しいものは無いとも主張する。そして、法学教授のエリック・ゴールドマンが主張するように、多くの場合人々は自分のデータが分析されたことすら知らない。ゴールドマンは、以下の様に述べる。「この状況は古い禅の寓話を思い起こさせる。もし森の中で木が倒れるとしよう。もし誰もその周りに聞いている人がいなければ、木は音を立てるのか。」(2)

政府はデータ・マイニングに従事すべきか。本章において、どのような場合に政府がデータ・マイニングに従事すべきで、どのような場合にすべきではないかを説明する。

図2　（今はなき）完全情報認知プログラムロゴ

19－1　政府によるデータ・マイニングの発達

二〇〇二年に国防総省は、ジョン・ポインデクスター大将の指導の下で、完全情報認知プログラム（TIA）と呼ばれるデータ・マイニングプロジェクトの開発を開始した。完全情報認知プログラムの下で、政府は合衆国市民についての金融、教育、健康その他の情報によって構成された大量のデータベースを構築する計画を立てた。これらの情報は後にテロリストのプロファイルに適合する人を探し出すために分析される。ポインデクスターは以下の様に述べた。テロリスト逮捕のためには、「過去のテロ攻撃の観察に基づく活動パターン(3)」を見れば良い。

完全情報認知プログラムには独自のウェブサイトがあり、つやつやしたロゴがある（図2）。ピラミッドの一番上には目があり、光線を発し、地球を照らす。下に向けてラテン語のモットーが記載されている。「知識は力なり」と。

このプログラムに関するメディアの報道は公衆の激しい抗議を引き起こした。当時ニューヨークタイムズの保守的コラムニストだった故ウィリアム・セイフィアがこの攻撃を率いた。彼はポインデクスターについて、以下のとおり述べた。「商業的な詮索と秘密裏に行われる政府による侵襲の間の壁を破壊することを決意し」「そして三億のアメリカ人についてのコンピュータ事件記録を作るために二億ドルの予算を与えられた。」[4]。

萎縮した国防総省はすぐにロゴを削除し、プログラムの名前をテロリズム情報認知とし、プライバシーの保護を約束した。しかし時は既に遅かった。プログラムに関する抗議はいわば熱狂の程度まで達し、上院は全員一致で資金提供の拒絶を決定した。完全情報認知プログラムは殺された[5]。

しかし、完全情報認知プログラムは本当に死んだわけではない。そうではなく、バスケットボール、ジエノアⅡ、そしてトップセイルというような多くの曖昧な名前のプロジェクトの下で生き続けている。独自のウェブサイトがあった完全情報認知プログラムとは異なり、これらのプロジェクトは秘匿性の度合いが劇的に高い[6]。

完全情報認知プログラムにおける公衆の抗議から政府はどのような教訓を得たのだろうか。政府は、大量のデータ・マイニングプロジェクトが相当程度の公衆の懸念を発生させることから、適切な監視、制限及びプライバシー保護がない限り行われるべきではないと学んだのだろうか。そうではない。その代わりに、政府は、データ・マイニングプロジェクトをより隠されたままとし、より無害な名前をつけ、そしてウェブサイトや全体主義的ロゴをもたないようにすることを学んだ。

完全情報認知プログラムとそこからの派生物を超え、政府はそれ以外のデータ・マイニングプログラムをも開発し続けてきた。ある政府の報告によれば「完全情報認知プログラムは氷山の一角ではなく、たくさんの氷山が浮かぶ海の小さな標本である。」[7]。九・一一事件の後、国土安全保障省は連邦捜査局の助けを借りて、誰が乗ることを許されるべきか、更なる審査のために選ばれ、飛行機に搭乗する権利を否定されるべきかに関し、飛行機の乗客のデータ・マイニングをするプログラムを開発している。これ以外にも無数のデータ・マイニングプログラムが用いられ又は開発されている。ある報告によれば、約二〇〇件存在

する。(8)

19-2　データ・マイニングの問題

データ・マイニングの擁護者は、それが引き起こすプライバシーの害は最小限に止まると主張する。リチャード・ポズナーが述べたとおり、「主に電子的方法による大量の個人情報の収集は、プライバシーを侵害するといわれる。しかし、機械的な収集とデータの処理自体はプライバシーを侵害することはできない。量が多いことから、データはまずコンピュータに移転され、コンピュータが名前、住所、電話番号等の諜報上の価値のある情報を探す。最初の移転は、プライバシー侵害とは全く異なり（コンピュータは知覚できる存在ではない）、プライベートな情報のほとんどが諜報官によって読まれないようにする」(9)。

ポズナーによれば、データ・マイニングによる潜在的害悪は情報が「政権に対する批判者や政治的敵対者」の脅迫や「嘲り、困惑させる」ことに使われるところにある(10)。この議論は、データ・マイニングにまつわるプライバシーに関する問題を狭い方法で定義し、実践の中で引き起こされてきた巨大な問題の全体像について説明することを放棄している。ポズナーは開示に関する問題及び公開の脅威（脅迫）に焦点を当てている。しかし、データ・マイニングに関係する問題はそれ以外にも多々存在する。それについてこれからご説明しよう。

不正確性

データ・マイニングが織りなす行動予測の正確性はそれほど高くない。困難の原因は、パターンが繰り返されるとしても、完全な規則性に基づいて繰り返されるわけではないということである。重力が明日も働くことはかなり自信をもって予想できる。しかし、天気予報はそこまで簡単ではない。そして確実に人間の行動は天気よりもずっと予想しにくい。

以下のようなプロファイルを考えてみてほしい。

1．「ジョン」はエジプトで生まれ育った若い男性である。彼の父母はイスラム教徒であるが、そこまで敬虔ではなかった。彼の父親は成功した弁護士で、彼の母親は裕福な家柄の出身である。彼は二人の姉妹がいて、一人は医者に、一人は教授になった。ジョンはカイロ大学で建築を学んだ。その後ドイツに住んで都市企画会社で働いた。彼は多くの親しい友達がいて、ルームメイトと一緒に住んでいた。かれはますます敬虔なムスリムとなり、最終的には祈拝集団を設立した。五年間ドイツに住んだ後、彼は合衆国に来た。彼は航空機の操縦を学ぶため、航空学校に入学することを決めた(11)。

2．「マット」はニューヨーク州バッファローの近くで生まれ育った若い男性である。彼の親はカトリックであったが、マットはその後不可知論者となった。彼には二人の姉妹がいる。彼の両親は中産階級で、父親はGMの工場で働いていた。高校の頃は優秀な学生だったが、大学を中退した。彼は銃の収集が好きで、銃を保有する権利を強く信じていた。彼はコンピュータプログラムを楽しんでいた。彼は合衆国陸軍に入隊した。陸軍の除隊後、彼は警備員として働いた。彼は陸軍で出会った何人かの友達と強い絆を保っている(12)。

3．「ビル」はシカゴで中産階級の両親の下に生まれた中年男性である。彼は若くしてハーバード大学に入学した。ミシガン大学の数学の博士号を取得し、バークレーの教授となった。その後教授を辞めて森の中の小屋に引っ越した。彼は歴史書を読み、自転車に乗り、ガーデニングすることを楽しんでいた(13)。

「ジョン」は九・一一事件の首謀者であるモハメド・アタである。「マット」は一九九五年にオクラホマ市のアルフレッド・P・マラー連邦ビルを爆破し、一六八人を殺したティモシー・マックベイである。「ビル」は二〇年以上の期間にわたって爆弾を郵送したユナボマー、セオドア・カジンスキーである。これらの三人は、非常に異なる背景と思想をもっている。アタは過激なイスラム教の信仰をもっており、マックベイは合衆国政府が暴走していると信じた不可知論者であった。そしてカジンスキーは現代的技術や産業を嫌う無神論者であった。

テロリストは一種類だけではなく、様々な種類があり、だからこそ正確なプロファイルを作成することは困難である。アタ、マックベイそしてカジンスキーは政治的信条、幼少期、家族、社会経済的背景、知的レベル、そして宗教において非常に異なる。興味深いことに、全員が見たところ普通の家族出身である。同じような背景、同じような信仰や政治的信条、類似した行動パターンをもつ人は多いが、彼らはテロ活動を行うことを望んでいない。

将来のテロリストは過去のテロリストと似たことを行うかもしれないが、異なるかもしれない。過去の経験に基づくパターンに焦点を当てることで、我々は将来のテロリストの新しい特徴や行動を無視することになるかもしれない(14)。

データ・マイニングの賛同者は、すべてのテロリストが過去を繰り返すわけではないが、それでも何か共通のものがあるかもしれないので、行動パターンを見ることはそれらを識別することを助けるだろうと回答するかもしれない。問題は、データ・マイニングが何人かのテロリストを正確に特定するとしても、それが効果的なのは「擬陽性」があまりにも多くない場合に限られるということである。「擬陽性」というのは、プロファイルには合致するがテロリストではない人である。

世界で二百万人以上が毎日飛行機に乗っている。[15] 一％の擬陽性の確率があるテロリスト識別を行うデータ・マイニングプログラム（このようなプログラムにしては極めて低い）は毎日二万人以上の人に誤ってフラグを立てるだろう〔訳者注：この計算が擬陽性確率の計算として正しいかは検討が必要である。例えば、そもそもテロリストだとフラグを立てるのが一万人に一人であれば、毎日二〇〇人についてテロリストであるとのフラグが立つことになる。擬陽性の確率が一％なら、二人が誤ったフラグとなる〕。これでは極めて多くの無実の人がシステムによって誤って捕まることになる。[16]

実践における正確性や実用性がまだ不明なのに、なぜ政府はデータ・マイニングにそこまで興味をもっているのか。データ・マイニングに対する政府の関心の一部は、データベース会社の強力なマーケティングの影響に根ざしている。九・一一事件の後、データベース会社は政府当局者と会い、データ・マイニングの利点についての説得的な説明をした。[17] 商業的状況下で頻繁にとてもうまくいくその技術は、有能なマーケティング担当者によって提示されれば、大変魅力的に感じられる。

しかしながら、問題の所在は、ビジネスにおいてデータ・マイニングが消費者の行動の予測に関して効果的だからといって、それが誰がテロを行うかについて予測しようとする政府当局者にとって効果的とは限らないところである。データ・マイニングが事業者によって消費者のターゲットマーケティングに用いられる場合、高いレベルの正確性は必要がない。それは誤った場合に個人が被る負担が最小限に止まるからである。例えば、アマゾン・ドットコムの本のおすすめが良くなくともそれによる害はほとんど何もない。ただ次のおすすめに移れば良いだけである。ところが、政府のデータ・マイニングの結果はそれよりもはるかに重大である。更なる調査のために選び出され、何度も空港で追加の審査の対象になり、飛行機搭乗拒否リストに名前が載っている間立ち往生し、場合によっては逮捕されさえする。

修正一条に関する懸念

データ・マイニングによって提起されるもう一つの潜在的脅威は、データ・マイニングが修正一条で保護されている行為に基づき人々を標的にすることがあり得ることである。これは、既に第15章で論じた問題である。疑わしいプロファイルには、人々の言論の自由、結社の自由又は宗教的活動の自由に関する情報が含まれているかもしれない。たとえ一部であっても修正一条によって保護されている活動に基づいて、更なる調査、飛行機で旅する権利の否定又は疑わしい人物に関するブラックリスト入りの対象となる人を選ぶことは、より問題が大きい。どうすれば、自由な言論に基づきプロファイルが作成されていないと分かるのだろうか。もし、不人気な政治的見解に基づいて、より多くの調査を受ける対象に選ばれるとしたらどうだろうか。どうすれば、ある人の宗教活動に基づきプロファイルが作成されていないと分かるのだろうか。もしある人が不人気な政治的集団の一員だとすれば、彼らは空港における追加の調査を受けるのか。

人々の読書習慣や言論という修正一条で保護された活動についての情報の収集はこれらの権利の行使を萎縮させるかもしれない。不人気な本を読むことや不人気な発言をすることを思いとどまらせるのに、漏えいは不要である。政府が読書や発言の内容を知ることができ、政府はこのような情報からデータ・マイニングをして人々の行動を予想する、この事実さえ知っていれば、人々は思いとどまるかもしれない。

例えば摂取したり吸い込むと命に関わるトウゴマ（ヒマ）から作られる毒であるリシンについて私が以下の検索をしているとしよう。

リシンの入手
どこでヒマが買えるか

リシンの致死量
どうやってリシンを管理するのか
ヒマからどうやってリシンを作るのか

私がまた、『猿でも分かる毒物の使い方』という本をアマゾンから買っていたとしよう。これはとても怪しい。しかし、私は自分が無罪であることを説明できる。私はリシンを使って人を殺す登場人物についての小説を書いている。私は何も悪いことをするつもりはないが、私は確かに神経質な政府の法執行当局者に私の行動を見られたくない。また、私はコンピュータに私のおかしな購入やウェブサーフィン行動を理由にビープ音を鳴らされたくない。無罪であることの説明ができるとしても、弁明をしたり、捜査の対象となったり、空港で特別な審査の対象になることを心配したくない。

もしかすると私は抑止されずに、なおも本の検索や購入をするかもしれない。しかし、快適に感じる人ばかりではない。潜在的に起こり得る結果を恐がり、リシンその他について検索を控える人も出てくるかもしれない。そしてこれは話し、書き、読むことに関する広範な自由に価値を置く社会においては問題である。

平等性

データ・マイニングはまた人々が法の下で人種、民族又は宗教に関係なく平等に取扱われるべきという原則に関わる。どうすればプロファイルにおいて人種や民族が利用される程度を知ることができるのか。データ・マイニングはステレオタイプや差別を減らすことを助けると論じるかもしれない。コンピュータは人の要素を最少化させ、そこで偏見や人種差別がこの手続に入り込むことを防ぐ[18]。データ・マイニング技術の中には人がテロリストのプロファイルを作成し、当該プロファイルに該当する人を識別しようとすることを含むものもあるが、既知のテロリストの行動の分析により表向きはコンピュータにプロファイルを作成させるデータ・マイニング技術もある。しかしながら、この技術であっても、人の判断を含むのである。誰かが、誰が既知のテロリストと認められるべきで、誰がそうではないかについての一次的な判断をしなければならない。プロファイルにはコンピュータコードに隠され、アルゴリズムに埋め込まれた有害な前提を含んでいるかもしれない。そしてこのように隠され、埋め込まれていることから、中立なコンピュータによる判断のように見える。

他方で、データ・マイニングを通じたプロファイリングは代替案より優れているかもしれないと論じるかもしれない。法学者のフレデリック・シャウアーは適切にも、データ・マイニングがなくとも、当局は誰が怪しいのかについての主観的判断を行うであろうから、プロファイリングからは逃げられないと述べる。これらの判断は、暗黙のプロファイルによる。しかしそのプロファイルは、あからさまだったりはっきりとしていないものであるが。「問題は、プロファイルを用いるかどうかではなく、正式な書面のプロファイルを用いる（又は好む）か、それとも、非正式な書面ではないものを用いる（又は好む）かである。」[19]事前に構築された正式なプロファイルには当局による裁量的プロファイルに比べて利点があることは事実であるが、正式なプロファイルにはいくつかの欠点が含まれている。彼らは裁量的アプローチよりもよりシステマティックであり、そこで、人種、民族、宗教、言論又はその他の問題があり得る要素に結びつけられた情報の影響を更に悪化させる。これらの非公式性なプロファイリングは、審査の対象となる。それは当局が裁判所においてなぜその人が疑わしいと信じたのかについて回答しなければならないからである。しかしながらデータ・マイニングにはそのような透明性がない。このことは私がこれから論じる問題である。正式な書面のプロファイルが隠され、監督されないのであれば、正式な書面のプロファイルの、非公式の記録されないプロファイルと比較した際の優位性が失われる。

適正手続

データ・マイニングは適正手続の問題も引き起こす。ダニエル・スタインボックが述べたとおり、「反テロリストデータマッチング及びデータ・マイニングについての実質的にすべての決定における最も衝撃的側面は、(自由の）剝奪が実施される前そしてその後ですら最も基本的な手続である告知、聴聞その他の意味のある参画の機会が全く欠けていることである。」[20]。データ・マイニングプログラムによって選択された者は異議を申し立てられるのか。人々は聴聞の権利をもつのか。聴聞までどのくらい時間がかかるのか。人々は弁護を受ける権利をもつのか。誤ったデータを修正させられるのか。それをどのように行うのか。

あなたのことを繰り返し怪しいとフラグを立てるプロファイルについてあなたが承服できないとしよう。あなたは政府にプロファイルを再度精査してもらいたい。あなたは聴聞の機会を得たい。あなたは聴聞の機会を得られるだろうか。多分そうはならないだろう。プロファイルが秘密だからである。データ・マイニングの賛同者はプロファイルが公衆に明らかにされてしまえば、テロリストがそれを回避するための対応がしやすくなると論じる。

しかし、あなたが適合するとされるプロファイルについて情報が伝えられない中で、どのような種類の意味のある異議を申し立てることができるのだろうか。それが暗黙のうちに行われるのであれば、社会はいかにしてプロファイリングシステムを評価できるのだろうか。

ある人の将来の行為についての予測的判断は、ある人の過去の行為についての捜査に関する判断よりもそれに反論することが困難である。捜査による誤った判断は、裁判において処理され得る。しかし、その人が将来テロ活動に従事するかに関する誤った予測が司法審査を行う程には成熟していることは頻繁ではない。それでも、人々はこのような予測的判断によるマイナスの結果を経験することになるだろう。例えば移動の自由を否定されたり、より多くの審査を受ける等である。
　あなたについて行われた予測判断に反論することを想像してほしい。

データ・マイニング技術者：あなたの行動パターンは、あなたが将来テロに従事するかもしれないことを示しています。
あなた：私は無罪です。
データ・マイニング技術者：あなたは単に何もやっていないだけです。
あなた：そうすると、私が無罪かどうかは関係ないということですか。
データ・マイニング技術者：まだあなたが何もやっていないというだけでは、あなたが将来それをしないとはいえませんね。
あなた：どうすればまだやっていないことを今後しないと証明できるのですか。
データ・マイニング技術者：それは無理でしょう。そしてだからこそ、私たちはあなたを終生監視したいのです。
あなた：あなたはどうして私が将来テロを行うと考えるのですか。
データ・マイニング技術者：それはお答えできません。もしお答えしてしまうと、あなたは行動を変更してしまい、それではあなたのような将来のテロリストを発見できません。
あなた：でも私はテロリストにはなりません。
データ・マイニング技術者：（テロリストにならないとすれば、それは）我々が今後あなたに対し追加の審査を行い続けるからという理由に過ぎないでしょう。

現実世界では、あなたがこのような会話をすることはない。それは、あなたはデータ・マイニングの詳細を知ることはできないからである。以前私はプライバシーの問題とフランツ・カフカの『審判』のディストピアの類似性を示した。カフカは逮捕されたがその理由をいつまでも告げられない不幸な男について書いた。その男は、今後何が起こり、どうすれば自分の無実を証明できるかを含むより多くのことを知ることに取りつかれる。彼の努力にもかかわらず、彼は自分に対する嫌疑を知ることもできず、ましてやそれに反論することなんてできない。データ・マイニングは人々をこのような官僚的泥沼に投げ込むかもしれない。彼らは疑わしいとみなされるが、理由を知ることができず、その結果としてその嫌疑に反論するために何もすることができない。

透明性

データ・マイニングの問題の鍵は、それを透明に行うことが難しいということである。透明性又は公開性は説明責任を促進し、政府当局が権力を濫用していないことを保証する方法を公衆に提供するために必要不可欠である。「太陽光は最高の殺虫剤といわれているが、電光は最も効率的な警察官である。」と連邦最高裁のブランダイス判事は宣言した。(21) ジェームズ・マディソンが述べたように、「人民に情報が広がらず、又は情報を入手する方法もない民主政府は、喜劇か悲劇のプロローグに過ぎない、いやもしかすると双方かもしれない。知識は永遠に無知を統治する。そして自らの統治者であろうとする人民は、知識が与える力で自らを武装しなければならない。(22)」。

データ・マイニングの一つの問題は、適切な透明性を欠くことである。将来のテロリストになる可能性のある者の識別を惹起するパターンを明らかにすることは、テロリストに対し、どのような行動を回避すべきかを助言することになるので、プログラムは秘密である。確かにこれは正当な懸念である。しかしながら我々の社会は、公開された政府、公衆への説明責任、そして政府当局に対する監視のある社会である。官僚組織により維持される秘密のブラックリストのある社会ではない。公衆への説明責任がなければ、選挙で選ばれていない官僚達が頻繁に全く精査されない方法でデータ・マイニングプログラムを運営することもできる。例えば、データ・マイニングで用いられる人々について収集される情報は、正確性を維持するための十分な措置を講じていない情報源からのものかもしれない。監視がなければ、政府が収集し利用する情報に対しどの程度の正確性を求めているかが不明である。もしプロファイルが秘密裏のうちに、社会が依拠することに問題があると判断するであろう人種、言論その他の要素に基づいている場合、このような事実はどうすれば放映され、議論されるのか。もしある人が恒常的にプロファイルに基づき選別され、当該プロファイルに異議を申し立てることを望んでも、プロファイルが公開されない限り、異議申立てをする方法はなさそうである。

データ・マイニングプログラムに透明性が欠けていることから、プライバシーと安全の利益を衡量させることはほぼ不可能である。潜在的な重大なプライバシーの問題やその他の憲法上の懸念を前提とし、また、安全を促進するための多くの他の代替的手段の利用可能性や、データ・マイニングのセキュリティの利益が不確かで証明されていないこととあわせると、データ・マイニングは果たしてまともな政策的選択肢として検討されるべきであろうか。データ・マイニングは少なくとも調査され、研究されるべきだと論じるかもしれない。その事自体に誤りはないが、その費用は、既に効果的で潜在的問題が少ない安全保障対策に照らして検討されるべきである。

19-3　どのような場合に政府はデータ・マイニングに従事することが許されるべきか

あなたがきっと想像できるように、私は政府が行うものである限り、データ・マイニングの熱烈な支持者ではない。しかし、すべての政府によるデータ・マイニングを拒否するものでもない。特に、特定の脅威があり、犯人らしき者についての特定の情報がある場合には私は政府によるデータ・マイニングを支持する。しかし、一般的な行動予測を行う場合には、データ・マイニングを支持しない。データ・マイニングが一般的な行動予測のために行われると、これは基本的には、何を捕捉できるか知ろうと大きな網を投げる網羅的捜索である。多くの意味で、このような行為は修正四条が作られたときにアメリカ合衆国憲法の起草者が禁止しようとした、犯罪活動に対する広範な情報漁りである一般令状に似る。問題をより具体的にするため、以下の仮説的状況を検討してほしい。

時限爆弾

帰化した合衆国市民でサウジアラビア生まれのイスラム教徒である二人の若い男性がU-Haulからトラックを借り、明日ロサンジェルスのある建物で爆弾を爆発させるのに使おうとしているという信頼のできるたれ込みが連邦捜査局に入ったとしよう。情報源によれば、彼はこの二人の男性と一〇〇〇人以上の崇拝者のいるモスクで会ったという。これが連邦捜査局の捜査官のもっている情報のすべてである。捜査官は捜査を開始する。

連邦捜査局はこのモスクを訪れた人々の記録やU-Haulの記録を探し求める。連邦捜査局はこの二セットの記録を相互参照し、U-Haulのトラックを借りたモスクの男性信徒を識別しようとする。連邦捜査局は記録を入手すべきか。

すべきである。私は適切な司法の監督が行われている限りこの形式のデータ・マイニングを支持する。私がこれを支持するのは、データ・マイニングが直感や抽象的プロファイルによるのではなく、特定の攻撃についての特定の情報を指し示すたれ込みに基づいているからである。時間の緊迫性とより多くの情報の必要性を前提とすれば、これらの記録の比較は潜在的攻撃者を特定することを助ける。これらの記録を見ることの正当性は不確かとはいえない。

私は強い司法の監督を要求したい。政府が当該たれ込みの性質を政府に説明することを求めたい（当該たれ込みが正当であることを保証するため）。モスクの記録が信教の自由と関係するので、政府がそれを利用することを許容する上では、非常に注意深くありたい。まずは政府になぜU-Haulの記録だけでは調査範囲を狭めるのに不十分かを示すことを求めたい。また、政府が当該記録の利用後にそれを破棄することも求めたい。

怪しい航空学生

ある最近のテロリストが航空学校に通っていて、中東系の民族だったとしよう。政府はこのプロフィールに該当する人を選び出し、更なる捜査をしたいとする。

これは予測的データ・マイニングの一形式であり、私はその費用は便益を大きく上回ると考える。時限爆弾シナリオと異なり、そこに特定の脅威はない。政府は単に怪しいと考える人を追跡しているだけである。そこには当該行動パターンが将来のテロ活動と関係するとのたれ込みやその他の証拠が存在しない。過去のテロリストが航空学校に通ったことは、特定の民族性をもつパイロットになろうという野望をもつすべての者にフラグを立てることを正当化するには不十分である。

航空機乗客のスクリーニング

例えば政府がテロリストらしき者のプロファイルを作って、それをもって誰が空港で特別な審査を受けるべきか、又は飛行機に乗る機会を否定されるべきかを決めるとしよう。

私はこのような形のデータ・マイニングを制限したい。そのプロファイルはあまりにも不正確で、当該プロファイルが、人々を人種、民族性、言論、信条その他の要素に基づき選別しないことの保証はない。十分な透明性がない。正確性を保証し又は自動的に特別な審査が要求され若しくは飛行機に乗れないとして選択された人々に適正手続を与えるための保護も存在しない。「でも、審査官がお婆さんを捜索するのはおかしくないか。」このように尋ねるかもしれない。「みんなテロリストは若い中東の男と知っている。代わりに、そういう人を探そう。」。

過去に多くのテロリストが若い中東の男性であったことは事実だが、それはいつも正しいとは限らない。中東以外の人や女性がテロ活動に従事したことがある。

それはお婆さんがテロリストの可能性が高いということか。そうではない。しかし、誰についても、その人がテロリストである可能性は極めて低い。毎日何百万人もいる旅人の中からテロリストを捜し出すのは、干し草の山の中から針を探すのに似ている。あるプロファイルに適合する個人は統計的に適合しない人よりもテロリストの可能性は高いのだろうが、それでも可能性はとても低い。そこで、データ・マイニングの費用はテロリストを発見できるという比較的低い可能性を上回る。人々は自分で変えられない要素を元に体系的に他の人よりも不利に扱われるべきではない。単に中東系の若い男性だというだけで、旅人が何時間も長く空港にいなければならなくなるべきではない。彼は接続便に乗れなくなるべきではない。

いつも（セキュリティチェックのために）体を触られるようになるべきではない。彼の旅は単なる民族性やその他の特徴だけを理由に、より厄介になり、尊厳が減じられるべきではない。もしプロファイルが彼の行動に基づくのであれば、彼は合法的に行う権利があることを避けなければならないようになるべきではなかった。彼は政府当局に対して、彼が誰か又は彼が何をしているかについて回答する必要はなかった。そうでなければ、彼は平等に扱われたとはもはやいえず、単に本質的に怪しい者として扱われたということになる。法を遵守する市民がこのような形で扱われるべきではない。

19－4　データ・マイニングへの懐疑

政府は現在データ・マイニングに誘惑されている。しかしながら、データ・マイニングが現在与えられている注目と資源にふさわしいかは不明である。我々がプライバシーと安全を衡量する時、その目的は最も効果的な安全保障対策を探し、それらが適切に規制され、監督されることを保証することとされるべきである。データ・マイニングが効果的とはまだ論証されていない。それを規制し監視する適切な方法は提案されていない。その透明性のなさは、安全の便益とプライバシーの費用の間で意味あるバランスを行う際の大きな阻害要因として働く。

ある日データ・マイニングは効果的な安全ツールになるかもしれない。しかし、今のところ、データ・マイニングの賛同者は、どのようにその問題が解消され得るのか、そしてなぜそれが他の選択肢よりも優れて、トラブルの少ない安全保障対策なのかについて正当化しなければならない。しかしまだそれを行ってはいないのだ。

第20章　ラッダイト論、タイタニック現象、そして問題解決戦略

個人識別の正確性を向上し続けることへの大きな推進力がある。生体認証に関する新技術が開発、推進されているのだ。これらは、DNA、声及び虹彩のパターンといった身体的特徴に基づく。その支持者は、生体認証が完全になれば、人々が詐欺を行い、他人の振りをすることはできなくなると主張する。

これに対し、プライバシーの懸念を指摘する人がいると、支持者は、ラッダイト主義者のように技術を否定するのではなく、これを受容すべきだと主張する。しかし多くの文脈において、新たな技術を受容しようと急ぐ人々は私が「タイタニック現象」と呼ぶ点に留意していない。タイタニック号の設計者はあまりにも傲慢で、その不沈性について完全に確信をしていたので、十分な救命ボートを提供しなかった程である。多くの安全のための提案が素晴らしい利点を与えてくれるが、支持者はそれが失敗した場合の結果に対する十分な思索を提供していない。これらの結果は悲劇的なことになることが分かるかもしれない。

本章において、タイタニック現象の核心にある矛盾について説明する。新技術が従来のものよりも望ましいものとなる一番の理由こそ、新技術のもつ一番の問題点なのである。我々は新技術を拒絶すべきではないが、それをどう実施するかについてより注意深くあるべきである。

20－1　生体認証の期待と脅威

かなり長い間、政治家はいかに偽物の免許証を入手したり、それ以外の方法で他人を偽装することが簡単かについて懸念してきた。二〇〇五年には、テロに対するより高度な安全性を提供するための努力の中で、アメリカ合衆国議会はリアルＩＤ法を制定した。リアルＩＤ法は、州に対し免許証を発行する前により多くの（本人）確認書類を要求することを求めている。(1) 同法は州にとってかなり経費がかかることが分かり、かなりの反発を招いた。

より向上した個人識別に関する提案は常に出され続け、最近の例は、チャールズ・シューマーとリンジー・グラハム上院議員の提案である。この提案によれば合衆国市民及び合法移民は特殊な生体認証カードを所有しなければ仕事を得ることができない。これらのカードは、地域の社会保障局において発行される。これらのカードは「改竄されない」(2)。

生体認証はより精密な安全を約束する。網膜パターン、歩き方、顔の特徴そして体臭のような様々な不変の身体的特徴を利用して人々を識別する技術が存在する生物測定学を利用するという考えはアルフォンス・ベルティヨンというフランス人の警察当局者から始まる。ベルティヨンは、一八八三年に足の長さ、頭の形、刺青や痣等の体の計測結果に基づく識別システムを開発した。(3) 現在において最も普及している生体認証の形式は未だに指紋である。前国土安全保障省長官であるマイケル・チャートフは以下のように述べた。各人の指紋が固有であることから、指紋は「理想的な識別子又は我々が本物と偽物を区別する方法となり得る。要するに、指紋は嘘をつかないのだ。」(4)

生体認証の賛同者はテロリストが偽のＩＤを入手しないようにすべきだと主張する。彼らは我々の認証システムは石器時代のものであり、我々はそれを新しい技術によって現代化しなければならないと主張する。社会学者のアミタイ・エツィオーニによれば、「もし個人が適切に識別されれば、公共安全は劇的に向上し、経済的コストは劇的に減る。」(5)。体の一部を利用して認証することが可能となることから、生体認証が導入されれば、カードや本人確認書類をもち歩く必要もなくなる。我々は虹彩スキャナーをみつめたり、タッチパッドに触れるだけで良い。

プライバシー支持派は、全国的な認証制度は政府にあまりにも大きい権力を与えることになると主張する。歴史的には、全国的な認証制度は人々を民族浄化のために駆り集める等の有害な目的で用いられてきた。認証制度はより大きな政府による監視するツールになり得、人々の行動を追跡するために用いられ得る(6)。

私はこれらの議論のいくつかには親和性をもっているものの、私がタイタニック現象について言いたいのは、私が「ラッダイト論」と呼ぶものについてである。これは多くの安全の支持者が行ってきた議論であり、新しい安全技術に反対する者はラッダイト主義者であるというものである。この言葉は、元々は一九世紀において産業革命による機械化に反対したグループに対して用いられた。国土安全保障省の前政策担当副長官であったスチュワート・ベイカーが以下のように論じたとおりである。「新たな政府による技術とデータに対する猛烈な反対をするプライバシー十字軍の騎士達に何の共感もできない。」。彼は続ける。「(我々は)現代的情報技術を政府が拒絶されることによって強いられる非効率性をもはや受け入れることはできない。」そして彼は、ラッダイト主義者であるとしてプライバシー支持派を攻撃する。彼らは、「変わることとは悪いことだ」というスローガンをもって「警告に警告を繰り返す。」(7)。

20－2　タイタニック現象

もし我々がタイタニック現象について十分に注意をしているのであれば、新たな技術を受け入れる前に失敗し得ることの結果について考えるべきである。「大きければ大きいほど、倒れるときにひどくなる。」という諺がある。生体認証は認証をすべて新しいレベルへと移行させるが、私は我々がその準備ができているか分からない。政府権限の強化というプライバシー支持派の懸念に加え、他にも生体認証の危険がある。それは、データ漏えいである。

生体認証は人々の身体的特徴とそれらの特徴についてのデータベースに入った情報の相互参照に依拠する。あなたが指紋認証装置でドアを開けようとするとしよう。認証装置に指紋を押し当てると、あなたが入室を許可されていればドアが開く。この技術はあなたの指紋を読んで、データベースに保存されているあなたの指紋データと照合することで機能する。(8)

もしあなたの情報が入ったデータベースが、誤った者の手に落ちた場合、詐欺師はあなたの指紋……又はあなたの目のパターンやＤＮＡを保有するかもしれない。詐欺師はこの情報を使ってあなたを偽装することができる。例えば、詐欺師はその人の虹彩の高解像度写真を掲げることで、虹彩スキャナーを騙すことができるかもしれない。ある技術者はガラスに残された指紋を使って偽指を作り、それは彼が試した一個の指紋認証装置で認証に成功した。ドイツで行われた研究によれば「すべての試験対象の指紋認証装置は、人工的指紋に敗北した(9)」。パスワードやＩＤカードのような古い認証技術は、もし失われればこれを変更し、又は代替することが十分可能である。生体認証情報はそれができない。

映画『マイノリティ・リポート』のＳＦの世界に住んでいない限り、人々は指紋や目を変えることができないので、そのような情報漏えいの結果は悲惨なことになり得る。この映画は未来を舞台にトム・クルーズが演じるジョン・アンダートンを主役とした。彼はすべての人が虹彩スキャンで認証される社会に住んでいる。人々が歩くにつれ、虹彩スキャナーがそれが誰かを探知し、当該歩行者のプロファイルに基づき個別化された広告の配信が開始される。アンダートンが将来殺人を行うだろうと犯罪防止システムが予想した時、彼は逃亡した。発見されるのを避けるため、彼は眼球移植を受けた。[10] しかし、現代の世界においては、目を変更することができない。もし誰かがあなたの目を偽装するデータ（若しくはそれ以外のあなたを識別するための身体的特徴）を入手したら、あなたはツキに見放される。

この問題を更に悪くするのは、現在のデータ安全技術の水準がかなりお粗末なことである。二〇〇五年以降、データベース中の何百万もの個人情報の記録がハッキングされ、又は漏えいした。この問題に対して多くのメディアが注目しているにもかかわらず、この問題は依然として残っている。ある記録によれば、二〇〇五年から二〇一〇年一一月までの間に三億五七〇〇万の記録が漏えいした。[11] ここにはデータ安全の問題があることは明らかであり、その解決の兆しはほとんど何もない。

生体認証が本質的に悪いとはいえない。問題は、我々が責任をもって生体認証を利用できるだけの適切な法的アーキテクチャをもっていないことである。これはラッダイト論ではない。そうではなく、我々が創造する新たな技術の取扱につきよりよく準備すべきであるという議論である。新たな技術を早く受容しようとあわてふためいて急ぐ人は、私から見るとちょっと短気なように思われる。彼らは警鐘を鳴らす人に対しラッダイト主義と攻撃していじめる。

私は今後生体認証情報の大規模漏えいがあることに賭けたい。私には、既に以下のようなデータ漏えい通知書が来る未来が見える。

○○様

前略　虹彩スキャン、指紋、ＤＮＡその他の情報を含むあなたの生体認証データが漏えいしたことをお伝えしなければなりません。ある従業員がそれをラップトップに入れて家にもち帰り、認証情報窃盗犯によりコンピュータが盗まれてしまったのです。あなたの生体認証情報は将来詐欺の目的で利用されるかもしれません。我々があなたの失われたデータを発見するため全力を尽くしていることをお伝えします。また、我々は科学者を雇い、あなたの虹彩、指紋、及びＤＮＡを変える新たな外科的技術の開発を委託しています。このような手続が入手可能になりましたら、割引価格で御提供いたします。ご迷惑をお掛けしていることをお詫びさせて頂きます。

草々

連邦捜査局のあなたの友人より

現在は、制度の濫用から防御したり監視を提供する良い規制システムが存在しない。そして本書で説明してきたように、プライバシーと安全について扱っている法律は既に実施されている技術をうまく扱っていない。技術がより強力になるにつれ、我々は法的環境を改善し、新技術が既存の問題をより悪化させないようにする必要がある。プライバシー支持派の異議申立てをラッダイト主義者がわめいているとして無視するのではなく、我々は強力な新技術を実施する前に、適切な法的基盤を構築するために動くべきである。

私自身は生体認証に反対ではない。現在の我々の認証方式よりもこの技術の正確性はより高度である。もっとも、我々がそれが失敗した場合の計画を有しない限り、生体認証に対する準備ができているとはいえない。タイタニック現象に留意することは、新技術を止めることを求めるのではなく、我々が前に歩む際において注意深く、そして思慮深くあることを求めるに過ぎない。

20-3　問題解決戦略

生体認証のような新技術への賛同者は、テロの危険が大き過ぎるので、我々はこれらの技術を活用することを躊躇すべきではないと主張する。彼らは真の安全の問題がある以上、その解決のため迅速に動くべきであると主張する。

より高度な安全を支持するいくつかの議論の背景にある戦略の一つが、問題を提示してこれが解決されるべきだと主張するものである。これを私は「問題解決戦略」と呼ぶ。より高度な認証に賛同する人の我々の現在の認証システムに欠陥があるという主張は確かに正しい。これは確かに問題である。更に、この認証の問題は安全に影響を与える。そこで、より安全を高度にするために認証システムを改善すべきだという議論に対抗するのは容易ではない。特にこれを改善してくれる可能性のある生体認証等の新技術がある場合には。

しかし問題解決戦略には多くの場合、正当化できない前提がある。それは他の問題を解決する前に政府当局が不満を訴える問題を先に解決しようと急ぐべきだということである。なぜ認証の問題についてそこまで高い優先順位を置かれるべきなのだろうか。安全保障当局はなぜ認証問題がテロに対する安全に関する最も重要な問題の一つなのかについて未だに説明していない。認証の向上は詐欺等の安全の問題に対応することができるかもしれない。しかし、誤った認証がテロを劇的に増やすかどうかは明らかではない。我々の資金も資源も無限ではない以上、最初に一番重要な問題の解決を目指すべきである。賛同者が今すぐにより高度な認証を必要とする説得的な論証をすることができないのであれば、我々は結果に対応できる準備ができるまで少し待つべきである。

もちろん、問題を無視すべきではない。でもどうして急ぐ必要があるのか。最初に見つけた問題の解決に急ぐ前に、まずは解決したい問題に優先順位をつけるべきである。解決が不適切に適用された場合に悲惨な結果を引き起こし得る強力な新技術の利用が伴う場合には、注意深くあることが特に重要である。

20-4　気をつけるべきケース

折に触れて、新たな安全技術が出現する時、政策決定者は大急ぎでそれを導入しようとし、プライバシーも保護することを決定するものの、結局最終的にはプライバシーの問題を横に置き、後で対応することにする。この態度は先に技術を試し、その後に結果について心配するというもののようである。

そうではなく、私は、これと異なる、手続をいつもどおり履践するという方法を提案する。勤勉な親が赤ちゃんのために準備するように、我々は新技術の準備をすべきである。彼らは赤ちゃんが到着する前にゆりかごを準備している。これらの勤勉な親のように我々は新技術が導入される前に準備ができていなければならない。技術自体は多くの場合、問題ではない。弱点は我々の法律にこそある。そこで、我々が新たな技術を導入するかという論争に駆け込む前に、それらに対する準備を先に行い、それが失敗した場合の対応計画をもっておくことに最低限合意すべきである。

第21章　結論

現在、プライバシーと安全の間で衡量しようとする場合において、その天秤はほぼ常に安全が勝つように細工されている。権利・自由を政府利益と衡量する場合には、その衡量が適切に行われることが極めて重要である。安全とプライバシーはしばしば衝突するが、必ずしもゼロサムのトレードオフ関係であるとは限らない。プライバシーと安全を調和させる方法がある。安全保障プログラムを監視下に置き、パーソナルデータの将来的な利用を制限し、調和が取れ、統制された方法で計画が遂行されることを確保することである。

論争における誤った議論を理解し、法というものの働き方を知り、そしてプラグマティックなアイディアと解決策をもてば、どのようにプライバシーと安全を衡量すべきかについての建設的な議論を行うことができる。プライバシーと安全の衡量方法について、あなたが私に同意するかはともかくとして、（少なくとも）この論争の中でしばしばみられるいくつかの聞き古した、非生産的な立論を克服すべきであることに同意してもらえればと思っている。やましいことは何もない論、全か無かの誤謬、振り子論といった聞き古された議論の代わりに、もっと示唆に富む、重要な問題に焦点を当てようではないか。その問題とは以下のようなものである。特定の安全保障対策がプライバシーと市民的自由に対してどのような問題を生じさせているのだろうか。どうすればこれらの問題は改善できるのか。その安全保障に対する監視はどのような種類のものであるべきか。その安全保障措置はどのくらい有効なのか。安全保障措置の有効性に実質的な影響を与えずに、プライバシーを保護することはできるか。

世論調査会社はまるで、無制限な政府による情報収集に屈するか、テロリストを発見する努力をせず彼らに好き放題にさせるかのどちらかしかないかのような誤った質問を行っている。法も役に立たないことが多い。それは、法も同種の泥沼にはまっているからである。修正四条は多岐にわたる政府の情報収集活動から我々を保護せず、その結果、同条はデジタル時代において現実的意味を失い続けている。電子的監視に関する制定法はほぼ時代遅れのものとなっている。その結果として、政府による情報収集は法律が処理することを拒絶するような多くの問題を生んでいる。規制と監視の可否が、たまたま当該記録がどこにあるかによって決まるべきではない。人々の家の外に情報が置かれる場面を増やす技術変革の結果、そのような情報が規制制度のらち外に置かれることがないようにしなければならない。そうではなく、法は情報の性質に目を向け、政府によるその収集がプライバシーを侵害し、修正一条で保護された活動を抑制し、又はそれ以外の合理的に見て重要な問題を引き起こす場合には、保護を与えなければならない。

レトリックを切り離し、結論を見ると、多くの安全を支持する議論の要点は、「我々を規制するな！」である。修正四条や電子的監視に関する制定法の適用範囲の広範さに対する批判を聞く際には、結論に集中しよう。その議論が勝利すれば、頻繁に（安全保障措置が）監視から解放され、規制から解放され、制限から解放され、説明責任から解放される。

プラグマティストとして、私は、我々は、プレーしているすべてのゲームに切り込む必要があると信じている。安全保障措置を吟味する際は、基本的な問いを投げかける必要がある。

1．それはうまく働くのか。

2. それは、プライバシーと市民的自由に対する問題を引き起こさないか。
3. どのような監視や規制を行えば、それらの問題を解決し、改善することができるのか。
4. もし、プライバシーと安全とのトレードオフ関係が必然であれば、どの程度まで安全保障措置がプライバシー保護のために制限されるべきか。そのような制限がどの程度安全保障措置の実効性を阻害するのか。その規制の便益は、実効性の減少による費用に見合うのか。

我々は厳しい方法で安全保障対策を評価しなければならない。その結果は単にプライバシー保護が向上するだけではなく、より思慮深く実効的な安全が得られるかもしれない。無駄な安全保障対策を切り詰めることは、単なるプライバシーの勝利だけではなく安全にとっての勝利でもある。それは、より良い代替案の追求へと導くかもしれないからである。

我々は政府をもっと信用すべきだと論じる人もいる。多少行き過ぎた例もあるが――エドガー・フーバーの例さえあるが――合衆国政府はビッグ・ブラザーに近づくことは決してなかったのだと。プライバシーよりも安全に重きを置く者は、全体主義社会への転落という恐怖は大袈裟だと論じる。そして彼らは、安全上の脅威に対応するためには、安全保障当局者に迅速に対応できるよう広範な柔軟性と裁量を与えるべきだと主張する。

しかし、健全な民主主義においては、政府は決して「我々を信じろ」とは言わない。健全な民主主義社会とは、政府が盲目的な信頼を要求しない社会をいう。それは、政府が一線を越えないことを確保するため、強力なルールや手順が整備されているからである。

世の中には本当の解決策や議論の価値のあるやり方がある。我々が有益な論争をする上での障害をすべて取り除けば、最後には、我々が必要とする議論を行うことができる。プライバシーも安全もどちらも重要で、保護に値すると認識した時、この論争を前に進めることができるのだ。

本書はこの論争の終点を意味しない。私は確かにすべての疑問を解決していない。私が達成できたと希望しているのは、論争における幾つかの欠陥のある議論を指摘し、法に関する神話を正すことである。いかに法が頻繁に解決すべき問題や、推進すべき核となる原理を忘れてしまうかを示すことができたと希望している。

さあ、新しい論争を始めよう。でも、今度はより生産的にしよう。さあ、最後にいくらか前進しよう。すべての雑音と混乱を取り除けば、何がうまくいき、何がうまくいかないかに焦点を当てることができる。意味のある歩み寄りに至ることができる。実効的な安全を享受しながら、プライバシーを保護することもできるのだ。

訳者あとがき

1　本書のタイトル及びテーマ

本書は、ダニエル・J・ソロブ（Daniel J. Solove）の Nothing to Hide: The False Tradeoff between Privacy and Security,（Yale University Press, 2011）の邦訳である。原題を直訳すれば『やましいことは何もない　～プライバシーと安全の間における誤ったトレードオフ～』とでもなるのであろうが、本文を読んでみないと、この直訳の意味は一読了解ではない。そこで、邦語タイトルは本書全体の趣旨を勘案しつつ、反語調のより刺激的なタイトルである『プライバシーなんていらない!?——情報社会における自由と安全』というものにした。

本書のテーマは、原題におけるサブタイトルに表されているように、プライバシー（Privacy）と安全（Security）の利益が衝突した際に、両者のバランスをいかにとれば良いのか、というものである。とりわけ九・一一事件以降のアメリカにおいては、両者の利益を天秤にかけると、安全側がかなり優位し、容易にプライバシー制約が認められるようになっている。本書は、このような安全とプライバシー間において行われている誤ったトレードオフの存在を指摘していくものである。

メインタイトルにもなっている「やましいことは何もない論（nothing-to-hide argument）」は、安全側を擁護する強力な議論のうちの一つである。日本の読者の皆さんの中にも、警察官から「バッグの中を見せてください」と職務質問をされたのを拒否したら「何かやましいことでもあるの？」と言われた経験をおもちの方がいらっしゃるのではなかろうか。「これって法律上の強制力がない任意の職務質問ですよね？　強制力がないなら拒否します。」と言ったとしても、警察官は「確かに任意だけど、何かやましいことでもあるの？　見られて困らないなら見せてくれてもいいじゃない。」と言ってくるかもしれない。こうした「やましいことは何もない論」に基づく警察官の説得に対して、みなさんはどう反論されるであろうか。ソロブは「やましいことは何もない論」の背後に潜む誤ったプライバシー観を暴き出し、自らのプライバシー理論に基づき手際よく反論する。ソロブの考え方については、第2章以下を参照して自らの目で確かめていただきたい。

本書の特徴は、「やましいことは何もない論」のような日常的によく見られる議論をテーマ別に多数取り上げて、これに反論するスタイルを採用している点にある。本書の全体像は、第1章の「はじめに」に要領よくまとまっているので、ここで改めて紹介しないが、例えば、プライバシーか安全かの二者択一を迫る「全か無かの誤謬（all-or-nothing fallacy）」（第3章）、裁判官は国家安全保障の専門家にその判断を委ねるべきだという「敬譲論（deference argument）」（第4章）、危機時であれば自由を犠牲にされ危機が終われば自由は回復されるとする「振り子論（pendulum argument）」（第6章）等の安全側を擁護する議論をソロブは一つずつ丁寧に理屈で潰していく。常識に訴えかけてくるこれらの議論の背後に潜む論理を日の下に晒すソロブの議論の仕方は、推理小説の謎を解き明かす方法に似ていて、惹き込まれる。

2　ソロブの他の著書——特に『プライバシーの新理論』との関連性

本書は法律専門家向けではなく一般人向けに書かれた書物であるが、ソロブの理論に関心をもった方はソロブのその他の書籍等を読むと良い。ソロブの単著としては、The Digital Person: Technology and

Privacy in the Information Age（NYU Press, 2004）, The Future of Reputation: Gossip, Rumor, and Privacy on the Internet（Yale University Press, 2007）, Understanding Privacy（Harvard University Press, 2008）, Nothing to Hide: The False Tradeoff Between Privacy and Security（Yale University Press, 2011）の合計四冊あり、本書は最新の四冊目を訳出したものである。三冊目については既に邦訳のダニエル・J・ソローヴ（大谷卓史訳）『プライバシーの新理論——概念と法の再考』（みすず書房、二〇一三年）が刊行されており、本書の翻訳の際にも大いに参照させていただいた。

ソロブの単著の中でも『プライバシーの新理論』では、ソロブの包括的なプライバシー観が示されており、本書をよりよく理解するために同書で示された理論枠組みを知っておくことは有益であろうから、ここで簡単にその内容を概説しておきたい（以下、同書を引用する際は邦訳書の頁数を用いる）。

『プライバシーの新理論』において、ソロブは、学説で唱えられているプライバシー概念を、①放っておいてもらう権利、②自己への限定アクセス、③秘密、④自己情報コントロール、⑤人格性、⑥親密性の六つの一般的な型に分類した上で、いずれも広過ぎるか、狭過ぎるか、あいまいである、と批判する。例えば、「放っておいてもらう権利」としてプライバシーを概念化した場合には、鼻先にパンチを食らわせる行為もプライバシー侵害とせざるを得ず広過ぎるし、どのような場合に放っておいてもらう権利侵害になるか何らの情報も含んでいない点であいまいである（同書二三一‐二四頁）。ソロブは、プライバシー学説がこのような共通の欠陥を抱えてしまう理由について、従前のプライバシー理論が「類と種差」に基づきプライバシーを定義し概念化する方法論を採用していることを指摘する。その上で、ソロブはこうした欠陥の生じないプライバシー理論を再構築するべく、ルートヴィッヒ・ウィトゲンシュタインの提唱する「家族的類似」論によって、プライバシーを概念化することを試みる。父Aと子Bは目元が似ているが、子Bと子Cの目元は似ていない、しかし、父Aと子Cは同じところにホクロがある、という家族を想定してみよう。A、B、Cは共通分母となる一元的な特徴を有していないが、全体として「家族」として類似しており、その全体のネットワークを「家族」と呼称する。ソロブによれば、プライバシー概念もこれと同様であり、プライバシーは共通分母としての共通性をもたないが、家族的類似のネットワークを形成している問題群なのである。

もっとも、ウィトゲンシュタインの「家族的類似」論に依拠してプライバシー概念を再構築した場合、個々のプライバシー侵害の事例の寄せ集めを「プライバシー」と暫定的に呼称するだけのことになり、わざわざ「プライバシー」という括りで概念化・主題化する必要がなくなるのではないか、という疑問が直ちに生じる。この点に関し、ソロブは、ジョン・デューイのプラグマティズムを援用し、抽象的・普遍的原則からではなく、具体的な問題状況をきっかけにしながら特定の文脈を超えた理論の一般化を行うことを目指す(同書六五–六八頁、九七–九九頁)。その結果、ソロブはその独自のプライバシー類型論を提唱する。ソロブのプライバシー理論において、プライバシー問題は①情報収集(監視、尋問)、②情報処理(集約、同定、非セキュリティ状態、二次的利用、排除)、③情報拡散(守秘義務関係破壊、開示、暴露、アクセス可能性の増大、脅迫、盗用、歪曲)、④侵襲(侵入、意思決定への介入)の大カテゴリー四、小カテゴリー一六からなる類型に分類され、各類型の特徴に即したプライバシーと他の諸利益との利益衡量指針が示される(同書一四二頁以下)。本書は、このソロブのプライバシー理論を「プライバシーVS安全」の局面において応用したものと思われ、『プライバシーの新理論』では必ずしも明らかにされていなかった具体的なプライバシー問題における利益衡量の指針を示す点で、理論的にも有意義な内容を含んでいる。

またソロブのプライバシー理論のもう一つの大きな特徴として、利益衡量の天秤に乗せるプライバシーの権利・利益を単なる特定個人の個人主義的なものではなく、多元的な社会的利益に由来するものと捉え

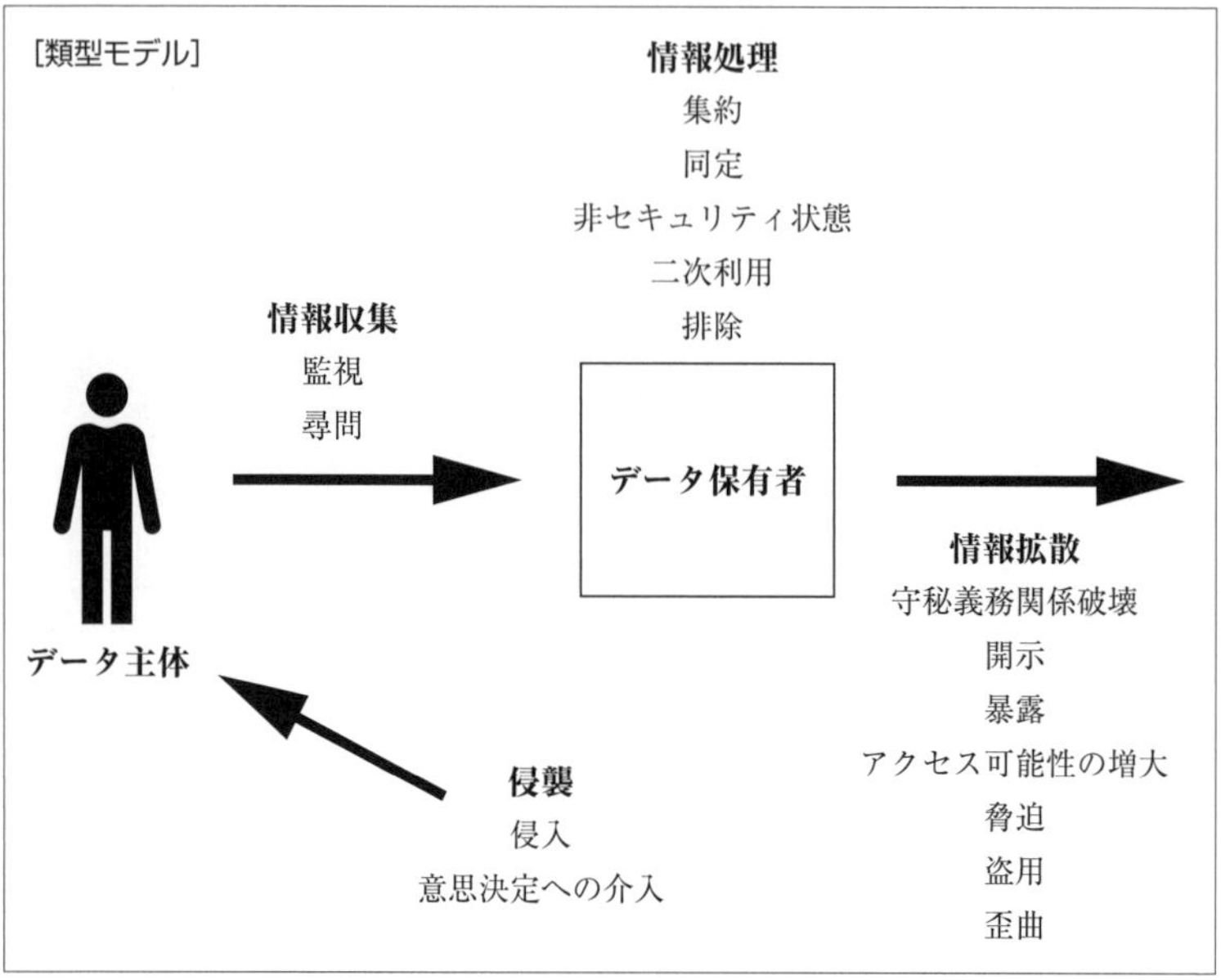

出典：『プライバシーの新理論』145 頁

る点が挙げられる（同書一一四頁以下）。アメリカでも日本でもプライバシーを個人の自律性等の個人主義的価値により正当化しようとする見解が有力であるが、プライバシーに社会的価値を見出すソロブのプライバシー理論には「新しさ」がある。本書でもソロブはこの考え方を踏襲しているが（本書第5章）、『プライバシーの新理論』と比較すると、本書は更に利益衡量の「方法論」にまで踏み込んでいる部分で理論の深化が見られる。ソロブは、本書において頻繁にプライバシーと安全を天秤にかける際の司法部門（裁判所）と政治部門（議会、行政）との関係性について言及する。ソロブは「裁判所が専門家を厳しく尋問するよう要求するほどの重要な自由が権利である」（本書五一頁）という。プライバシーは特定の内容や概念をもつ実体的権利であり、その実体的内容を侵した場合にプライバシー侵害になると考えるのが普通の思考であるが、ソロブはプライバシー権を司法部門と政治部門との関係性を規律する一種の手続的権利（の側面ももつもの）と捉えている節がある。このようなソロブのプライバシー観は、裁判所の合憲性審査の在り方そのものにもパラダイム転換を引き起こしうる。裁判所が憲法上の権利侵害の有無を判定する際、特定の政府利益を実現するためのより制限的でない他の選びうる手段（Less Restrictive Alternatives: LRA）の有無を審査し、より制限的でない他の選びうる手段があれば違憲と判断するＬＲＡの基準というものがあるが、ＬＲＡの基準も司法部門と政治部門の関係性を規律するプライバシーの観点から再解釈する余地がある。例えば、ソロブは、政府の実施する安全保障措置の合憲性を判定する際に、裁判所は安全保障当局に対して、「あなたの安全保障措置は、代替手段よりも良いものですか。プライバシーをより侵害しない他の対策はありますか」と問うことが有益だという（本書五一頁）。現在の連邦最高裁は安全保障当局の行った判断を尊重する敬譲審査を実施する傾向にあるが、裁判所が敬譲審査ではなくこのような厳格なＬＲＡの審査をすることにより、安全保障当局は後の説明責任を果たせるよう自らの安全保障政策を実質化させることができる（同頁）。一般に敬譲審査は安全保障当局の安全性の論理を促進するものであると考えられがちであるが、敬譲審査ではなく厳格な司法審査をすることで、より安全性を高める、という発想の転換が存在する。ソロブのこのようなプライバシー観及び司法審査観はアメリカでも日本でも目新しいものであり、今後の理論的検討が必要となろう。

３　本書出版後の情勢の変化

本書の骨格となるプライバシー理論は現在においても通用するものであるが、原著出版時の二〇一一年以降の二〇一三年六月、いわゆるスノーデン事件が発生し、プライバシーと安全をめぐるアメリカの議論状況も急速に動いていることには注意が必要である。スノーデン事件とは、中央情報局（ＣＩＡ）元職員のエドワード・スノーデンがPRISMと呼ばれる極秘プログラムによりアメリカ国家安全保障局（NSA）が世界中のインターネット等を監視していたことを告発した事件である。事件の詳細は、グレン・グリーンウォルド（田口俊樹＝濱野大道＝武藤陽生訳）『暴露：スノーデンが私に託したファイル』（新潮社、二〇一四年）、ルーク・ハーディング（三木俊哉訳）『スノーデンファイル：地球上で最も追われている男の真実』（日経BP社、二〇一四年）の二冊が詳しいので、こちらを参照されたい。

また、二〇一五年一一月にはフランスのパリ同時多発テロにより数百名の死傷者が多数出たこともあり、アメリカを含む世界中で、テロ対策等の安全性確保を理由とする監視論——特に情報通信技術を活用したデジタル監視論が再燃している。今もなお続く大規模テロの時代において、プライバシー論のあり方を検討する上で本書は有用であろう。

我が国においても、GPS捜査に関し、二〇一七年三月十五日最高裁大法廷判決が令状がなければ行うことのできない強制処分と判断し、GPS捜査の特質に着目した新たな立法的措置が講じられるべきことを提言した。立法に向けた国民的な議論の過程で、本書の議論が参考になるだろう。

4　謝辞

本書を出版するにあたっては、多数の方にお世話になった。まずは本書の翻訳をご快諾いただいたダニエル・J・ソロブ教授に感謝申し上げる。ソロブ教授には、原著一二四頁最終段落一文目の“suspiciousness searches”は“suspicionless searches”の誤植ではないかとの問い合わせについても迅速にご確認いただくなどのご対応もいただいた。本書の訳者である四名は訳者の一人である成原慧氏の主催する情報法・政策研究会のメンバーとして活動している者であり、翻訳過程では同研究会のメンバーには大変にお世話になった。特に横田明美様（千葉大学法経学部准教授）、酒井麻千子様（東京大学大学院情報学環助教)、工藤郁子様(中京大学経済研究所研究員)には、翻訳作業に当たって実施された合計5回にわたる読書会に頻繁に顔を出していただき、また貴重なコメントをいただいた。特に酒井様には、東京大学大学院情報学環教育部でのゼミ（情報産業論文献講読Ⅲ）で学生とともに原著及び仮訳の検討をしていただいた。また、二〇一五年七月一八日に実施された情報通信政策研究会議（ＩＣＰＣ）において、訳者の一人である私（大島）は本書を参考にしながら自由と安全の拮抗する場面におけるサーベイランスの問題について研究報告を行ったが、その際、『プライバシーの新理論』の訳者である大谷卓史様（吉備国際大学国際環境経営学部准教授）からソロブのプライバシー理論に関して有益なコメントをいただいた。勁草書房の編集者山田政弘様には、本書の企画の相談、読書会の運営から校正作業に至るまで多大なご支援をいただいた。平素よりお世話になっている諸先輩、友人、家族等を含め、以上すべての方に感謝申し上げたい。

平成二九年三月　大島　義則

著者

ダニエル・J・ソロブ（Daniel J. Solove）

ジョージタウン大学法科大学院ジョン・マーシャル・ハーラン法学研究教授。国際的に著名なプライバシー法の研究者。著書に、『プライバシーの新理論――概念と法の再考』（Understanding Privacy）等がある。ワシントンDC在住。ブログのアドレスは、http://concurringopinions.com.

訳者

大島　義則（おおしまよしのり）

第２章〜第５章、訳者あとがき

弁護士（長谷川法律事務所）、慶應義塾大学大学院法務研究科講師（非常勤）、広島大学大学院法務研究科客員准教授。主な単著として『憲法の地図』（法律文化社、2016年）等。

松尾　剛行（まつおたかゆき）

第１章、第６章〜第９章

弁護士（桃尾・松尾・難波法律事務所）、ニューヨーク州弁護士。著書に『最新判例に見るインターネット上の名誉毀損の理論と実務』（勁草書房、2016年）、『クラウド情報管理の法律実務』（弘文堂、2016年）、『最新判例に見るインターネット上の個人情報・プライバシー侵害の理論と実務』（勁草書房、2017年刊行予定）等。

成原　　慧（なりはらさとし）

はしがき、第10章〜第15章

東京大学大学院情報学環客員研究員。著書に『表現の自由とアーキテクチャ』（勁草書房、2016年）等。

赤坂　亮太（あかさかりょうた）

第16章〜第21章

慶應義塾大学SFC研究所上席所員。

人名索引

事項索引

注

第 1 章

(1) Samuel Dash, The Intruders: Unreasonable Searches and Seizures from King John to John Ashcroft 9 (2004).

(2) 家がそのもち主の城であるとの法格言は 1499 年にまで遡る。Note, The Right to Privacy in Nineteenth Century America, 94 Harv. L. Rev. 1892, 1894 n.18 (1981). Semayne's Case, 77 Eng. Rep. 194 (K.B. 1604)において，有名な「家はすべての人にとって自分の城や砦である」という宣言が表明されている。 Id. at 195.

(3) 4 William Blackstone, Commentaries on the Laws of England 168 (1769).

(4) William J. Cuddihy, The Fourth Amendment: Origins and Original Meaning, 602–1791, at lxi (2009).

(5) Tracey Maclin, *When the Cure for the Fourth Amendment Is Worse than the Disease,* 68 S. Cal. L. Rev. 1, 8 (1994); *see also* Leonard W. Levy, Origins of the Bill of Rights 158 (1999).

(6) 3 The Debates in Several Conventions on the Adoption of the Federal Constitution 448–49 (Jonathan Elliot ed., 1974).

(7) *See* David R. Johnson, Policing the Urban Underworld: The Impact of Crime on the Development of the American Police, 1800–1887 (1979); Eric Monkkonen, Police in Urban America, 1860–1920 (1981).

(8) William J. Stuntz, *The Substantive Origins of Criminal Procedure,* 105 Yale L.J. 393, 435 (1995).

(9) Curt Gentry, J. Edgar Hoover: The Man and the Secrets 111 (1991).

(10) *Id.* at 112–13 (quoting Rep. J. Swagar Sherley, D-Ky.).

(11) *Id.* at 113.

(12) Ronald Kessler, The Bureau: The Secret History of the FBI 57 (2002).

(13) 現在の連邦捜査局の規模は，連邦捜査局のウェブサイトを参照。https://www.fbi.gov/about-us/quick-facts (最終確認 2015 年 12 月 12 日)【リンク切れ】

(14) Olmstead v. United States, 277 U.S. 438, 469, 464 (1928).

(15) *Id.* at 473, 478 (Brandeis, J. dissenting). 宮下紘『プライバシー権の復権』24 ～ 25 頁を参照した。

(16) この法律とは，連邦通信法 605 条であった。See Communications Act of 1934, ch. 652, 48 Stat. 1064 (current version at 47 U.S.C. § 605 (2006)).

(17) *See* Wayne R. LaFave et al., Criminal Procedure 260 (3d ed. 2000).

(18) *See* Whitfi eld Diffi e & Susan Landau, Privacy on the Line: The Politics of Wiretapping and Encryption 155–65 (1998).

(19) Kessler, The Bureau, *supra,* at 166, 188.

(20) Gentry, Hoover, *supra,* at 630.

(21) *See* 2 *Hearings before the Select Committee to Study Governmental Operations with Respect to Intelligence Activities of U.S. Senate,* 94th Cong., at 10 (1976) [hereinafter *Church Committee Report*].

(22) David Cole & James X. Dempsey, Terrorism and the Constitution 6–7 (1999).

(23) Gentry, Hoover, *supra,* at 140–42, 126.

(24) Mapp v. Ohio, 367 U.S. 643, 655 (1961).

(25) United States v. Katz, 389 U.S. 347, 358 (1967).

(26) Title III of the Omnibus Crime Control and Safe Streets Act of 1968, Pub. L. 90–351, § 802, 82 Stat. 197.

(27) See United States v. U.S. District Court, 407 U.S. 297 (1972). この事件は頻繁にキース事件と呼ばれる。それは，連邦地方裁判所のデモン・J.・キース判事が第一審でこの事件を担当していたからである。
(28) Diffie & Landau, Privacy on the Line, supra, at 178.
(29) 2 *Church Committee Report, supra,* at 5.
(30) *Id.* at 9–10.
(31) Foreign Intelligence Surveillance Act of 1978, Pub. L. No. 95-511, § 101, 92 Stat. 1783.
(32) S. Rep. No. 95-604, at 7 (1977), *reprinted in* 1978 U.S.C.C.A.N. 3904, 3916.
(33) Office of the Attorney Gen., U.S. Dep't of Justice, Domestic Security Investigation Guidelines (1976).
(34) Smith v. Maryland, 442 U.S. 735 (1979)（電話を掛けた相手の番号のリストについてプライバシーの合理的な期待はないとした）; United States v. Miller, 425 U.S. 435, 443 (1976)（銀行取引記録についてプライバシーの合理的な期待はないとした）; Florida v. Riley, 488 U.S. 445 (1989)（ヘリコプターがビニールハウスの上を非ヘリコプターで飛行することについてプライバシーの合理的な期待はないとした）; California v. Greenwood, 486 U.S. 35 (1988)（捨てられたゴミについてプライバシーの合理的な期待はないとした）。
(35) Electronic Communications Privacy Act of 1986, Pub. L. No. 99-508, 100 Stat. 1848.
(36) Uniting and Strengthening America by Providing Appropriate Tools Required to Intercept and Obstruct Terrorism (USA PATRIOT) Act of 2001, Pub. L. No. 107-56, 115 Stat. 272.

第2章
(1) Bruce Schneier, Commentary, *The Eternal Value of Privacy,* Wired,May 18, 2006, http://www.wired.com/news/columns/1,70886-0.html (last visited Aug. 17, 2010).
(2) Geoffrey R. Stone, Commentary, *Freedom and Public Responsibility,* Chi. Trib., May 21, 2006, at 11.
(3) Jeffrey Rosen, The Naked Crowd: Reclaiming Security and Freedom in an Anxious Age 36 (2004).
(4) NonCryBabyによるSecurity Focusへの投稿。http://www.securityfocus.com/comments/articles/2296/18105#18105 (Feb. 12, 2003).
(5) YovenによるDanielPipes.orgへの投稿。http://www.danielpipes.org/comments/47675 (June 14, 2006).
(6) Reach For The Stars! http://greatcarrieoakey.blogspot.com/2006/05/look-all-you-want-ive-got-nothing-to.html (May 14, 2006).
(7) annegbによるConcurring Opinionへの投稿。http://www.concurring opinions.com/archives/2006/05/is_there_a_ good.html (May 23, 2006).
(8) Joe Schneider, Letter to the Editor, *NSA Wiretaps Necessary,* St. Paul Pioneer Press, Aug. 24, 2006, at 11B.
(9) *NPR Day to Day: Polls Suggest Americans Approve NSA Monitoring* (NPR radio broadcast, May 19, 2006).
(10) Henry James, The Reverberator (1888), *reprinted in* Novels,1886–1890, at 555, 687 (1989).
(11) Daniel J. Solove, *Is There a Good Response to the "Nothing to Hide" Argument?* Concurring Opinions, http://www.concurringopinions.com/archives/2006/05/is_there_a_good.html (May 23, 2006).
(12) *See* Comments to Daniel J. Solove, *Is There a Good Response to the "Nothing to Hide"*

Argument? Concurring Opinions, http://www.concurring opinions.com/archives/2006/05/is_there_a_good.html (May 23, 2006).

(13) Aleksandr Solzhenitsyn, Cancer Ward 192 (Nicholas Bethell & David Burg trans., 1991).

(14) Friedrich Dürrenmatt, Traps 23 (Richard & Clara Winston trans.,1960).

(15) AndrewによるConcurring Opinionへの投稿。http://www.concurringopinions.com/archives/2006/05/is_there_a_good.html (Oct. 16, 2006).

(16) David H. Flaherty, *Visions of Privacy: Past, Present, and Future, in* Visions of Privacy: Policy Choices for the Digital Age 19, 31 (Colin J. Ben- nett & Rebecca Grant eds., 1999).

(17) John Dewey, Logic: The Theory of Inquiry (1938), *in* 12 The Later Works: 1938, at 112 (Jo Ann Boydston ed., 1991).

(18) 私は，拙著Understanding Privacyにおいてより深く，この多様なプライバシー問題について議論をしている。同書では，区別されるが相互に関連する多くの異なる種類のプライバシー問題を識別するのを手助けする類型論を提示した。

(19) *See* George Orwell, Nineteen Eighty-Four (1949).

(20) Franz Kafka, The Trial 50–58 (Willa & Edwin Muir trans., 1956) (1937).

(21) Daniel J. Solove, The Digital Person: Technology and Privacy in the Information Age 27–75 (2004).

(22) Schneier, *Eternal Value, supra.*

(23) Ann Bartow, *A Feeling of Unease about Privacy Law,* 155 U. Pa. L. Rev. PENNumbra 52, 62 (2006), http://www.pennumbra.com/responses/11-2006/ Bartow.pdf.

第3章

(1) *Wartime Executive Power and the National Security Agency's Surveillance Authority: Hearing before the S. Comm. on the Judiciary,* 109th Cong. 15 (2006)(アメリカ合衆国司法長官アルベルト・ゴンザレスの陳述)。

(2) Eric A. Posner & Adrian Vermeule, Terror in the Balance: Security, Liberty, and the Courts 12 (2007).

(3) Bob Sullivan, *Have You Been Wiretapped?* MSNBC.com, Jan. 10, 2006, http://redtape.msnbc.com/2006/01/have_you_been_w.html (last visited Aug. 17, 2010) (quotation marks omitted).

(4) *National Security Agency,* Rasmussen Reports, Dec. 28, 2005, http://www.rasmussenreports.com/2005/NSA.htm (last visited Aug. 17, 2010).

第4章

(1) MacWade v. Kelly, 460 F.3d 260, 273, 274 (2d Cir. 2006).

(2) Timothy Williams & Sewell Chan, *In New Security Move, New York Police to Search Commuters' Bags,* N.Y. Times, July 21, 2005, at A1.

(3) Richard A. Posner, Not a Suicide Pact: The Constitution in a Time of National Emergency 37 (2006).

(4) Eric A. Posner & Adrian Vermeule, Terror in the Balance: Security, Liberty, and the Courts 5 (2007).

(5) *See id.* at 6, 31, 18.

(6) John Mueller, Overblown: How Politicians and the Terrorism Industry Inflate National Security Threats, and Why We Believe Them 13 (2006).

(7) *See* Bruce Schneier, Beyond Fear: Thinking Sensibly about Security in an Uncertain World 239

(2003).

(8) 例えば,See, Arialdi M. Miniño, Melonie P. Heron & Betty L. Smith, *Deaths: Preliminary Data for 2004,* Nat'l Vital Stats. Rep., June 28, 2006, at 1, 30 tbl. 7 (2006), *available at* http://www.cdc.gov/nchs/data/nvsr/nvsr54/ nvsr54_19.pdf.

(9) *See* Jeordan Legon, *Survey: "Shark Summer" Bred Fear, Not Facts,* CNN.com, Mar. 14, 2003, http://www.cnn.com/2003/TECH/science/03/13/shark. study/ (last visited Aug. 17, 2010).

(10) Bruce Schneier, *Beyond Security Theater,* Schneier on Security, Nov. 13, 2009, http://www.schneier.com/blog/archives/2009/11/beyond_security.html (last visited Aug. 17, 2010).

第5章

(1) Smith v. City of Artesia, 772 P.2d 373, 376 (N.M. Ct. App. 1989).

(2) Thomas I. Emerson, The System of Freedom of Expression 545, 549 (1970).

(3) Charles Fried, *Privacy,* 77 Yale L.J. 475, 478 (1968); *see also* Beate Rössler, The Value of Privacy 117 (R. D. V. Glasgow trans., 2005)(「個人のプライバシーの尊重は,自律的な主体たる彼女の尊重である。」). Stanley I. Benn, *Privacy, Freedom, and Respect for Persons, in* Nomos XIII: Privacy 1, 26 (J. Roland Pennock & John W. Chapman eds., 1971)(「個人又は選択者として誰かを尊重することは,ある種の自己創造的な企てに従事する者として彼を尊重することを意味する。それは,観察という限られた侵入によってさえ,崩壊し,歪み,挫かれる。」).

(4) *See, e.g.,* Rakas v. Illinois, 439 U.S. 128 (1978)(車のグローブボックスに対する警察の捜索は車の同乗者に不利な証拠を発見するが,同乗者は捜索の違憲性を主張する適格に欠けると判示).

(5) Amitai Etzioni, The Limits of Privacy 196, 187-88, 38 (1999).

(6) *Id.* at 198.

(7) John Dewey, Ethics (1908), *in* 5 The Middle Works: 1899-1924, at 268 (Jo Ann Boydston ed., 1978).

(8) John Dewey, Liberalism and Civil Liberties (1936), *in* 11 The Later Works: 1935-1937, at 373, 375 (Jo Ann Boydston ed., 1987).

(9) Robert C. Post, *The Social Foundations of Privacy: Community and Self in the Common Law Tort,* 77 Cal. L. Rev. 957, 968 (1989).

(10) Spiros Simitis, *Reviewing Privacy in an Information Society,* 135 U. Pa.L. Rev. 707, 709 (1987)(プライバシーが考慮されるべき理由はもはや特定個人の問題として生じず,むしろ,あらゆる者に影響する利益衝突として表出する。). *See also* Julie E. Cohen, *Examined Lives: Informational Privacy and the Subject as Object,* 52 Stan. L. Rev. 1373, 1427-28 (2000)(「要するに,情報プライバシーは,最広義の市民社会の構成要素である。」). Paul M. Schwartz, *Privacy and Democracy in Cyberspace,* 52 Vand. L. Rev. 1609, 1613 (1999)(情報プライバシーは,市民社会の構成要素と考えるのが最適である。).

第6章

(1) Richard A. Posner, Law, Pragmatism, and Democracy 298 (2003).

(2) Terminiello v. Chicago, 337 U.S. 1, 36 (1949) (Jackson, J. dissenting).

(3) Posner, Pragmatism, *supra,* at 296.

(4) William H. Rehnquist, All The Laws but One 224 (1998).

(5) Amitai Etzioni, The Limits of Privacy 25 (1999).

(6) ABC News/Washington Post Poll, September 11, 2001, reported in Amitai Etzioni, How Patriotic Is the Patriot Act? Freedom Versus Security in the Age of Terrorism 18 (2004).

(7) Gallup Poll, Jan. 28–March 22, 2002, *reported in* Etzioni, Patriot Act, *supra,* at 18.

(8) Floyd Abrams, *The First Amendment and the War against Terrorism,* 5 U. Pa. J. Const. L. 1, 5–6 (2002).

(9) Herman Melville, Billy Budd, Sailor (An Inside Narrative) (Harrison Hayford & Merton M. Sealts, Jr., eds., 1962). 原稿はメルヴィルが 1891 年に死亡した際に未完成であり，最終的に 1924 年に公刊された。

(10) ダニエル・コムスタインはビリー・バッドを裁くのに使われた臨時軍法会議とブッシュ政権の秘密軍事法廷の類似性を説得的に指摘する。See Daniel J. Kornstein, Life Imitates Art on Secret Tribunals, N.Y.L.J., Nov. 28, 2001, Perspectives, at 2.

(11) *See* Richard H. Weisberg, The Failure of the Word 133–76 (1984).

(12) Eric K. Yamamoto et al., Race, Rights, and Reparations: Law and the Japanese American Internment 38 (2001); *see also* Eugene V. Rostow, *The Japanese American Cases-A Disaster,* 54 Yale L.J. 489 (1945).

(13) Schenck v. United States, 249 U.S. 47, 52 (1919).

(14) Korematsu v. United States, 323 U.S. 214, 216 (1944).

(15) Hirabayashi v. United States, 320 U.S. 81, 95 (1943).

(16) See Commission on Wartime Relocation and Internment of Civilians, Personal Justice Denied (1982). 正式謝罪は Pub. L. No. 100-383, § 2 (a), 102 Stat. 903 (1988) において行われた。

(17) *See* Ellen Schrecker, Many Are the Crimes: McCarthyism in America 359–415 (1998); *see also* Ted Morgan, Reds: McCarthyism in Twentieth-Century America 546–47 (2003).

(18) *See, e.g.,* Sheryl Gay Stolberg, *Transcripts Detail Secret Questioning in 50's by McCarthy,* N.Y. Times, May 6, 2003, at A1.

(19) David Cole, *Enemy Aliens,* 54 Stan. L. Rev. 953, 960–61 (2002).

(20) Stephen Graham, *U.S. Frees 80 Afghan Detainees,* Phila. Inquirer, Jan. 17, 2005, at A12.

(21) Hamdi v. Rumsfeld, 524 U.S. 507, 535 (2004).

(22) *See, e.g.,* Eric Lichtblau, *U.S. Report Faults the Roundup of Illegal Immigrants after 9/11,* N.Y. Times, June 3, 2003, at A1.

(23) Jerry Markon, *U.S. to Free Hamdi, Send Him Home,* Wash. Post, Sept. 23, 2004, at A1.

(24) Posner, Pragmatism, *supra,* at 304.

(25) *See* Ellen Schrecker, The Age of McCarthyism: A Brief His- tory with Documents 76–86 (1994); *see also* Seth F. Kreimer, *Sunlight, Secrets, and Scarlet Letters: The Tension between Privacy and Disclosure in Constitutional Law,* 140 U. Pa. L. Rev. 1, 13–71 (1991).

第7章

(1) Continued Oversight of the USA PATRIOT Act: Hearing before the S. Comm. on the Judiciary, 109th Cong. (2005) (民主主義防衛財団のアンドリュー・マッカーシー弁護士の証言), http://www.judiciary.senate.gov/meetings/continued-oversight-of-the-usa-patriot-act (最終確認日 2015 年 12 月 12 日); see also Eric A. Posner & Adrian Vermeule, Terror in the Balance: Security, Liberty, and the Courts 18 (2006) (国家安全保障が問題となる場合には，「迅速で，強力で，秘密の行動を取る権限が拡大される」と論じる).

(2) Trevor W. Morrison, *The Story of United States v. U.S. District Court (Keith): The Surveillance Power, in* Presidential Power Stories 287, 292 (Christopher Schroeder & Curtis Bradley eds., 2008).

(3) U.S. Const. art II. § 1.

(4) United States v. U.S. District Court (Keith), 407 U.S. 297, 320 (1972).
(5) *Id.* at 322, 323.
(6) Stephen I. Vladeck, *National Security's Distortion Effects*, 32 W. New Eng. L. Rev. 285, 288 (2010).
(7) Kirk Semple, *Padilla Gets 17 Years in Conspiracy Case,* N.Y. Times, Jan. 23, 2008, at A14.
(8) Michael Brick, *Man Crashes Plane into Texas IRS Office,* N.Y. Times, Feb. 18, 2010, at A14.
(9) United States v. Ehrlichman, 546 F.2d 910, 926 (D.C. Cir. 1976).
(10) See New York Times Co. v. United States, 403 U.S. 713 (1971); see also A Culture of Secrecy: The Government Versus the People's Right to Know (Athan G. Theoharis ed., 1998). ジョン・ミッチェル司法長官は，ニューヨークタイムスに対し書簡を送り，ペンタゴン・ペーパーが「合衆国の防衛の利益に対する回復不能な損害を与える」と論じた。 Stephen Dycus et al., National Security Law 1017 (3d ed. 2002) (当時のミッチェル司法長官の書簡を引用).
(11) Brief of United States, New York Times Co. v. United States, *quoted in* Louis Fisher, In the Name of National Security: Unchecked Presidential Power and the Reynolds Case 154–55 (2006).
(12) *Id. at* 156 (quoting Erwin N. Griswold, *Secrets Not Worth Keeping,* Wash. Post. Feb 15, 1989, at A25).
(13) See United States v. Reynolds, 345 U.S. 1, 10 (1953) (開示が「国家安全保障の観点から漏えいされてはならない軍事事項を公開する」との「合理的脅威」があれば，政府は情報開示を差止めることができるとした。). 国家機密特権について，Amanda Frost, The State Secrets Privilege and Separation of Powers, 75 Fordham L. Rev. 1931 (2007)参照。
(14) Eric Lichtblau, *U.S. Cites "Secrets" Privilege as It Tries to Stop Suit on Banking Records,* N.Y. Times, Aug. 31, 2007, at A17.
(15) この事件に関する事実関係については，以下の資料を参考にした。El-Masri v. United States, 479 F.3d 296, 300 (4th Cir. 2007); Dana Priest, The Wronged Man: Unjustly Imprisoned and Mistreated, Khaled al-Masri Wants Answers the U.S. Government Doesn't Want to Give, Wash. Post, Nov. 29, 2006, at C1; Dana Priest, Wrongful Imprisonment: Anatomy of a CIA Mistake: German Citizen Released after Months in "Rendition," Wash. Post, Dec. 4, 2005, at A1.
(16) El-Masri v. United States, 479 F.3d 296, 309–10 (4th Cir. 2007).
(17) Id. at 308–9, 311. 国家安全保障法の専門家であるロバート・チェスニーは，国家機密が関係する事件は「秘密裁判所」で審理されるべきだと提案する。Robert M. Chesney, State Secrets and the Limits of National Security Liti- gation, 75 Geo. Wash. L. Rev. 1249, 1313 (2007).
(18) *Reynolds,* 345 U.S. at 10–11.
(19) Louis Fisher, In the Name of National Security: Unchecked Presidential Power and the Reynolds Case xi, 28 (2006).
(20) 国家機密と国家安全保障についての示唆深い研究については，以下を参照のこと。Nathan Alexander Sales, Secrecy and National Security Investigations, 58 Ala. L. Rev. 811 (2007); Heidi Kitrosser, "Macro-Transparency" as Structural Directive: A Look at the NSA Surveillance Controversy, 91 Minn. L. Rev. 1163 (2007); Mary-Rose Papandrea, Under Attack: The Public's Right to Know and the War on Terror, 25 B.C. Third World L.J. 35 (2005).

第8章

(1) United States v. U.S. District Court (Keith), 407 U.S. 297, 321–22 (1972) (「この事案は国家安全保障の国内面のみと関係する。我々は，外国勢力及びそのエージェントの活動については言及しておらず，見解を表明していない。もっとも，対象者が外国勢力エージェントである場合には，令状

なしの監視が適法になる可能性がある。」).

(2) The Foreign Intelligence Surveillance Act of 1978, 50 U.S.C. § § 1801 *et seq.* (2006). For more background about FISA, see Peter P. Swire, *The System of Foreign Intelligence Surveillance,* 72 Geo. Wash. L. Rev. 1306 (2004).

(3) 50 U.S.C. § 1805 (a).

(4) 期間については，以下を比較せよ。ECPA, 18 U.S.C. § 2518 (5)(命令の有効期間は最長 30 日である) with FISA, 50 U.S.C. § 1805 (d)(命令の有効期間は最長 90 日であるが対象者が非米国人である場合には最長 120 日となる。). 通知については以下を比較せよ。 ECPA, 18 U.S.C. § 2518 (8)(D)(監視通知を要求する) with FISA, 50 U.S.C. § § 1806 (c), 1825 (b)(監視の公開は，当該監視によって対象者が訴追された場合又は，「司法長官が当該捜索の秘匿を継続することに国家安全保障上の利益が存在しないと決定した」場合のみなされる。). 申立ての審理と監視命令については，ECPA, 18 U.S.C. § 2518 (9)(被告人が裁判所の命令及び電子監視の申立てを調査することが許されると定める) with 50 U.S.C. § 1806 (f)(「申請，命令又はそれ以外の監視に関係する資料」の「インカメラでかつ一方当事者のみの」審理が求められる。).

(5) United States v. Isa, 923 F.2d 1300 (8th Cir. 1991).

(6) *Terror and Death at Home Are Caught in F.B.I. Tape,* N.Y. Times, Oct. 28, 1991, at A14.

(7) *Isa,* 923 F.2d at 1304–6.

(8) Paul Rosenzweig, *Civil Liberty and the Response to Terrorism,* 42 Duq. L. Rev. 663, 689 (2004).

(9) John Yoo, War by Other Means: An Insider's Account of the War on Terror 72 (2006); see also Stewart Baker, Skating on Stilts: Why We Aren't Stopping Tomorrow's Terrorism 39–69 (2010).

(10) The 9/11 Commission Report 254–75 (2004).

(11) USA PATRIOT Act, Pub. L. No. 107-56, § 204, 115 Stat. 272 (codi- fied at 50 U.S.C. § 1804 (a)(7)(B) (2006)).

(12) In re Sealed Case, 310 F.3d 717, 720 (FISA Ct. 2002)(政府の唯一の目的が単に過去の犯罪行為の証拠を入手することである場合には……申立ては拒絶されなければならない).

(13) 50 U.S.C. § 1805 (a).

(14) William C. Banks & M. E. Bowman, *Executive Authority for National Security Surveillance,* 50 Am. U. L. Rev. 1, 87 (2000).

(15) Norman C. Bay, *Executive Power and the War on Terror,* 83 Denv.U. L. Rev. 335, 373 (2005)(quoting Harry S. Truman, 1 Memoirs: Year of Deci- sions 117 (1955)).

(16) Mayfield v. United States, 599 F.3d 964 (9th Cir. 2010). この事件については，その他の資料からも事実の一部を入手した。Mayfield v. United States, 588 F.3d 1252 (9th Cir. 2010); Mayfield v. United States, 204 F. Supp. 2d 1023 (D. Or. 2007).

(17) The 9/11 Commission Report 271 (2004). For the full discussion of the confusion, see *id.* at 254–75.

(18) David S. Kris, *The Rise and Fall of the FISA Wall,* 17 Stan. L. & Pol'y Rev. 487, 521–24 (2006).

(19) William C. Banks, *The Death of FISA,* 91 Minn. L. Rev. 1209, 1253 (2007).

第9章

(1) James Risen & Eric Lichtblau, *Bush Lets U.S. Spy on Callers without Courts: Secret Order to Widen Domestic Monitoring,* N.Y. Times, Dec. 16, 2005, at A1.

(2) James Bamford, Body of Secrets: Anatomy of the Ultra Secret National Security Agency 5 (2001).

(3) James Bamford, The Shadow Factory: The NSA from 9/11 to the Eavesdropping on America 1

(2009).

(4) Leslie Cauley, *NSA Has Massive Database of Americans' Phone Calls*, USA Today, May 11, 2006, at A1; Susan Page, *Lawmakers: NSA Database Incomplete*, USA Today, June 30, 2006, at A1.

(5) Siobhan Gorman, *NSA's Domestic Spying Grows as Agency Sweeps up Data*, Wall St. J., Mar. 10, 2008, at A1.

(6) Prepared Statement of Hon. Alberto R. Gonzales, Attorney General of the United States, Feb. 6, 2006, *available at* http://www.justice.gov/archive/ag/speeches/2006/ag_speech_060206.html (last visited Aug. 17, 2010).

(7) 50 U.S.C. § 1801.

(8) Statement of Gonzales, *supra*.

(9) U.S. Dep't of Justice, White Paper, Legal Authorities Supporting the Activities of the National Security Agency Described by the President 2 (Jan. 19, 2006), *available at* http://www.justice.gov/opa/whitepaperonnsale galauthorities.pdf.

(10) Peter Baker, *President Acknowledges Approving Secretive Eavesdropping*, Wash. Post, Dec. 18, 2005, at A1.

(11) William J. Stuntz, *Secret Service: Against Privacy and Transparency*, New Republic, Apr. 7, 2006, at 12, 15.

(12) ACLU v. NSA, 493 F.3d 644, 673–74 (6th Cir. 2007).

(13) *Id.* at 668.

(14) 18 U.S.C. § 2511 (2006).

(15) *See* Al-Haramain Islamic Foundation v. Bush, 507 F.3d 1190 (9th Cir. 2007); Hepting v. AT&T Corp., 439 F. Supp. 2d 974 (N.D. Cal. 2006).

(16) Foreign Intelligence Surveillance Act of 1978 Amendments Act of 2008, Pub. L. No. 110-261, 92 Stat. 1783.

(17) Jack Balkin, *The Party of Fear, the Party without a Spine, and the National Surveillance State*, Balkinization, Aug. 5, 2007, http://balkin.blogspot.com/2007/08/party-of-fear-party-without-spine-and.html (last visited Aug. 17, 2010).

第 10 章

(1) Christopher Slobogin, Privacy at Risk: The New Government Surveillance and the Fourth Amendment 140-41 (2007).

(2) Daniel J. Solove, The Digital Person: Technology and Privacy in the Information Age 42 (2004).

(3) U.S. Const. amend. IV.

(4) 司法統計局によれば，(〔訳者注：原著の刊行時点で〕データが入手可能な最新の年である)2004年の時点で，110万名近くのフルタイムの州及び地方の法執行職員が在職し，約10万5千名のフルタイムの連邦の法執行職員が在職していた。U.S. Dep't of Justice, Bureau of Justice statistics, Census of State and Local Law Enforcement Agencies, 2004, http://www.bjs.gov/content/pub/pdf/csllea04.pdf; U.S. Dep't of Justice, Bureau of Justice Statistics, Census of Federal Law Enforcement Officers, 2004, http://www.bjs.gov/content/pub/pdf/fleo04.pdf.

(5) Brinegar v. United States, 338 U.S. 160, 175-76 (1949).

(6) Mapp v. Ohio, 367 U.S. 643 (1961).

(7) これは「物理的な不法侵入の法理」として知られる。連邦最高裁は，修正4条は個人の書類及び文書を保護すると判示している。Boyd v. United States, 116 U.S. 616 (1886). 修正4条は封をされた郵便も保護している。Ex parte Jackson, 96 U.S. 727 (1877). だが，政府の捜索又は監視が財産に対

する物理的な不法侵入を伴わない場合には，修正4条の保護は及ばない。See Goldman v. United States, 316 U.S. 129 (1942)（修正4条は，個人の財産に対して物理的に侵入しない録音機には及ばないと判示）.

（8）Samuel Dash, The Intruders: Unreasonable Searches and Seizures from King John to John Ashcroft 74 (2004).

（9）Olmstead v. United States, 277 U.S. 438, 464 (1928).

(10) *Id,* at 472, 473 (Brandeis, J. dissenting).

(11) Katz v. United States, 389 U.S. 347 (1967).

(12) 背景事実については，Harvey A. Schneider, *Katz v. United States: The Untold Story,* 40 McGeorge L. Rev. 13, 13-14 (2009); Brief for Respondent, *Katz v. United States,* 1967 WL 113606 (Sept. 22, 1967)に基づいている。

(13) *Katz,* 389 U.S. at 351-52.

(14) *Id.* at 361 (Harlan, J., concurring).

(15) Carol S. Steiker, *Brandeis in Olmstead: "Our Government is the Potent, the Omnipresent Teacher",* 79 MISS. L.J. 149, 162 (2009).

(16) Oliver v. United States, 466 U.S. 170 (1984).

(17) United States v. Dunn, 480 U.S. 294 (1987).

(18) California v. Greenwood, 486 U.S. 35 (1988).

(19) United States v. Scott, 975 F.2d 927 (1st Cir. *1992*)

(20) Florida v. Riley, 488 U.S. 445 (1989)（ヘリコプターから屋根瓦の一部を失った温室を捜査することの合憲性を支持した）; *see also,* California v. Ciraolo, 476. U.S. 207 (1986)（上空から裏庭を捜査することの合憲性を支持した）.

(21) United States v. Knotts, 460 U.S. 276, 281-82 (1983).

第11章

（1）United States v. Miller, 425 U.S. 435, 443, 442 (1976).

（2）Smith v. Maryland, 442 U.S. 735, 743 (1979).

（3）*See* Guest v. Leis, 255 F.3d 325, 336 (6th Cir. 2001)（人々は「自身の契約情報をシステム管理者に伝達しているため，［インターネット・サービスの］契約情報に関して修正4条上のプライバシーの利益を欠いている」と判示）; *see also,* United States v. Kennedy, 81 F. Supp. 2d 1103, 1110 (D. Kan. 2000); United States v. Hambrick, 55 F. Supp. 2d 504, 508 (W.D. Va. 1999).

（4）クラウド・コンピューティングとプライバシーに関する更なる議論については，see Nicole A. Ozer & Chris Conley, Cloud Computing: Storm Warning for Privacy? (report for the ACLU of Northern California), *available at* http://papers.ssrn.com/sol3/papers.cfm?abstract_id=1611820.

（5）*See* In re JetBlue Airways Corp. Privacy Litigation, 379 F.Supp.2d 299, 305 (E.D.N.Y. 2005); Dyer v. Northwest Airlines Corp., 334 F.Supp.2d 1196, 1197, 1199 (D.N.D. 2004).

（6）Protecting Your Personal Information, U.S. Census, 2010, http://2010. census.gov/2010census/privacy/index.php (2010年8月17日最終閲覧)

（7）Daniel J. Solove, The Digital Person: Technology and Privacy in the Information Age 202-9 (2004).

（8）Hoffa v. United States, 385 U.S. 293 (1966)（秘密の情報提供者がジェームス・ホッファの友人になりすまして彼から情報収集した事案において，修正4条は彼に保護を与えないと判示）; Lewis v. United States, 385 U.S. 206 (1966)（秘密捜査官を自宅に招いた場合に修正4条は保護を与えないと判示）.

(9) 秘密保持違反の不法行為に関する広範な検討として，Neil. Richards & Daniel J. Solove, *Privacy's Other Path: Recovering the Law of Confidentiality*, 96 GEO. L.J.123 (2007).

(10) Orin S. Kerr, *The Case for the Third-Party Doctrine*, 107 MICH. L. REV. 561, 573-77 (2009).

(11) U.S. Const. amend. IV. 第三者提供の法理に関する卓越した批判として,see CHRISTOPHER SLOBOGIN, PRIVACY AT RISK: THE NEW GOVERNMENT SURVEILLANCE AND THE FOURTH AMENDMENT 151-64 (2007); see also, Richard A. Epstein, *Privacy and the Third Hand: Lessons from the Common Law of Reasonable Expectations*, 24 BERKELEY TECH. L.J.1199 (2009); Jack I. Lerner & Deirdre K. Mulligan, *Taking the "Long View" on the Fourth Amendment: Stored Records and the Sanctity of the Home*, 2008 STAN. TECH. L. REV. 3 (2008); Susan Freiwald, *First Principles of Communications Privacy*, 2007 STAN. TECH. L. REV. 3; Stephen E. Henderson, *Beyond the (Current) Fourth Amendment: Protecting Third-Party Information, Third Parties, and the Rest of Us Too*, 34 PEPP. L. REV. 975 (2007); Susan W. Brenner & Leo L. Clarke, *Fourth Amendment Protection for Shared Privacy Rights in Stored Transactional Data*,14 J.L. & POL'Y 211 (2006).

第12章

(1) より十全な事実について述べたものとして，*see* State v. Athan, 158 P.3d 27 (Wash. 2007).

(2) *Id.* at 374. 書簡へのリンクは以下で見ることができる。Tracy Johnson, *Ruse to Get Suspect's DNA Upheld— "Very Scary," Privacy Expert Says, Seattle Post-Intelligencer*, May 10, 2007, 下記で閲覧可能,http://www.seattlepi.com/dayart/PDF/dna2.pdf.〔訳者注：現在は当該ページは削除されている〕http://www.seattlepi.com/dayart/PDF/dna2.pdf.

(3) California v. Greenwood, 486 U.S. 35 (1988)(ゴミは放棄されているので，歩道の縁石に捨てられたゴミ袋の中身についてプライバシーの合理的期待は存在しないと判示); *see also* Elizabeth E. Joh, *Reclaiming "Abandoned" DNA: The Fourth Amendment and Genetic Privacy*, 100 NW. U. L. REV. 857 (2006).

(4) Commonwealth v. Ewing, 854 N.E.2d 993, 1001 (Mass. App. Ct. 2006).

(5) Commonwealth v. Cabral, 866 N.E.2d 429, 432 (Mass. App. Ct. 2007).

(6) Katz v. United States, 389 U.S. 347, 361 (1967) (Harlan, J., concurring).

(7) *See, e.g.*, Susan W. Brenner, *The Fourth Amendment in an Era of Ubiquitous Technology*, 75 MISS. L.J. 1 (2005)(最高裁のプライバシーの理解を新たな技術に対処するのに不適当なものとして批判している); Brian J. Serr, *Great Expectations of Privacy: A New Model of Fourth Amendment Protection*, 73 MINN. L. REV. 583, 642 (1989)(「最高裁の現在の修正4条の分析は，公の露出(public exposure)に関する単純で論理的に整合していない理論に基づいている」と論じている); *see also* Lewis R. Katz, *In Search of a Fourth Amendment for the Twenty-First Century*, 65 IND. L.J. 549, 554–55 (1990)(「我々はステュワートとハーランによって意図されたプライバシーのテストとそれを動機づけていた根底的な価値に回帰するべきである。」).

(8) Sherry F. Colb, *What Is a Search? Two Conceptual Flaws in Fourth Amendment Doctrine and Some Hints of a Remedy*, 55 STAN. L. REV.119, 122 (2002); *see also* Gerald G. Ashdown, *The Fourth Amendment and the "Legitimate Expectation of Privacy,"* 34 VAND. L. REV. 1289, 1321 (1981); Richard G. Wilkins, *Defining the "Reasonable Expectation of Privacy" : An Emerging Tripartite Analysis*, 40 VAND. L. REV. 1077, 1080 (1987). 一方，以下も参照,Orin S. Kerr, *Four Models of Fourth Amendment Protection*, 60 STAN. L. REV. 503 (2007).

(9) WILLIAM JAMES, PRAGMATISM 22, 23 (1991) (originally published in 1907)〔W.ジェイムズ(枡田啓三郎訳)『プラグマティズム』(岩波書店，2010年)49-51頁〕

(10) See Olmstead v. United States, 277 U.S. 438, 464 (1928).

(11) Katz v. United States, 389 U.S. 347, 361 (1967) (Harlan, J. concurring) (プライバシーの合理的期待テストについて述べている).

(12) Christopher Slobogin & Joseph E. Schumacher, *Reasonable Expectations of Privacy and Autonomy in Fourth Amendment Cases: An Empirical Look at "Understandings Recognized and Permitted by Society,"* 42 DUKE L.J. 727, 774 (1993).

(13) 多くの論者がプライバシーの合理的期待テストの循環性についてコメントしてきた. *See, e.g.*, Richard A. Posner, *The Uncertain Protection of Privacy by the Supreme Court*, 1979 SUP. CT. REV.173, 188 (「プライバシーの合理的期待は法的ルールがどのようなものであるかに依存することになる」がゆえに, 個人がプライバシーの合理的期待をもっているか否かは「循環的」であると論じている); Robert C. Post, *Three Concepts of Privacy*, 89 GEO. L.J. 2087, 2094 (2001) (「『合理的期待』に関する司法の解釈は法執行機関の行為に影響を与えることになり, ひいてはプライバシーを画定する現実の社会規範に影響を与えることになる。」); *see also* Michael Abramowicz, *Constitutional Circularity*, 49 UCLA L. REV. 1, 60–61 (2001) (「修正4条の法理は…循環的である。というのも, 人がある領域においてプライバシーの合理的期待をもつことができるのは, 最高裁が当該領域における捜索は不合理的なものであると判断してきた場合かつその場合に限られるからである。」); Anthony G. Amsterdam, *Perspectives on the Fourth Amendment*, 58 MINN. L. REV. 349 (1974) (政府は, 毎晩テレビで我々はすべてを電子的監視に晒されている可能性があると宣伝することによってプライバシーの期待を縮減することができると指摘している).

(14) Bond v. United States, 529 U.S. 334, 336, 338 (2000).

(15) JOHN DEWEY, LOGIC: THE THEORY OF INQUIRY (1938), in 12 LATER WORKS, 1925–1953, at 1, 110–13 (Jo Ann Boydston ed. 1986).

(16) WILLIAM J. CUDDIHY, THE FOURTH AMENDMENT: ORIGINS AND ORIGINAL MEANING 602–1791, at 770 (2009).

(17) *See, e.g.*, Michelle Hibbert, *DNA Databanks: Law Enforcement's Greatest Tool?*, 34 WAKE FOREST L. REV. 767, 768 (1999) (DNAプロファイルは, 「自身の遺伝子指紋を記録されている個人に関する広範な遺伝子情報を明らかにするのみならず, 当該個人の親族に関する広範な遺伝子情報も明らかにする」と指摘している); Sonia M. Suter, *Disentangling Privacy from Property: Toward a Deeper Understanding of Genetic Privacy*, 72 GEO. WASH. L. REV. 737, 774 (2004) (DNAは我々の「気質, 健康, 能力及び容姿」に影響を与える).

第13章

(1) Bourgeois v. Peters, 387 F.3d 1303, 1311–12 (11th Cir. 2004).

(2) See Terry v. Ohio, 392 U.S. 1, 27 (1968).

(3) See Brinegar v. United States, 338 U.S. 160, 175–76 (1949) (「[法執行官の] 知識の範囲内にあって, 彼らが合理的に信頼に値する情報を有しているところの事実と状況 [が], それ自体で, 合理的な注意深さをもつ人に, 犯罪が行われた, 又は犯罪が行われているとの信念を保証するのに十分である場合に」相当な理由は存在する).

(4) Clifford D. May, *Two Americas and a War*, WASH. TIMES, Mar. 14, 2008, at A18.

(5) Glenn Sulmasy & John Yoo, *Katz and the War on Terrorism*, 41 U.C. DAVIS L. REV. 1219, 1232 (2008).

(6) Curtis Bradley, *Two Models of the Fourth Amendment*, 83 MICH. L. REV. 1468, 1473 (1985).

(7) Treasury Employees v. Von Raab, 489 U.S. 656, 665–66 (1989).

(8) *See* Delaware v. Prouse, 440 U.S. 648 (1979) (特定された嫌疑なしに行われる固定された飲酒運転の検問は修正4条の下で許容されると判示); *see also* Illinois v. Lidster, 540 U.S. 419 (2004) (ひき

逃げ事故に関する情報を獲得するための検問プログラムの合憲性を支持).

(9) William J. Stuntz, *O. J. Simpson, Bill Clinton, and the Transsubstantive Fourth Amendment*, 114 HARV. L. REV. 842, 848 (2001).

(10) Wilson v. Layne, 526 U.S. 603, 605 (1999).

(11) Erik Luna, *The Overcriminalization Phenomenon*, 54 AM. U. L. REV. 703, 712 (2005).

(12) See Alex Kozinski & Misha Tseytlin, *You're (Probably) a Federal Criminal*, *in* IN THE NAME OF JUSTICE 43 (Timothy Lynch ed., 2009).

(13) HARVEY A. SILVERGLATE, THREE FELONIES A DAY: HOW THE FEDS TARGET THE INNOCENT (2009).

(14) Luna, *Overcriminalization, supra*, at 712.

(15) 薬物犯罪の訴追の大部分は薬物の密売に関わるものであるが，違法薬物の所持も投獄される可能性のある犯罪である。毎年 400 名に満たない程度の人々が違法薬物の所持により有罪判決を受けている。Kozinski & Tseytlin, *Federal Criminal, supra*, at 46–47.

(16) DAVID G. MYERS, EXPLORING SOCIAL PSYCHOLOGY 15–19 (1994).

(17) JAMES W. KALAT, INTRODUCTION TO PSYCHOLOGY 270 (8th ed. 2008).

(18) See DANIEL L. SCHACTER, THE SEVEN SINS OF MEMORY: HOW THE MIND FORGETS AND REMEMBERS 146–47 (2001).

(19) Stuntz, *Fourth Amendment, supra*, at 848.

(20) AKHIL REED AMAR, THE CONSTITUTION AND CRIMINAL PROCEDURE 31 (1997).

(21) Anthony G. Amsterdam, *Perspectives on the Fourth Amendment*, 58 MINN. L. REV. 349, 415 (1974). 法学者のファビオ・アラシラは，現在の修正 4 条の保護が「2 つの対立する極の間で荒々しく進行方向を変えている」ということを適切に観察している 。修正 4 条は、相当な理由又は合理性に裏づけられた令状を厳格に要求するか，あるいは，「すべての状況を考慮して拘束を受けずに比較衡量を行うアプローチ」を要求している。Fabio Arcila, Jr., *The Death of Suspicion*, 51 WM. & MARY L. REV. 1275, 1341 (2010).

(22) ある学者が述べているように，「アマーが相当な理由の代わりに用いようとしている『合理性』の基準は，よりいっそう無定形なものである。(政府の主張の強力さという)一つの要素に焦点を当てる代わりに，合理性の基準は，警察に，侵入の程度，犯罪の重大さ，証拠の必要性を含む様々な要素の相互作用を評価することを求める。 結果として，あらゆる事件は必然的に独自なものとなり，あらゆる過去の事件の解決は将来の事件の解決の仕方にほとんど指針を与えないことになる。したがって，警察官は自ら個々の事件について事前の承認を求め，過去の事件からの一般化を試みることを思いとどまらせるルールを用いたほうが良いかもしれない」。Louis Michael Seidman, *Akhil Amar and the (Premature?) Demise of Criminal Procedure Liberalism*, 107 YALE L.J. 2281, 2296 (1998).

(23) See Draper v. United States, 358 U.S. 307, 310–14 (1958).

(24) 法学者のポール・オームは，修正 4 条は，削除する権利 (right to delete)を与えるように解釈されるべきであると論じている。彼は「修正 4 条のテクストは，その文言によって不合理な押収を禁じていることから，この「破棄する権利」(right to destroy), あるいは，コンピュータの文脈では，「削除する権利」を保護するのに十分なくらい広範であるように思える」と結論づけている。Paul Ohm, *The Fourth Amendment Right to Delete*, 119 HARV. L. REV. F. 10, 14 (2005). シンガポール国立大学のリー・クアンユー公共政策学校のヴィクトール・マイヤー・ショーンベルガーは，データの削除の利点を支持する広範な議論を展開している。 See VIKTOR MAYER-SCHÖNBERGER, DELETE: THE VIRTUE OF FORGETTING IN THE DIGITAL AGE (2009).

第 14 章

(1) See Arnold H. Loewy, *The Fourth Amendment as a Device for Protecting the Innocent*, 81 MICH. L. REV. 1229 (1983); Tracey Maclin, *When the Cure for the Fourth Amendment is Worse than the Disease*, 68 S. CAL. L. REV. 1 (1994).
(2) 最高裁は1914年のWeeks v. United States, 232 U.S. 383 (1914) において初めて違法収集証拠排除法則を採用したが，それはもっぱら連邦政府に対してのみ適用された。
(3) Mapp v. Ohio, 367 U.S. 643 (1961).
(4) この事件に関する事実については下記の文献に依拠している。SAMUEL DASH, THE INTRUDERS: UNREASONABLE SEARCHES AND SEIZURES FROM KING JOHN TO JOHN ASHCROFT 93–97 (2004).
(5) Mapp, 367 U.S. at 659.
(6) Yale Kamisar, *Mapp v. Ohio: The First Shot Fired in the Warren Court's Criminal Procedure "Revolution," in* CRIMINAL PROCEDURE STORIES 45, 76 (Carol S. Steiker ed., 2006).
(7) People v. Defore, 150 N.E. 585, 587 (N.Y. 1926).
(8) United States v. Leon, 468 U.S. 897, 907 n.6 (1984) (重罪で逮捕された者のうち1から2%が違法収集証拠排除法則により有罪を免れていると述べている).
(9) *See generally* L. Timothy Perrin, H. Mitchell Caldwell, Carol A. Chase, & Ronald W. Fagan, *If It's Broken, Fix It: Moving beyond the Exclusionary Rule*, 83 IOWA L. REV. 669 (1998).
(10) Christopher Slobogin, *Why Liberals Should Chuck the Exclusionary Rule*, 1999 U. ILL. L. REV. 363, 368–401 (1999).
(11) Guido Calabresi, *The Exclusionary Rule*, 26 HARV. J. L. & PUB. POL'Y 111, 112 (2002).
(12) Kamisar, *Mapp*, supra, at 99.
(13) Perrin et al., *Exclusionary Rule*, supra, at 735.
(14) CRAIG M. BRADLEY, THE FAILURE OF THE CRIMINAL PROCEDURE REVOLUTION 104–12, 115, 123 (1993).
(15) *Id.* at 130.

第15章

(1) 修正1条は「連邦議会は，国教を樹立する法律，自由な宗教活動を禁じる法律，言論若しくはプレスの自由又は人民が平和的に集会し，政府に不平の是正を求め請願する権利を縮減する法律を制定してはならない」と規定している。U.S. Const. amend. I.
(2) See, e.g., Marcus v. Search Warrant, 367 U.S. 717, 729 (1961) (「権利章典は，制約を受けない捜索及び押収の権力もまた表現の自由を窒息させるための道具となりうるのだという認識を背景にして構想された。」)
(3) Larry D. Eldridge, *Before Zenger: Truth and Seditious Speech in Colonial America*, 1607–1700, 39 AM. J. LEGAL HIST. 337, 337 (1995)
(4) ゼンガー事件の公判について描写したものとして，see RODNEY A. SMOLLA, LAW OF DEFAMATION § 1:28, at 1-24.1 to 1-26 (2d ed. 2000 & Supp. 2005).
(5) William R. Glendon, *The Trial of John Peter Zenger*, 68 N.Y. ST. B.J., 48, 52 (Dec. 1996).
(6) Wilkes v. Wood, (1763) 98 Eng. Rep. 489 (K.B.), 19 HOWELL'S STATE TRIALS 1153.
(7) *See generally* ARTHUR H. CASH, JOHN WILKES: THE SCANDALOUS FATHER OF CIVIL LIBERTY (2006).
(8) William J. Stuntz, *The Substantive Origins of Criminal Procedure*, 105 YALE L.J. 393, 398 (1995). ウィルキス事件に関するより詳細な情報は，see TELFORD TAYLOR, TWO STUDIES IN CONSTITUTIONAL INTERPRETATION 29–35 (1969).
(9) Stuntz, *Substantive Origins, supra*, at 398–99.
(10) See WILLIAM J. CUDDIHY, THE FOURTH AMENDMENT: ORIGINS AND ORIGINAL MEANING 602–1791, at 651–52 (2009).

(11) Wilkes, 98 Eng. Rep. at 498, 19 HOWELL'S STATE TRIALS at 1167.
(12) See Cuddihy, *Fourth Amendment, supra,* at 927–30, 942.
(13) See Akhil Reed Amar, *The Bill of Rights as a Constitution,* 100 YALE L.J. 1131, 1177 (1991)(「ジョン・ウィルキスと判決の執筆者である(まもなくカムデン卿となる)首席裁判官プラット卿は,植民地の民衆の英雄であった」).
(14) Entick v. Carrington (1765), 95 Eng. Rep. 807 (K.B.), 19 Howell's State Trials 1029.
(15) Id., 19 Howell's State Trials at 1064.
(16) Stuntz, *Substantive Origins, supra,* at 395.
(17) Talley v. California, 362 U.S. 60, 64 (1960).
(18) 思想を受領する権利に関するより詳しい背景については,see Neil M. Richards, *Intellectual Privacy,* 87 TEX. L. REV. 387 (2008); see also Marc Jonathan Blitz, *Constitutional Safeguards for Silent Experiments in Living: Libraries, the Right to Read, and a First Amendment Theory for an Unaccompanied Right to Receive Information,* 74 UMKC L. REV. 799 (2006); Julie E. Cohen, *A Right to Read Anonymously: A Closer Look at "Copyright Management" in Cyberspace,* 28 CONN. L. REV. 981 (1996).
(19) See NAACP v. Alabama ex rel. Patterson, 357 U.S. 449, 462 (1958)(「集団の結社に関するプライバシーの不可侵性は,多くの状況,とりわけ,集団が多数派と異なる信念を支持している場面においては,結社の自由の維持にとって不可欠なものとなりうる」).
(20) See Fisher v. United States, 425 U.S. 391, 397 (1976)(第三者から記録を入手するために文書提出命令状を使用することは,捜査対象の個人の修正5条の特権を侵害しないと判示); United States v. Dionisio, 410 U.S. 1, 9 (1973)(文書提出命令状が修正4条の定める捜索にはあたらないと判示).
(21) See Fed. R. Crim. P. 17 (a)(「書記官は文書提出命令状の用紙を,署名と封印をして,それを請求する当事者に発行しなければならず,当事者は,文書提出命令状が送達される前に,用紙に記入しなければならない。」); see also In re Subpoena Duces Tecum, 228 F.3d 341, 347–48 (4th Cir. 2000)(修正4条は令状には相当な理由を要求する一方で,文書提出命令状には相当な理由を要求しないと判示). 文書提出命令状は,「政府が捜し求める資料のカテゴリーが,大陪審の捜査の一般的主題に関連する情報を提供する合理的な蓋然性がない」場合には関連性を理由に却下される。United States v. R. Enters, Inc., 498 U.S. 292, 301 (1991).
(22) William J. Stuntz, *O. J. Simpson, Bill Clinton, and the Transsubstantive Fourth Amendment,* 114 HARV. L. REV. 842, 857–58 (2001).
(23) 別の事件において最高裁が述べているように,「いったんコンテナの中に置かれたら,日記も洗い桶も等しく修正4条による保護を受ける。」Robbins v. California, 453 U.S. 420, 425–26 (1981).
(24) *See Frederick Schauer, Fear, Risk, and the First Amendment: Unraveling the "Chilling Effect,"* 58 B.U. L. REV. 685, 692–93 (1978)(萎縮効果の法理が,「保護された表現への間接的な政府の制約」にとってのみ独立した意義をもっていることを認めている).
(25) 監視に関わる事件として,Phila. Yearly Meeting of the Religious Soc'y of Friends v. Tate, 519 F.2d 1335, 1338–39 (3d Cir. 1975)(収集された情報が警察以外の当事者に伝えられ,テレビで公表された事件において,「原告らの言論の自由と結社のプライバシーに対する権利を萎縮させる手法によって即座に脅かされる原告の権利侵害」を認めている); White v. Davis, 533 P.2d 222, 226–27 (Cal. 1975)(「大学の教室の中で警察の書類の中に保管されることになるノートをとる秘密捜査官の存在は,否応なく教授と学生による自由な言論の行使を妨げる。」). 結社の自由の萎縮に関わる事件として,Bates v. City of Little Rock, 361 U.S. 516, 523–24 (1960)(NAACP【全米黒人地位向上協会】の会員リストの開示は,それによって「嫌がらせや傷害の脅迫」が確実に起きるという「議論の余地のない」見込みゆえに,「NAACPの会員の結社の自由への重大な干渉を引き起こすことになるだろ

う」と判示); Shelton v. Tucker, 364 U.S. 479, 480 (1960)(州の学校又は大学における雇用の条件として，教員に毎年，「過去5年間にわたり自らが所属又は定期的に貢献したすべての組織を制約なしに列挙する」宣誓書の提出を要求する立法を無効としている); Sweezy v. New Hampshire, 354 U.S. 234, 250 (1957)(「証人を召喚し，意に反して，彼の過去の表現及び結社の性質の公表を強いることは，それだけで政府が表現や結社に関する問題に干渉するための手段となる。」). 修正1条の権利一般に関わる事件として，A Grand Jury Witness v. United States (In re Grand Jury Proceedings), 776 F.2d 1099, 1102–3 (2d Cir. 1985)(大陪審の文書提出命令状が修正1条上の権利に関わるものである場合には，政府の利益は「やむにやまれぬ」ものであり，「権利侵害の可能性を上回るだけの十分な重要性」がなければならないという「確立された」基準を書き留めている). 政府が直接関わっている事件ではないものの，多くの事件が，個人が匿名の発信者のアイデンティティの開示を強いる裁判所の命令を利用する場合には，修正1条の権利が関与していると判示している. See, e.g., Doe No. 1 v. Cahill, 884 A.2d 451, 457 (Del. 2005)(潜在的な萎縮効果を考慮して，名誉毀損訴訟の原告は，匿名の被告の身元を知るために，サマリー・ジャッジメントの基準を満たさなければならないと判示している); Dendrite Int'l, Inc. v. Doe, No. 3, 775 A.2d 756, 760–61 (N.J. Super. Ct. App. Div. 2001)(修正1条の匿名言論の権利と原告が損害賠償を認められうる匿名の行為に対して請求を主張する権利とを比較衡量するための指針を提示している).

(26) *See* Dombrowski v. Pfister, 380 U.S. 479, 487 (1965)(「修正1条の権利の行使への萎縮効果は，訴追が成功するか失敗するかという見込みにかかわらず，訴追された事実そのものから生じうる」ことを理由に，刑事訴追の脅威に基づき修正1条の主張適格を認めた).

(27)「過度の広汎性に基づいて立法の違憲性を主張するためには」，「立法がそれ自体で訴訟の当事者以外の人々の承認された修正1条の保護を著しく損なうことになる現実的な危険が存在しなければならない。」Members of the City Council v. Taxpayers for Vincent, 466 U.S. 789, 801 (1984); *see also* Thornhill v. Alabama, 310 U.S. 88, 98 (1940)(過度に広汎な立法の下での逮捕と有罪判決の後で，「被告人は州が被告人の活動を含む異なった特定の立法を合憲的に起草できなかったはずであることを立証する負担を引き受ける必要はない」と判示).

第16章

(1) *See* Uniting and Strengthening America by Providing Appropriate Tools Required to Intercept and Obstruct Terrorism (USA PATRIOT) Act of 2001, Pub. L. No. 107-56, § 216, 115 Stat. 272, 288–90 (amending 18 U.S.C. § 3127 (3)-(4) (2000)).

(2) Orin S. Kerr, *Internet Surveillance Law after the USA Patriot Act: The Big Brother That Isn't,* 97 Nw. U. L. Rev. 607, 637 (2003).

(3) Fahrenheit 9/11 (Dog Eat Dog Films 2004).

(4) 私の考えでは，愛国者法の最も問題のある部分は，第8章〔訳者注：原著においては第6章と記載されているが，誤記と判断し，本文と対応するように修正した。〕で論じた外国諜報監視法の拡張である。

(5) *See* Smith v. Maryland, 442 U.S. 735, 745–46 (1979).

(6) 18.U.S.C.2510条～22条の傍受法(2006)とU.S.C.2701条～11条(2006)の保存通信法及び3121条～27条(2006)のペンレジスター法を比較せよ。

(7) 傍受法における保護は18U.S.C.2518条において詳細に説明されている。

(8) 18 U.S.C. § 3123 (a).

(9) ある裁判所は司法の役割を「政府側の性質をもつ」とさえ呼んだ。United States v. Fregoso, 60 F.3d 1314, 1320 (8th Cir. 1995).

(10) 封筒と内容の区別に関する重要な批判としてPaul Ohm, The Rise and Fall of Invasive ISP

Surveillance, 2009 U. Ill. L. Rev. 1417, 1453–55 (2009)を参照。これに対し，区別を擁護するものとしてOrin S. Kerr, A Us- er's Guide to the Stored Communications Act and a Legislator's Guide to Amending It, 72 Geo. Wash. L. Rev. 1208, 1229 n.142 (2004)を参照。

(11) ここでは，マクルーハンの有名なフレーズである「メディアはメッセージである」に言及している。Marshall McLuhan, Understanding Media: The Extensions of Man 7 (1964)

(12) 18 U.S.C. § 3127 (3) (*amended* 2001).

(13) 18 U.S.C. § 3127 (3), *amended by* USA PATRIOT Act, Pub. L. No. 107-56, § 216 (c) (2001).

(14) Kerr, *Patriot Act, supra,* at 638.

(15) 18 U.S.C. § 3127 (3).

(16) 愛国者法のこの部分は，特に「図書」や「書類」を列挙したことにより，相当の警戒を招いた。多くの人が215条を公然と強く非難した。

(17) USA PATRIOT Improvement and Reauthorization Act of 2005, Pub. L. No. 109-177, § 106 (a), 120 Stat. 192, 196 (2006) (codified at 50 U.S.C. § 1861 (a) (3)).

(18) 多様な連邦法の中に，複数の国家安全保障書簡規定がある。(1)電子通信プライバシー保護法18U.S.C.2709条 (2006)(連邦捜査局は通信会社に対し顧客情報の開示を強制することができる。)(2)金融プライバシー権法12U.S.C.3414条 (a)(5)(2006)(連邦捜査局は金融機関に対し顧客情報の開示を強制することができる。(3)公正クレジット報告法，15U.S.C.1681条 (2006年)(連邦捜査局はクレジット報告代理店に個人に関する記録の開示を強制することができる。)

(19) Barton Gellman, *The FBI's Secret Scrutiny: In Hunt for Terrorists, Bureau Examines Records of Ordinary Americans,* Wash. Post, Nov. 6, 2005, at A1.

(20) For a comprehensive list of state library privacy statutes, see State Laws on the Confidentiality of Library Records, http://library-privacy.wikispaces. com/ (last visited Aug. 17, 2010).

第17章

(1) Orin S. Kerr, The Fourth Amendment and New Technologies: Constitutional Myths and the Case for Caution, 102 Mich. L. Rev. 801, 806 (2004); Jeffrey Rosen, The Naked Crowd: Reclaiming Security and Freedom in an Anxious Age 210 (2004) (自由と安全の間で合理的な衡量をする上では連邦議会のほうが裁判所よりも適切である。)

(2) Kerr, Case for Caution, supra, at 807 (議会は専門家からの情報に基づいて包括的なルールを形成することができ，技術の変化に従い頻繁にアップデートすることができる。)

(3) 1978年金融プライバシー権法12U.S.C.3401条～3422条 (2006), 1970年公正クレジット報告法15U.S.C.1681～1681t (2006)。なぜ多くの場合において金融データが保護されないのかに関する詳細な議論について，Daniel J. Solove, The Digital Person: Technology and Privacy in the Information Age 206 (2004)を参照。

(4) Kerr, *Case for Caution, supra,* at 820.

(5) Konop v. Hawaiian Airlines, 302 F.3d 868, 874 (9th Cir. 2002).

(6) Kerr, *Case for Caution, supra,* at 807.

(7) 1934年通信法605条の問題は，それが一般私人に対して傍受を許したが，法執行当局者に対し，もっとも重大な犯罪に対しても電子的監視の証拠を利用することを禁止したところにある。James G. Carr & Patricia L. Bellia, The Law of Electronic Surveillance § 2.1, at 2–3 (2003). 上院報告1087によれば，605条は「プライバシーの利益にも法執行にも役に立っていない」。S. Rep. No. 90-1097, at 2154 (1968).

(8) 傍受法は高額な民事制裁金を規定している。最低でも違反1回につき1万ドルの損害額を定めている。18 U.S.C. § 2520 (c) (2) (B).

(9) 保存通信法は「電子記憶装置」18 U.S.C. § 2701 (a)に焦点を当てているが，この用語は，傍受法 18 U.S.C. § 2510 (17)において定義されている。
(10) *See* 18 U.S.C. § 3121 (a).
(11) 18 U.S.C. § 2510 (17).
(12) Computer Crime and Intellectual Property Section, U.S. Dep't of Justice, Manual on Searching and Seizing Computers and Obtaining Electronic Evidence in Criminal Investigations § III.B (2001).
(13)「バックアップ保護」をより広く解釈した裁判所もある。Theofel v. Farey-Jones, 359 F.3d 1066, 1075–76 (9th Cir. 2004)参照。
(14) *See* United States v. Scarfo, 180 F. Supp. 2d 572, 581–82 (D.N.J. 2001).
(15) Peter P. Swire, Katz Is Dead. Long Live Katz, 102 Mich. L. Rev. 904, 922 (2004) 参照（「多数代表制上の理由と反多数代表制上の理由の双方から，立法府及び司法府の対話及び継続した参画によってより良い結果が生まれることが多いと思われる。」)
(16) このアプローチにおいて，私は原則形態をレイモンド・クーが修正4条がどう変化すべきかについて示唆するところと幾分似ているところへ変化させている。彼は，議会は制定法によって政府の技術の使用を当該使用が修正4条の下で合理的であると考えられるようになるように授権しなければならないとする。Raymond Shih Ray Ku, The Founder's Privacy: The Fourth Amendment and the Power of Technological Surveillance, 86 Minn. L. Rev. 1325, 1374–75 (2002).

第18章

(1) Surveillance Studies Network, A Report on the Surveillance Society for the Information Commissioner 19 (2006), *available at* http://www.ico.gov.uk/upload/documents/library/data_protection/practical_application/surveillance_society_full_report_2006.pdf; *see generally* Clive Norris & Gary Armstrong, The Maximum Surveillance Society: The Rise of CCTV (1999); Jeffrey Rosen, *A Cautionary Tale for a New Age of Surveillance*, N.Y. Times, Oct. 7, 2001, § 6 (Magazine).
(2) Alex Johnson, *Smile! More and More You're on Camera*, MSNBC.com, June 25, 2008, http://www.msnbc.msn.com/id/25355673/.
(3) 18 U.S.C. § 2510 (2) (2006)（「口頭のコミュニケーション」を「当該期待を正当化する状況下において，当該コミュニケーションが傍受対象にならないという期待を示す人によって発された」ものと定義する。)
(4) *See, e.g.*, United States v. Falls, 34 F.3d 674, 680 (8th Cir. 1994); United States v. Koyomejian, 970 F.2d 536, 540 (9th Cir. 1992); United States v. Biasuci, 786 F.2d 504, 508 (2d Cir. 1986).
(5) 50 U.S.C. § 1804 (a)(6)–(a)(7) (2006).
(6) United States v. Torres, 751 F.2d 875, 885 (7th Cir. 1984).
(7) United States v. Mesa-Rincon, 911 F.2d 1433, 1437 (10th Cir. 1990).
(8) George Orwell, Nineteen Eighty-Four 5–6 (1949).
(9) California v. Ciraolo, 476 U.S. 207, 215 (1986).
(10) 公共空間におけるプライバシーに関する示唆に富む議論としてHelen Nissenbaum, Privacy in Context: Technology, Policy, and the Integrity of Social Life 113–26 (2010)を参照。
(11) Jerry Kang, *Information Privacy in Cyberspace Transactions*, 50 Stan. L. Rev. 1193, 1260 (1998).
(12) Julie E. Cohen, *Examined Lives: Informational Privacy and the Subject as Object*, 52 Stan. L. Rev. 1373, 1426 (2000).
(13) See Christopher Slobogin, Public Privacy: Camera Surveillance of Public Places and the Right to

Anonymity, 72 Miss. L.J. 213, 237–67 (2002); see also Paul M. Schwartz, Privacy and Democracy in Cyberspace, 52 Vand. L. Rev. 1609, 1656 (1999)(「生の考えの電子的表明の完全化された監視は個人の決定過程をショートカットする。」)

(14) Peck v. United Kingdom, 2003-I Eur. Ct. H.R. 44.

(15) Jennifer King et al., Ctr. for Info. Tech Research in the Interest of Soc'y, Univ. of Cal. Berkeley, Preliminary Findings of the Statistical Evaluation of the Crime-Deterrent Effects of the San Francisco Crime Camera Program 2–3 (2008).

(16) Martin Gill & Angela Spriggs, Dev. & Statistics Directorate, Home Office Research, Assessing the Impact of CCTV 33 (2005).

第 19 章

(1) Richard A. Posner, Not a Suicide Pact: The Constitution in a Time of National Emergency 141 (2006).

(2) Eric Goldman, *Data Mining and Attention Consumption, in* Privacy and Technologies of Identity 225, 228 (Katherine Strandburg & Daniela Stan Raicu eds. 2006).

(3) John M. Poindexter, *Finding the Face of Terror in Data,* N.Y. Times, Sept. 10, 2003, at A25.

(4) William Safire, *You Are a Suspect,* N.Y. Times, Nov. 14, 2002, at A35.

(5) *Pentagon's "Terror Information Awareness" Program Will End,* USA Today.com, Sept. 25, 2003, http://www.usatoday.com/news/washington/2003-09-25-pentagon-office_x.htm.

(6) Shane Harris, *TIA Lives On,* Nat'l J., Feb. 25, 2006.

(7) Tech. & Privacy Advisory Comm., U.S. Dep't of Defense, Safeguarding Privacy in the Fight against Terrorism 5 (2004).

(8) U.S. Gen. Accounting Office, Data Mining: Federal Efforts Cover a Wide Range of Uses 2 (2004).

(9) Richard A. Posner, *Our Domestic Intelligence Crisis,* Wash. Post,Dec. 21, 2005, at A31.

(10) Posner, Not a Suicide Pact, *supra,* at 97.

(11) Terry McDermott, Perfect Soldiers: The 9/11 Hijackers: Who They Were, Why They Did It (2005); Peter Finn, *A Fanatic's Quiet Path to Terror: Rage Was Born in Egypt, Nurtured in Germany, Inflicted on U.S.,* Wash. Post, Sept. 22, 2001, at A1.

(12) *Profile: Timothy McVeigh,* BBC News, May 11, 2001, http://news.bbc.co.uk/2/hi/1321244.stm (last visited Aug. 17, 2010).

(13) John Schwartz & Serge F. Kovaleski, *Bookish Recluse Lived Sparse Cabin Existence,* Wash. Post, Apr. 4, 1996, at A1.

(14) See Fred H. Cate, Government Data Mining: The Need for a Legal Framework, 43 Harv. C.R.-C. L. L. Rev. 435, 474 (2008)(「政府のデータ・マイニングはどうも，昨日の戦いを戦っていることに似ているように思われる。これは，商業的データ・マイニング従事者がはるかに低い程度しか直面しない問題である。それは，望ましい消費者の変化の度合いは，テロリストの程度よりもはるかに遅いからである。」)

(15) *See* Bureau of Transp. Statistics, Research & Innovative Tech. Admin., Passengers: All Carriers-All Airports, http://www.transtats.bts.gov/Data_Elements.aspx?Data=1 (last visited Aug. 17, 2010).

(16) 擬陽性の問題に関する更なる問題については，Bruce Schneier, Schneier on Security 9–12 (2008); Cate, Government Data Mining, supra, at 470–76 参照。IBMにおける指導的技術者であるジェフ・ジョナスやカトー研究所のジム・ハーパーが以下のとおり述べたとおりである。「デー

タ・マイニングはテロリズムの予兆を発見するための効果的な方法ではない。」Jeff Jonas & Jim Harper, Effective Counterterrorism and the Limited Role of Predictive Data Mining 2 (2006).

(17) Robert O'Harrow, Jr., No Place to Hide 56–63 (2005)(データ流通業者アクシオムが行った,政治家に対し対テロ目的でのデータ・マイニングの潜在的効果に関するロビイングの効果について論じる。)

(18) *See* Tal Z. Zarsky, *"Mine Your Own Business!" : Making the Case for the Implications of the Data Mining of Personal Information in the Forum of Public Opinion,* 5 Yale J.L. & Tech. 1, 27 (2003).

(19) Frederick Schauer, Profiles, Probabilities, and Stereotypes 173–74 (2003).

(20) Daniel J. Steinbock, Data Matching, Data Mining, and Due Process, 40 Ga. L. Rev. 1, 82 (2005); cf. Danielle Keats Citron, Technological Due Process, 85 Wash. U. L. Rev. 1249, 1254 (2008)(「自動化されたシステムの不透明さがそれを審理から遮断する。市民はこれらの新たなルールを見たり議論することができない。その後に,透明性,正確性,行政的ルール形成の政治的説明責任が失われる。」)

(21) Louis D. Brandeis, Other People's Money and How the Bankers Use It 92 (1914).

(22) Letter from James Madison to W. T. Barry (Aug. 4, 1822), in 9 The Writings of James Madison: 1819–1836, at 103 (Gaillard Hunt ed., 1910). 古風な句読点の打ち方や大文字の使い方を削除するため,引用文は修正されている。

第 20 章

(1) 2005 年リアル ID 法は,防衛,世界的テロの戦い及び津波救済のための緊急補足充当法 2005, Pub. L. No. 109-13, 119 Stat. 231. のディビジョン B として制定された。

(2) Laura Meckler, *ID Card for Workers Is at Center of Immigration Plan,* Wall St. J., Mar. 9, 2010, at A4.

(3) Simon A. Cole, Suspect Identities: A History of Fingerprinting and Criminal Identification 32–59 (2001).

(4) Michael Chertoff, Homeland Security: Assessing the First Five Years 119 (2009).

(5) Amitai Etzioni, The Limits of Privacy 104 (1999).

(6) *See generally* Jim Harper, Identity Crisis: How Identification Is Overused and Misunderstood (2006); Richard Sobel, *The Degradation of Political Identity under a National Identification System,* 8 B.U. J. Sci. & Tech. L. 37 (2002).

(7) Stewart Baker, Skating on Stilts: Why We Aren't Stopping Tomorrow's Terrorism 309, 314, 315 (2010).

(8) Bruce Schneier, *Real ID: Costs and Benefits,* Schneier on Security, Jan. 30, 2007, http://www.schneier.com/blog/archives/2007/01/realid_costs_an.html (last visited Aug. 17, 2010).

(9) Drew Robb, *Authentication with a Personal Touch: Fingerprint Scanners Are Accurate Biometric Identification Tools—But They're Not Foolproof,* Government Computer News, Aug. 29, 2005, 2005 WLNR 26140142. For a further discussion of spoofing biometric identification systems, see Gang Wei & Dongge Li, *Biometrics: Applications, Challenges, and the Future, in* Privacy and Technologies of Identity 135, 142–45 (Katherine Strandburg & Daniela Stan Raicu eds. 2006); Ishwar K. Sethi, *Biometrics: Overview and Applications, in* Privacy and Technologies of Identity, *supra,* at 117, 131–32.

(10) Minority Report (Twentieth Century Fox Film Corp. 2002) (directed by Steven Spielberg).

(11) Mary Pilon, *Data Theft Hits 3.3 Million Borrowers,* Wall St. J., Mar. 29, 2010.

プライバシーなんていらない!?

——情報社会における自由と安全

2017年4月20日　第1版第1刷発行

著　者　ダニエル・J・ソロブ

訳　者　大《おお》島《しま》　義《よし》則《のり》
松《まつ》尾《お》　剛《たか》行《ゆき》
成《なり》原《はら》　慧《さとし》
赤《あか》坂《さか》　亮《りょう》太《た》

発行者　井　村　寿　人

発行所　株式会社　勁《けい》　草《そう》　書　房

112-0005　東京都文京区水道2-1-1　振替　00150-2-175253
（編集）電話　03-3815-5277／FAX　03-3814-6968
（営業）電話　03-3814-6861／FAX　03-3814-6854
堀内印刷所・松岳社

ISBN978-4-326-45110-4　　Printed in Japan

http://www.keisoshobo.co.jp